AF250267

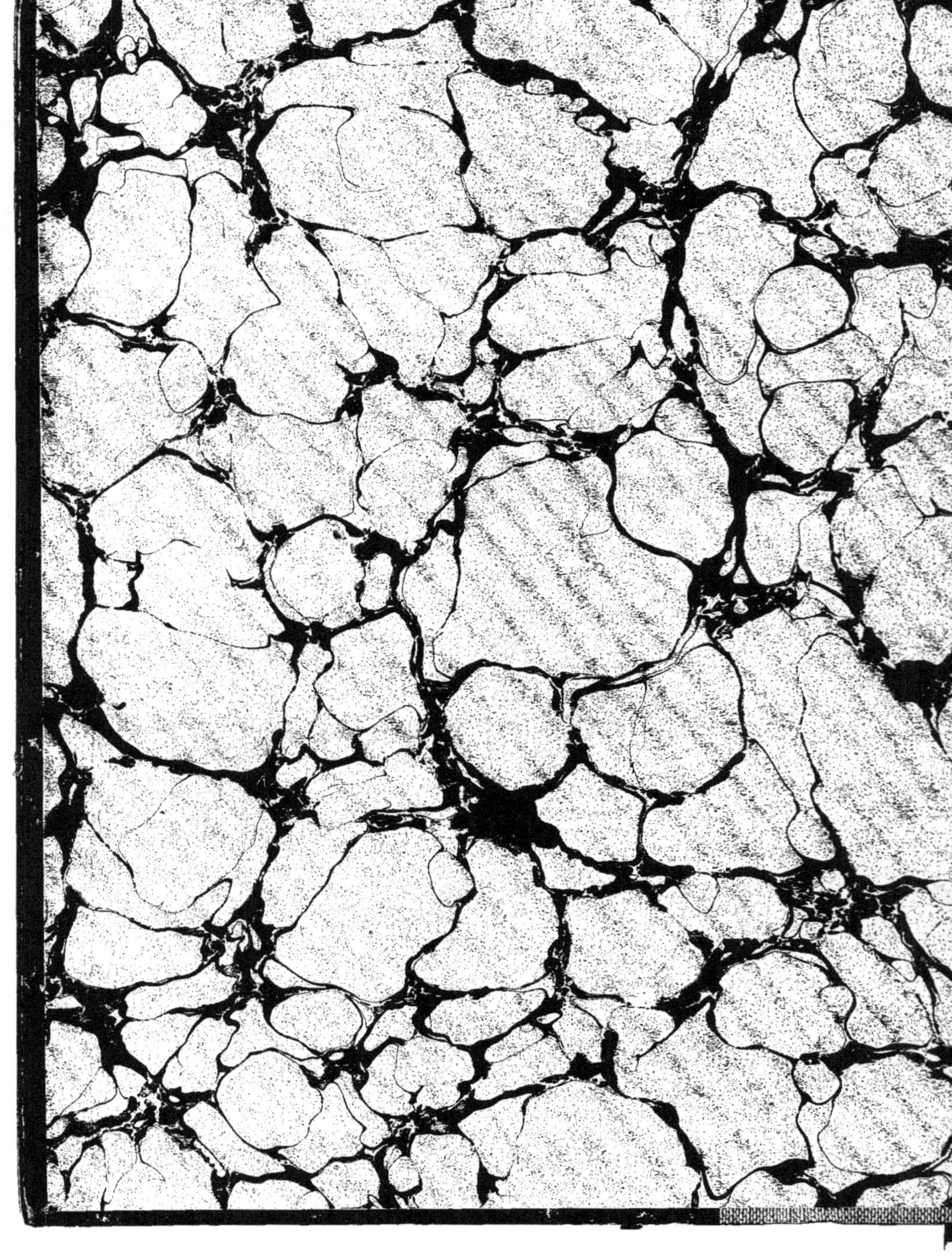

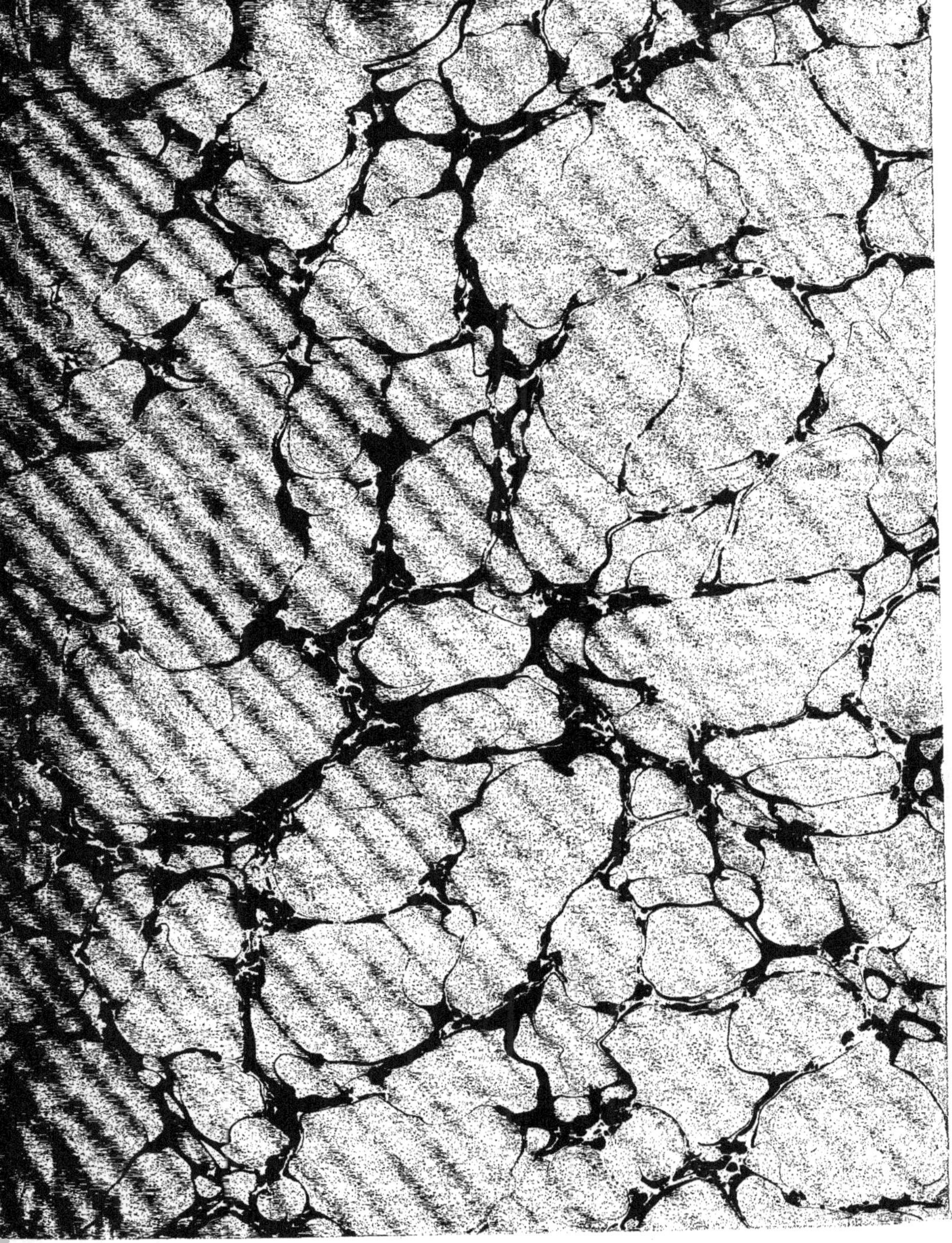

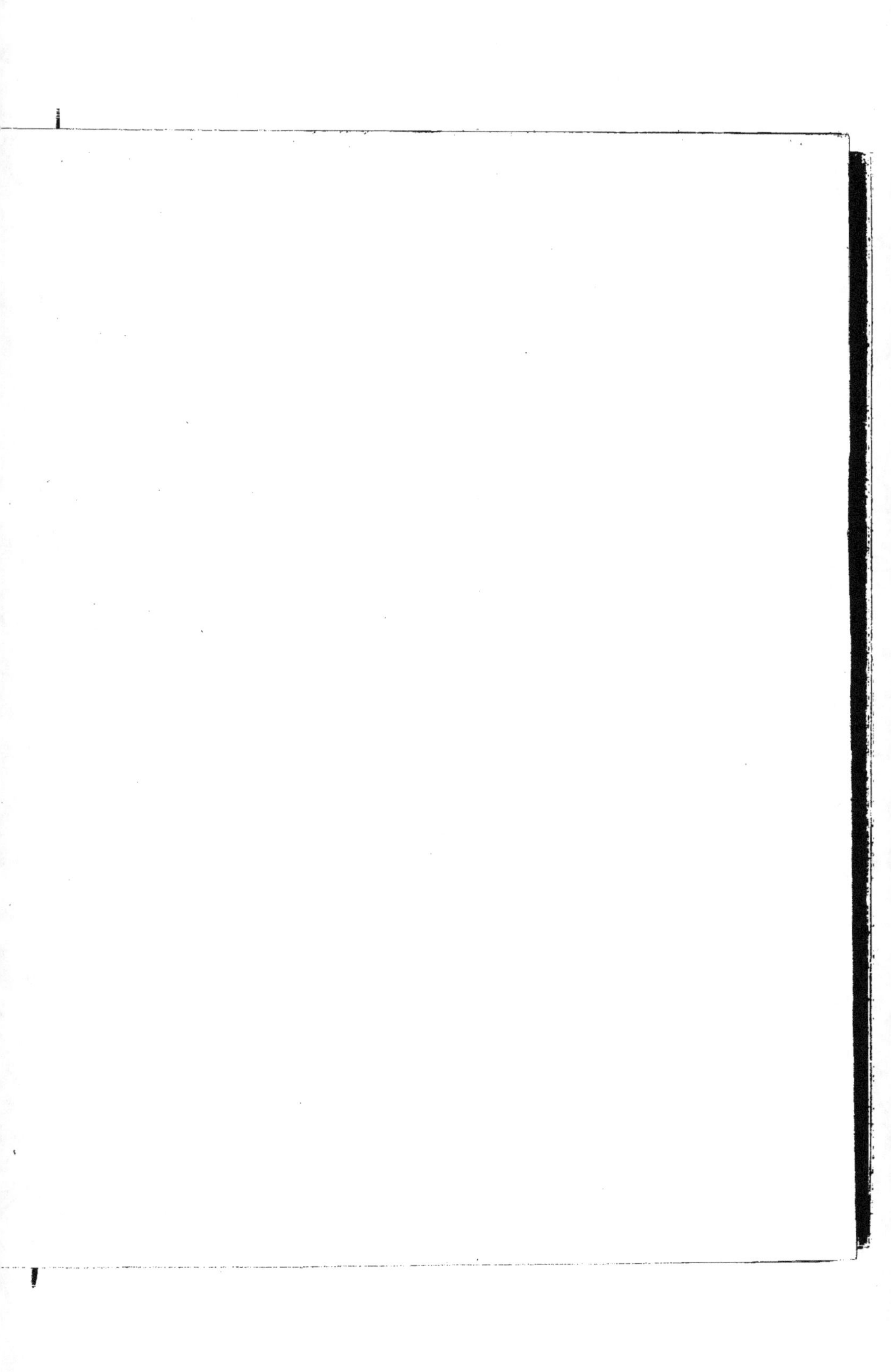

ANDERS ZORN

HOMMAGE

A

M. ALFRED BEURDELEY

L. D.

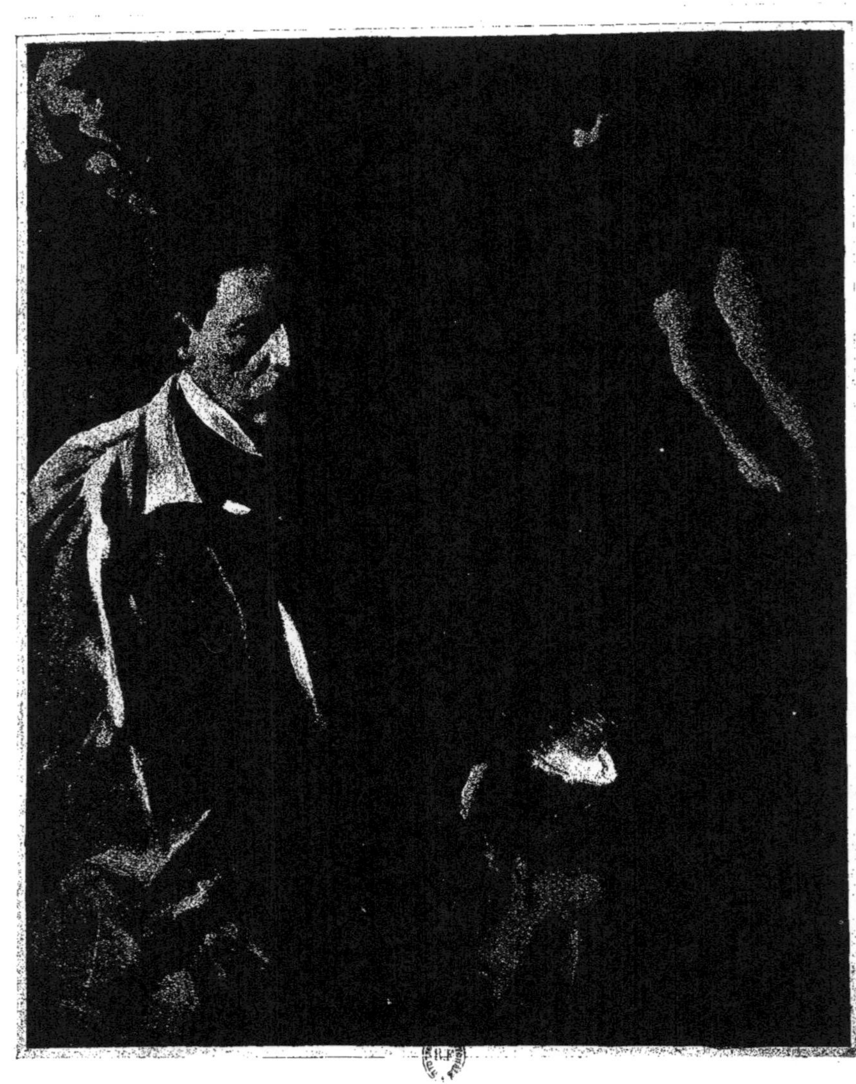

ANDERS ZORN, PAR LUI-MÊME
(MUSÉE DE STOCKHOLM)

LOYS DELTEIL

LE PEINTRE-GRAVEUR ILLUSTRÉ

(XIX· ET XX· SIÈCLES)

TOME QUATRIÈME

ANDERS ZORN

PARIS

Chez l'Auteur, 2, rue des Beaux-Arts

1909

AVIS AU LECTEUR

Le tome du *Peintre-Graveur Illustré* que nous présentons aujourd'hui aux amateurs, est consacré à l'œuvre gravé d'un artiste vivant, le suédois Anders Leonard Zorn.

Il existe déjà un catalogue raisonné des eaux-fortes d'Anders Zorn dû à M. Fortunat de Schubert-Soldern, et l'on ne saurait trop rendre hommage au travail de notre prédécesseur, travail qui a été sans conteste le guide le plus précieux touchant l'œuvre gravé du maître de Mora.

Mais, outre un certain nombre d'omissions qu'il nous a été donné de constater dans la nomenclature des états décrits, vingt-neuf pièces non signalées par M. de Schubert-Soldern ont été retrouvées; enfin, depuis l'apparition du livre de l'iconographe allemand (1904), trente-trois nouvelles gravures ont vu le jour. Ce sont ces considérations, jointes à d'autres d'un ordre plus général, qui nous ont conduit à publier un second travail sur l'un des plus beaux œuvres gravés de notre temps.

Aucune source n'a été négligée pour rendre notre catalogue le plus complet possible, quant aux états, au chiffre des tirages et au sort de chaque cuivre. Nous avons vu Anders Zorn au milieu de ses modèles, dans le cadre de ses motifs, à Mora, son village natal, et où, aidé de Mᵐᵉ Emma Zorn, toujours empressée lorsqu'il s'agit de l'œuvre de son mari, nous avons consulté avec fruit les rares épreuves conservées par Zorn dans sa collection particulière et entre lesquelles figurent des pièces introuvables autre part.

Une place exceptionnelle est due, dans les remerciements que nous avons à adresser ici, à M. Thorsten Laurin, de Stockholm, un des jeunes amis du maître. M. Th. Laurin ne s'est pas en effet contenté de faciliter notre tâche lors de notre séjour en Suède ; cet amateur n'a cessé depuis de rechercher et de nous adresser, sans aucune lassitude, de nombreux et précieux documents, et ce jusqu'à la dernière minute.

Nous devons aussi remercier M. Ch. Deering, de Chicago, qui, par les soins de M. Albert Roullier, nous a fait connaître sa merveilleuse collection d'eaux-fortes de Zorn.

Nous remercions bien vivement encore la Bibliothèque Nationale; les Cabinets des Estampes de Berlin et de Dresde, en la personne de M. Max Lehrs; le Musée de Stockholm en la personne de M. le Dr Kruse; MM. les Directeurs des Musées ou Cabinets d'Estampes de Hambourg, Leipzig, Darmstadt, Brême, Stuttgart, Francfort-sur-le-Mein; M. et Mme A. Curtis; Mme H. Guérard; MM. Bela Backer, Leonce Bénédite, Ch. Bermond, Alf. Beurdeley (le généreux donateur de la Bibl. Nat.); MM. Biach, G. Bourcard, Arm. Dayot, Dr W. von Dietel, Judson S. Dutcher, G. Eissler, C. Gebühr, O. Gerstenberg, G. Haviland, Pr Helferich, A. M. Hind, F. Keppel et Fitz Roy Carrington, Lagrelius, Carl G. Laurin, Howard Mansfield, Tyge Möller, Eug. Mutiaux, F. Nys, G. Petitdidier, A. Ragault, A. Rouart, Emil Richter, P. M. Robinow, Aug. Rodin, Edm. Sagot, Dr G. Schiefler, Dr Schweisguth, Pr Singer, A. Strölin, G. Teyssier et H. S. Theobald.

ANDERS ZORN

Anders Leonard Zorn, dont l'œuvre gravé est l'un des plus puissants, des plus caractéristiques, des plus personnels du temps présent, est né à Mora (province de Dalarne, Suède), le 18 février 1860. Son père, brasseur, était d'origine allemande, sa mère, une paysanne de Mora.

Elevé dans son extrême jeunesse, chez son grand-père maternel, Zorn fut placé par les soins d'un industriel de Stockholm, M. Bolinder, à l'école de Enköping, petite ville située à 70 kilomètres de la capitale suédoise, où il séjourna jusqu'à l'âge de 15 ans, et d'où il conserve encore un album dans lequel il s'essayait à tracer les portraits de ses camarades. Son instinct artistique remontait d'ailleurs en-deçà de son passage à Enköping : alors qu'il gardait les moutons de son grand-père, le petit Anders peignait avec le jus des fraises, des airelles et des myrtilles, des animaux qu'il avait préablement sculptés dans le bois.

A sa sortie de l'école, Anders Zorn aidé d'une pension de 400 couronnes (550 fr.) fournie par un groupe de brasseurs, amis de son père récemment décédé, suivit les cours de l'Académie des Beaux-Arts de Stockholm, où il eut pour professeurs, le comte Georg de Rosen, entr'autres.

Lors de l'exposition organisée dans les Galeries Durand-Ruel, à Paris, en 1906, l'on a admiré, non sans surprise d'abord, de délicieuses petites sculptures en bois qui y figuraient, tant était ignoré à cette date, cette facette de son talent. On demeurera moins étonné de l'habileté du maître de Mora dans cet art, lorsqu'on saura qu'il avait songé précédemment à suivre la carrière du statuaire. Mais une boîte d'aquarelle le tentait alors ; les efforts qu'il eût à faire pour se la procurer, ne rendit que plus ardent son désir de peindre ; en possession de cette boîte, Anders Zorn traça l'aquarelle *En Deuil* (1880), aquarelle qu'il devait trois ans après graver à deux reprises, et qui exposée, attira l'attention sur lui ; des portraits à 150 couronnes — une fortune pour un jeune homme de 20 ans — furent la conséquence de ce succès, et lorsque le jeune artiste eut réuni de ce fait, un pécule jugé suffisant, il déserta l'Académie de Stockholm (1881), puis quitta son pays, pour entreprendre divers voyages à travers l'Europe, jusqu'en Algérie même.

Passé par Paris sans s'y arrêter, Anders Zorn s'achemina directement vers l'Espagne, en compagnie d'un de ses plus célèbres compatriotes, le peintre de figures Ernst Josephson (né à Stockholm le 16 avril 1851, mort en 1906); dans la patrie de Velasquez et de Goya, Zorn exécuta de nombreuses aquarelles; nous ne citons ici, que celles dont il s'inspira par la suite, pour ses premiers essais d'eau-forte : *Joies maternelles, les Cousines* (exposées au Salon de 1882), *Pepita, Consuela.*

Continuant ses voyages, Zorn traverse l'Italie, repasse par Paris et gagne l'Angleterre, où il se remet à travailler et à produire de nouvelles aquarelles : *Sur la Tamise, les Sœurs, John Hay.* A Londres, Zorn retrouvait un artiste suédois, l'architecte et graveur à l'eau-forte, Axel Hermann Hägg, qui l'initiait alors à la pratique de l'eau-forte. Zorn épris de ce procédé si plein d'imprévu, s'y attela avec passion, et en disciple reconnaissant, il débuta par graver le portrait, non de son maître au sens propre du mot, mais de son initiateur; puis tirant parti, ainsi que nous y avons déjà fait allusion, de compositions antérieures, il continuait ses essais entre lesquels se détache la troisième planche de la *Grand Mère* (1884); dans ces débuts, — involontairement et inconsciemment — Zorn rappelle James Tissot, la planche des *Cousines* seule, en fait foi; à cela, rien que de naturel : Tissot était à cette date, fort prisé à Londres : l'on vantait de tous côtés sa *Mavourneen*, son *Automne*, son *Histoire ennuyeuse*, sa *Sœur aînée*, pointes sèches gravées depuis peu et partout exposées; le jeune graveur ne pouvait donc que subir l'ambiance du milieu dans lequel il évoluait; mais cette influence fut passagère; dans le *Juge de Siebenbürgen*, daté de 1885, Zorn se dégage déjà, et l'année 1889 décisive, donne naissance à trois chefs-d'œuvre d'une technique personnelle: *Son Portrait* (au pupitre), celui de *Rosita Mauri*, enfin une *Première!*

Mais rebroussons chemin. Rentré en Suède pour y passer l'été de 1883, Anders Zorn abandonnait derechef son pays à la fin de la même année, s'arrêtait un instant à Londres, gagnait Lisbonne et Madrid où il exécutait à l'aquarelle encore, les portraits des *Duchesses d'Albe* et *d'Ossuna*, puis revenait l'automne de 1884 et l'hiver de 1885, à Londres, où il ne « fut pas encouragé par les graveurs anglais », ainsi qu'il l'écrivait lui-même (1).

Au mois d'octobre de cette même année 1885, Zorn, fiancé depuis 4 ans à Mlle Emma Lamm, se mariait, et comme voyage de noces se rendait avec sa compagne, en Hongrie d'abord, d'où il rapporta le motif de son *Juge de Siebenbürgen*, puis en Turquie, où atteint du typhus, il faillit être emporté par cette terrible maladie. Dès que son état de santé le lui permit, Zorn regagna Londres, puis la Suède. Après un peu de repos, l'artiste scandinave reprit le cours de ses pérégrinations; c'est alors qu'en janvier 1887, il aborda en Algérie,

(1) Catalogue de l'Exposition A. Zorn, chez F. Keppel, 1907.

pays qu'il délaisse presqu'aussitôt, pour revoir l'Espagne et retrouver la Suède, en faisant une nouvelle halte à Londres, ville qui semblait tout particulièrement l'attirer à cette époque de sa vie, et où d'ailleurs, il était et est aujourd'hui encore, fort recherché comme portraitiste.

Jusqu'en 1883, Zorn s'était exclusivement consacré à l'aquarelle; l'hiver de cette année, il brossait sa première toile, le portrait de sa Femme. Il se trouvait alors en Angleterre; une seconde toile, *Pêcheur de S' Yves*, dénote la vive compréhension du jeune maître, dans le nouveau moyen d'expression qu'il abordait; cette peinture, d'un aspect blond — qu'il sut retrouver dans son eau-forte du même motif — exposée au Salon de Paris, fut non seulement remarquée, mais elle recevait une mention, puis achetée par l'État Français, était placée au Musée du Luxembourg.

Attiré à Paris par ce succès, Anders Zorn y séjourna plusieurs années de suite, ne quittant la France que pour aller s'isoler une partie de la belle saison dans sa patrie. A dater de ce moment d'ailleurs, Zorn, bien que fort jeune, atteignait en quelque sorte à la plénitude de son génie, soit comme peintre, soit comme graveur, et l'année 1889 marquait encore une étape de sa gloire. Médaillé au Salon pour ses portraits de *M⁽⁾ Rosita Mauri* et d'*Antonin Proust*, Zorn recevait une autre médaille à l'Exposition Universelle de la même année, puis enfin, la Croix de la Légion d'Honneur: il n'avait alors que 29 ans. Son œuvre de graveur, déjà très typique par les trois planches citées plus haut, prenait de plus en plus sa signification bien personnelle, sa vision bien spéciale; à partir de 1889, l'on retrouve en effet dans les eaux-fortes de Zorn, ce qui le préoccupera toujours, un *reflet de sa peinture*, c'est-à-dire la vie, le caractère, la lumière. En l'espace de trois années (1890-1891-1892), Zorn mettait au jour une vingtaine de planches absolument remarquables (plusieurs d'entre elles furent exposées à la *Société des Peintres-Graveurs Français*, années 1891 et suivantes), comptant de l'aveu de tous, parmi celles qui caractérisent le plus son magnifique talent de graveur, et les citer, c'est présenter l'un des plus presti gieux ensembles de l'estampe originale de notre époque : *Zorn et sa femme*, *M⁽⁾ Armand Dayot, Faure, le Pêcheur, Soirée dansante, le Matin, la Dame à la cigarette, l'Orage, l'Omnibus, M⁽⁾ Olga Bratt*, puis couronnant le tout, deux chefs-d'œuvre de tous les temps : *Renan, M⁽⁾ Simon!*

Tandis que Zorn exécutait ces eaux-fortes, puis d'autres encore, énumérées dans la partie réservée au catalogue, le maître suédois peignait les toiles suivantes : *Le Pain quotidien, la Brasserie* (1), *l'Omnibus, le Réveil, la Valse*, toiles qu'il transposa sur le cuivre, à l'exception du *Pain quotidien* toutefois.

A l'automne de 1892, Anders Zorn s'embarquait pour l'Amérique, appelé dans le Nouveau-Monde, comme commissaire de la participation suédoise, à

(1) Reproduite dans le corps du catalogue.

l'Exposition Universelle de Chicago, et où, en tant qu'artiste, il remporta un de ses plus éclatants triomphes. Il resta dans le Nouveau-Monde jusqu'au début de l'année 1894. Zorn gravait alors là-bas, les portraits de *Ch. Deering* (La Lecture), un chaud admirateur devenu un grand ami, *Henri Marquand*, puis l'*Irlandaise*, une des planches les plus impressionnantes de l'œuvre, enfin de nombreux portraits peints. Pendant l'un de ses séjours, en 1893, M. F. Keppel, bien avisé, lui faisait les honneurs, dans ses galeries de New-York, d'une exposition spéciale de ses eaux-fortes, au nombre de 31, auxquelles il avait été joint 5 peintures.

Si nous suivons à la fois Zorn dans son œuvre gravé, et dans ses voyages à travers le monde, nous le retrouvons en Suède pendant l'été de 1894, où il grava à deux reprises le portrait de Mme Lamm, sa belle-mère, et la délicieuse planche intitulée : *Mon modèle et mon bateau;* puis à Venise, où il rencontrait Mrs Isabelle Gardner, de Boston, qu'il peignait d'abord, qu'il gravait ensuite.

Revenu à Paris au cours de l'hiver de 1895, Zorn y traçait sur le cuivre, deux portraits du poëte *Verlaine*, dont l'un était édité par une revue allemande, puis une première pensée de l'*Effet de nuit*, motif qu'il reprit à nouveau deux fois, un peu plus tard; l'été de cette même année, était passé en Suède, et l'œuvre gravé s'augmentait de la *Grande baigneuse*, superbe planche toute imprégnée de lumière, mais trop peu connue en raison de son insigne rareté, des portraits de *M. et Mme Pontus Furstenberg*, de *Mme Anna Wallenberg*.

L'année suivante (1896) fut départagée entre trois centres : Paris, la Suède, l'Amérique; tandis que Zorn exécutait chez nous *Besnard gravant*, *Mlle Hagborg*, la femme d'un de ses compatriotes habitant la France, il gravait dans sa patrie la *Baigneuse de dos*, peut-être le plus extraordinaire des nus en plein air, que pointe ait jamais tracée, puis en Amérique où il resta jusqu'au printemps suivant, *Saint-Gaudens*, *Loeb*, *Edward Bacon*.

A la suite de ces continuels et longs déplacements, commencés en 1881 et continués presque sans relâche tous les ans, Anders Zorn sentit le besoin de quitter moins souvent son pays qu'il aime, son village qu'il adore ; c'est alors qu'il se mit à peindre et à graver, soit des figures isolées de paysans et de paysannes de Mora ou de Rättvik, au type bien spécial, dont il a rendu l'expression avec une très grande force et une absolue vérité, soit des scènes se passant le plus souvent à Gopsmor, hameau distant de 5 lieues de Mora ; hors de ce hameau même, au bord d'un lac aux méandres capricieuses, entre monts et bois, Zorn a réuni quatre maisonnettes dalarnaises, l'une rudimentaire, datant du XIIe siècle, les autres des XVIe, XVIIe et XVIIIe siècles ; de cet endroit à la fois pittoresque et solitaire, l'artiste exécute la majorité de ses nus en plein air et c'est de Gopsmor aussi, qu'il a puisé les motifs de diverses eaux-fortes *(Danse à Gopsmor, Ida, Première séance, Anna se coiffant, Demoiselle d'honneur, Raccomodage, etc.)*; en même temps, il traçait sur le cuivre, les effigies de

peintres, ses compatriotes : *Carl Larsson, Nils Kreuger* et *Georges Arsenius*,
puis enfin, l'image de son souverain, *Oscar II*.

De fin 1898 à juin 1899, Anders Zorn retourna en Amérique ; en s'y
rendant, il s'arrêta un moment à Londres, où il grava le portrait de *Miss Maud
Cassel*. En Amérique, ce furent les portraits du *Président Cleveland* et de
M⁰ᵉ Cleveland, qu'il exécuta, tandis que l'éditeur américain M. Frédérick Keppel,
profitant de son séjour dans la capitale des Etats-Unis, organisait une deuxième
exposition de ses œuvres, comprenant 65 de ses eaux-fortes, 4 peintures et
3 aquarelles, appréciées avec un sens très fin, dans une introduction au catalogue, par M. Fitz Roy Carrington.

Revenu à Mora pour y passer l'été de 1899, Zorn peignit et grava en 1900,
le portrait de *Mⁱˡᵉ Maya von Heijne* (aujourd'hui Mᵐᵉ Ljunglöf), *la Mère*, planche
célèbre en Suède, où elle est répandue sous la dénomination : la *Madone
suédoise*; la *Pᵉˢˢ Ingeborg*.

Entre temps, l'Exposition Universelle venait de s'ouvrir à Paris, et Anders
Zorn exposant comme peintre et comme graveur, y recevait outre deux
médailles d'honneur, la croix d'Officier de la Légion d'Honneur.

Rappelé en Amérique, de l'automne 1900 à 1901, Zorn en revint avec
les œuvres gravées suivantes : *Mᵐᵉ Emma Zorn*, le *Colonel Lamont*, en
pied, *Billy Mason*, la superbe planche qui accompagne notre travail, *Miss
Anna Burnett* ou la *Femme au piano*, *Mⁿ Cotton*, *Mⁱˡᵉ Emma Rassmussen*,
etc. Une œuvre importante de Zorn, la statue de *Gustav Wasa*, était élevée
à Mora, en 1903, à son retour, puis une réduction en était exposée à Paris
chez Durand-Ruel (1906).

Pendant la période qui suit immédiatement (1902-1903), l'œuvre gravé de
Zorn s'augmentait de la *Nouvelle chanson*, *Anna*, petite planche très caractéristique, *Mᵐᵉ Granberg*, etc.

Comme la plupart des automnes des années précédentes, Zorn appelé par
des commandes, se rendit pour la 5ᵉ ou 6ᵉ fois en Amérique, de la fin de l'année
1903 jusque dans les premiers mois de la suivante ; c'est ce voyage qui nous a
valu le plus beau des portraits de *Lamont*, celui vu en buste et tourné à droite.

En Suède, de 1904 à 1906, Anders Zorn, dont nous ne pouvons remémorer
ici chaque œuvre nouvelle, mais tout au moins les principales, gravait :
*Son portrait, Violoniste de village, Mᵐᵉ Betty Nansen, Musique en famille,
Ida*, etc.

En 1906, le maître suédois revenait passer un mois à Paris, où sa présence
était nécessitée par une exposition d'ensemble de ses œuvres — peinture,
gravure, sculpture — exposition qui, organisée par un comité d'amateurs et
d'artistes, présidé par M. Alf. Beurdeley (1), reste à l'heure actuelle la manifes-

(1) Dont il a peint et gravé le portrait.

tation la plus brillante et la plus complète qui ait été faite de l'œuvre de Zorn; bien que Zorn ne séjourna alors que fort peu de temps en France, il put néanmoins graver cinq nouvelles planches, des portraits : d'abord *M. et Mme Atherton Curtis*, puis son ami *D'Estournelles de Constant*, *Auguste Rodin*, *Berthelot*, enfin *Anatole France*.

Depuis cette époque, Zorn a fait un ou deux autres voyages, dont un en 1907 au Mexique et à l'île de Cuba, mais toujours écourtés, et seulement lorsque les circonstances l'exigeaient, pour des portraits notamment, que l'Amérique et l'Angleterre sollicitent à l'envie. L'Amérique d'ailleurs, suit pas à pas, pourrait-on dire, en même temps que son talent de peintre, la progression de son œuvre gravé; nous avons mentionné ultérieurement deux expositions de ses eaux-fortes, présentées à New-York, par M. F. Keppel, en 1893 et en 1899; en 1907, le même éditeur ouvrait en mars, une troisième exposition de ses planches, plus complète que les précédentes et qui comprenait, outre la plus grande partie de l'œuvre, de nombreux états.

Nous voici arrivé à l'année 1909 : Anders Zorn continuant à manier la pointe, vient de graver plusieurs planches, dont les toutes récentes sont les portraits du *Dr Knut Kjellberg* et du *P^{ce} Troubetskoy;* d'autres eaux-fortes verront certainement le jour d'ici peu; nous nous tiendrons alors au courant des productions gravées du maître suédois, et dans un supplément, nous consignerons les pièces gravées postérieurement à l'apparition du présent ouvrage.

C'est année par année, que nous avons suivi le développement de l'œuvre de Zorn — nous sous-entendons l'œuvre *gravé*, qui seul nous occupe ici —, œuvre dont l'importance tout-à-fait exceptionnelle ne saurait échapper... « où le métier de Zorn montre le plus d'emportement calculé et sûr de lui, — « a écrit en effet M. Henry Marcel, dans la préface de l'Exposition A. Zorn, chez « Durand-Ruel, — c'est dans les eaux-fortes, improvisations originales, ou inter- « prétations transposées de ses toiles maîtresses. Du griffonnis des hachures « parallèles qui semblent balafrer, sectionner la forme, celle-ci se dégage, au « contraire, insaisissable, impalpable, comme reflétée en quelque miroir « confident, mais en même temps évoquée, de pied en cap, par je ne sais quelle « mystérieuse incantation, avec les moindres inflexions de son modelé, les « nuances les plus fugitives de l'expression et du geste. Cet extrême raffinement « dans la brutalité affectée, le langage chercherait en vain, pour le traduire, des « antithèses de mauvais goût; bornons-nous à constater qu'une virtuosité aussi « paradoxale achève, par un trait bien à lui, la figure si personnelle et si saisis- « sante, en sa complexité, du maître dont Paris va saluer demain l'œuvre « géniale ».

Le caractère nuancé, vibrant et spontané à la fois, des eaux-fortes de Zorn,

avait d'ailleurs frappé à leur origine, car en *1892* déjà, M. Henri Beraldi, dans
ses *Graveurs du XIXe siècle*, spécifiait : « Vues de près, ses planches sont sabrées
« de tailles diagonales et non croisées, forment une rayure d'apparence indé-
« chiffrable. Eloignez-les, mettez-les à la distance, et le dessin surgit, robuste,
« par l'opposition des valeurs ».

M. Armand Dayot, dans *l'Art et les Artistes* (1906), s'exprime dans un
même sens, en parlant de cet œuvre gravé « extraordinaire, où les qualités du
« peintre, avec toute leur étincelante franchise se retrouvent, et où sous le
« prolongement net et audacieux de la pointe, la vie naît, se développe,
« palpite comme sous les larges et puissantes balafres du pinceau, toute baignée
« de lumière et d'ombre. Lumière fluide, ombre mouvante. Rembrandt!... »

« C'est à la fois exquis et étrange (1), car, à la vérité, ces hachures qui
« distribuent, dans l'espacement de leurs traits plus ou moins accentués,
« l'ombre et la lumière semblent parfois s'interposer, ainsi qu'un écran, entre
« l'œil du spectateur et l'image qu'il regarde. Métier rembranesque, simplifié
« s'il se peut ».

Les quelques citations que nous venons de faire, suffisent amplement
à démontrer l identique impression ressentie par tous les critiques ayant
analysé les eaux-fortes de Zorn, unanimité due à l'accent si nettement tranché
de chacune d'elles.

Dans l'œuvre gravé d'Anders Zorn, comprenant à ce jour 217 pièces, nous
avons à admirer les plus précieuses eaux-fortes du maître, sous deux principaux
aspects : les *portraits*, les *nus*.

Comme *portraitiste*, Anders Zorn se montre, sans restriction, supérieur :
chaque *beau* portrait qu'il a gravé, offre non seulement le caractère à la fois
physique et *moral* du personnage, mais aussi l'ambiance qui en découle et le
complète. Le trait net et volontaire, franchement mordu, et parfois repris au
burin, n'arrête pas la forme par un contour, mais la délimite par l'intelligence
du modelé, la juste dégradation des valeurs, l'excellence du clair-obscur. Les
rapports entre les figures et les fonds sont observés par Zorn, dans leurs plus
subtiles nuances, et ce, sans peine ni fatigue, mais au contraire avec une robus-
tesse naturelle qui imprime à chaque œuvre, un aspect de vie, de fraîcheur et
de santé. La taille très rarement croisée, laisse, selon la distance observée
entre chaque trait, s'infiltrer plus ou moins la lumière et le reflet, comme dans
la nature. D'ailleurs Zorn, sous une apparence brutale, a un métier qu'il sait
assouplir et approprier avec à-propos, qu'il s'agisse de construire le visage
d'une jeune femme ou le masque d'un vieillard. Aussi, chaque portrait évoque-
t-il un caractère particulier, qu'on ne saurait séparer de l'image tracée par Zorn :
on trouve pour ne plus jamais l'oublier, la pensée et le rêve chez Renan, la

____

(1) Ch. Saunier, l'*Art décoratif* (1906).

spirituelle et fine bonté, chez Carl Larsson et Anatole France ; la grâce et la distinction, chez Olga Bratt, Mme Nagel, Maya von Heijne ; le charme, chez Rosita Mauri ; le caractère physionomique, chez Wieselgren ; l'origine d'une race, chez S. Loeb ; une classe enfin, chez Mme Simon.

Les *nus*, dans l'œuvre de Zorn, sont aussi tout particulièrement remarquables, et sous cet aspect le graveur de Mora est également un maître exceptionnel ; pour en saisir toute la valeur, nous ne pouvons mieux faire que de transcrire à cette place, les lignes suivantes qui nous ont été adressées par M. Carl G. Laurin, le critique d'art connu, compatriote de Zorn :

« Qui dois-je imiter pour être original ? » est une vieille réplique de « comédie qui conservera toujours son actualité, surtout pour l'art. Il y a « d'autant moins lieu de s'étonner qu'on échoue dans ces essais d'imitation, que « ce qui caractérise l'originalité du génie, c'est justement d'être inimitable.

« Notre époque a soif d'original, au point que dans les expositions d'art, « l'étrangeté forme un groupe presque aussi nombreux que la banalité. De « même que dans l'art industriel, on s'attache avidement à ce qui est rare, « unique et précieux, de même dans l'art pur on recherche ce qui est personnel, « car ici s'applique plus que jamais cette parole profonde, que le « bonheur « suprême des enfants de la terre est la personnalité », l'humain ciselé en un « type spécial, reconnaissable dans toutes ses manifestations et inimitable au « sens profond du mot.

« Plus ce type est élevé dans son genre, plus il est ridicule de chercher à « l'imiter, comme l'âne dans la peau du lion. Michel-Ange est imité par « Bandinelli, Millet et Meryon par ce qu'un poète circonspect appelle *imita-* « *torum pecus.*

« Mais le génie ne plane pas isolé dans l'air, il a au-dessous de lui le sol « où il a grandi. Il a beau se montrer international, il est toujours l'expression « de son pays. Voltaire et Anatole France sont internationaux, mais à la « manière française.

« Anders Zorn est suédois. Issu d'une souche de paysans, il est né dans « la province qu'on nomme le cœur de la Suède, la Dalécarlie, dont la popu- « lation est connue pour son opiniâtreté et son patriotisme. Il est fier d'être « suédois et d'appartenir à un peuple dans les veines duquel coule depuis l'âge « de la pierre, le sang germanique le plus pur. Il se plaît à reproduire nos « vigoureux paysans et nos paysannes aux cheveux de lin, et personne n'a su « mieux que lui, donner l'inconscience du fond même de la nature, et la forte « sensualité à leurs corps blancs, avec leurs figures aux pommettes légèrement « saillantes.

« Il semble que la reproduction du corps nu induise à la banalité. Est-ce « qu'un tableau médiocre rendant du nu, n'a pas quelque chose de particu- « lièrement ennuyeux ? Les tableaux et les eaux-fortes où Zorn représente le

« nu, sont aussi éloignés de la glabriété et de la sécheresse académiques, que du
« froid glacial de l'impudicité. Ses filles nues, proviennent d'une forte impulsion
« de l'art aussi bien que de la nature ! Sont-elles appréciées à leur juste valeur,
« en dehors de la Suède ? J'ai peine à le croire. Peut-être en Allemagne et en
« Amérique, mais chez les Latins, l'idéal plastique classique est trop enraciné
« pour que ces grandes femmes blondes qui descendent de rochers gris dans
« l'eau, toutes nues, pas même affublées d'un nom mythologique — oréades ou
« naïades — puissent les charmer. Les rayons de soleil sont l'éclairage, le
« baume des pins et l'air de la mer remplacent les parfums et, pour nous suédois,
« il y a encore une chose, la « féminité » spécifiquement suédoise, que personne
« n'a rendue comme Zorn.

« Ces pensées viennent à l'esprit lorsqu'on voit son tableau « Dehors »
« au Musée de Göteborg et « Bain improvisé » au Musée national de
« Stockholm. Après une période d'art raffiné, quand on s'est gorgé de friandises,
« on brûle de revenir à la nature et à des aliments simples, sans sauce
« compliquée; celui qui a vraiment soif, languit après l'eau claire, celui qui a
« faim, demande du pain et de la viande et ne veut pas de friandises. Zorn
« contemple la nature avec la voracité du primitif, c'est ce qui donne tant de
« charme à son meilleur tableau de nu, « Après le Bain », appartenant à M. Lamm,
« à Stockholm. Pour forcer l'œil pour ainsi dire à voir le pittoresque, ce corps,
« comme nombre de corps de femmes de Rembrandt, n'est pas plastique au
« moins suivant l'idéal antique. Cette femmes rousse, grassouillette, est dans
« cette lumière argentée, un hymne à la plénitude de la nature et à l'éternelle
« puissance de production.

« C'est une consolation pour ceux qui ne possèdent que des eaux-fortes
« du maître, que de s'imaginer que ce peintre-graveur — si quelqu'un mérite
« ce double nom après Rembrandt — n'est pas aussi éminent comme peintre.
« Zorn peut être inégal comme peintre et comme aqua-fortiste, mais il atteint
« la même hauteur dans les deux genres, et les tableaux que nous avons nommés
« peuvent être comptés parmi les plus précieux, au moins dans l'art contem-
« porain. On pourrait en ajouter encore un autre : « Une femme nue conduit
« son enfant dans l'eau », qui orne le Musée de Gand. C'est un motif presque
« identique qu'il a gravé dans « Une première », si justement appréciée, où il
« relève d'une manière naturelle, la beauté du torse antique en faisant rester
« la femme dans l'eau jusqu'à mi-jambes, motif favori de Zorn.

« Une de ses eaux-fortes les plus intéressantes dans ce genre, du moins
« quand il s'agit de ses plus récentes, c'est le « Raccommodage » aux puissants
« contrastes de noir et de blanc, à la mentalité si intime et si sensuelle. Il est
« allé le plus loin peut-être dans « Mon modèle et mon bateau », entièrement
« exécutée avec cette technique qui est la forme naturelle de communication de
« l'artiste; cette feuille est aussi Zorn que possible. Il y a chez cette femme

« grossière, une *frandezza* provocante, consciente, une fierté des trésors de
« beauté de son corps. L'artiste a immortalisé ici, sur le cuivre, un moment de
« plénitude et de santé. Et s'il peut nous donner tant dans cette eau-forte, que
« ne doit-il avoir éprouvé lui-même dans cet instant, par un jour d'été, en
« Suède, sur la plage avec la mer, le bateau à voile et — comme expression de
« la plus complète liberté et de son sentiment de la nature — la femme nue ».

Nous ajouterons à ces lignes, que les qualités qui font la valeur des *nus*
de Zorn, sont plus goûtées des *Latins*, que n'est porté à le croire M. Carl
G. Laurin; l'aspect lumineux de planches telles que : *Une Première, Mon
Modèle et mon bateau*, la *Grande Baigneuse*, la *Baigneuse de dos*, œuvres
traitées avec délicatesse et sensibilité, l'impression d'intimité de ces scènes de
la vie courante, le caractère enfin de ces femmes expressément « suédoises »,
ne pouvaient échapper au goût affiné et toujours en éveil des *Latins*, en dépit
du fond classique qui caractérise leur race.

En dehors de ses portraits et de ses nus, Zorn n'a traité que des sujets
intimes : l'allégorie pas plus que la scène historique, ne l'ont jamais tenté,
épris qu'il a toujours été de ne rendre que ce qu'il voyait.

Esprit tenace en même temps qu'impulsif, Zorn, quoique d'une habileté
surprenante, se montre difficile envers lui-même, et son œuvre gravé, abonde
en preuves de ce que nous avançons; en parcourant cet œuvre, l'on constate
en effet, que Zorn a regravé à *trois* reprises, la *Grand'Mère*, l'*Effet de nuit*,
la *Baigneuse de dos*, puis deux fois, la *Dame à la Cigarette*, le *Toast*,
Mme Simon et vingt autres planches encore.

Pour juger sainement des qualités que renferment les eaux-fortes de
Zorn, nous ajouterons qu'il ne faut les étudier que sur les épreuves tirées
nature, en encre *noire*, la taille non dépouillée, avec une pression assez
forte, offrant nettement l'empreinte du cuivre; ces sortes d'épreuves, qui se
rencontrent assez facilement pour les planches gravées antérieurement à 1902,
sont très supérieures à celles où, soit par fantaisie, soit pour toute autre cause,
le travail cependant si incisif de Zorn, se trouve noyé sous des tons sales et
mous, débordant des tailles ou étalés sur la surface du cuivre.

Les épreuves tirées *nature* et *brillantes*, sont donc celles qui correspondent
essentiellement à la facture des eaux-fortes du maître de Mora : « Chaque ligne
une fois gravée — écrivait M. Fitz Roy Carrington, dans l'introduction du
catalogue de l'exposition organisée par M. F. Keppel en 1893 — a sa signification précise, à laquelle on ne peut se tromper. Ses planches ne demandent
point d'aide artificielle ou de manipulation de l'imprimeur... »

Faut-il en conclure que toute épreuve portant trace de manipulation
émanant du caprice de l'imprimeur, doit être impitoyablement rejetée? Nous
ne sommes pas aussi intransigeant, d'autant que depuis quelques années Zorn
lui-même s'est parfois complu à rechercher des effets, au moyen de l'impression;

mais un choix s'impose tout au moins, et entre deux épreuves, l'une tirée *nature*, l'autre *triturée*, il ne saurait y avoir d'hésitation.

Nous n'avons négligé aucune source, pour arriver à connaître l'importance des tirages des eaux-fortes d'Anders Zorn, ainsi que le sort de chacun des cuivres. Anders Zorn, d'abord, l'un de ses plus habiles imprimeurs, M. F. Nys, ensuite, enfin MM. Th Laurin, Lagrelius, et A. Strölin, nous ont permis, par leurs communications, d'être aussi précis que possible, sous le double point de vue que nous envisagions. En ce qui concerne les tirages des premières planches de Zorn, ceux-ci se faisaient à plusieurs reprises et à quelques épreuves seulement chaque fois, ainsi qu'il résulte du billet suivant qu'adressait Zorn à son imprimeur :

Ayez la bonté de m'imprimer et délivrer

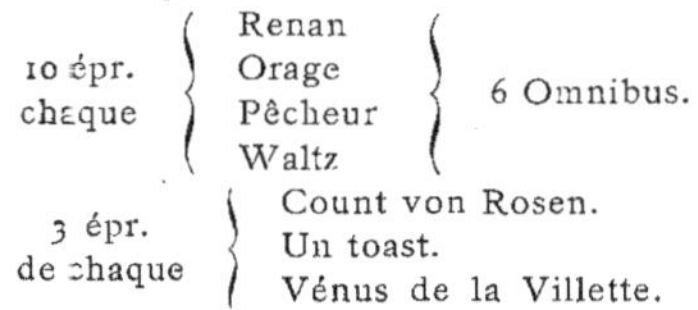

Nous ne saurions mieux terminer ces pages, sur la vie et l'œuvre gravé d'Anders Zorn, que par cette appréciation d'un des maîtres français, Auguste Rodin, appréciation qui dépeint à la fois, en quelques lignes, l'homme et l'artiste :

« Zorn a un sens exceptionnel du dessin, j'entends de la Forme justifiée
« dans ses trois dimensions. Il a donc le sens précieux des plans en pro-
« fondeur, ce qui le rapproche des grands maîtres d'autrefois, et le place au
« premier rang, parmi les meilleurs artistes de ce temps.

« Une particularité chez Zorn, un septentrional, c'est qu'à la différence
« des gens et parfois des artistes du Nord, le plus souvent lourds, il se meut
« avec légèreté et une grande liberté à travers les plus graves difficultés. C'est
« plaisir vraiment, de le voir se jouer des obstacles, avec cette aisance qui est
« le signe caractéristique des vrais forts ».

CATALOGUE

1. — AXEL HERMAN HAGG

(H. 250 millim. L. 171)

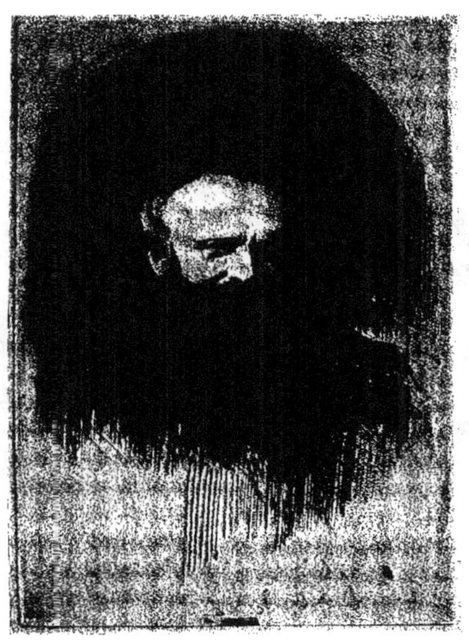

(1882) — 1er état.   (Cat. F. de Schubert, n° 1 — 2 états décrits).

1er Etat. **Celui reproduit.** Fort rare. Musée de Stockholm, M. Ch. Deering.
2° — Le fond est couvert de travaux et la lettre Z a été ajoutée. Fort rare.
3° — Terminé; de nouveaux travaux ajoutés, notamment dans le fond. Très-rare. Collection de
M. Ch. Deering.

Axel Herman Hagg ou Haig, architecte et graveur à l'eau-forte, né à l'île de Götland (Suède) vers 1836, mais habitant l'Angleterre depuis une trentaine d'années, a été l'initiateur d'Anders Zorn dans la pratique de l'eau-forte, alors que l'artiste suédois, à peine âgé de 22 ans, se trouvait à Londres. Anders Zorn a gravé à deux reprises, en témoignage d'affectueuse reconnaissance, le portrait de A. H. Hägg (voir le n° 17), dont l'œuvre gravé composé principalement de vues et d'intérieurs d'églises, renferme plusieurs centaines de planches, surtout appréciées en Angleterre et en Amérique.

A. H. Hagg a exposé souvent aux Salons de Paris et une médaille d'or lui a été décernée lors de l'Exposition Universelle de 1900.

Le cuivre existe.

3

2. — LES SŒURS

(L. 151 millim. H. 100)

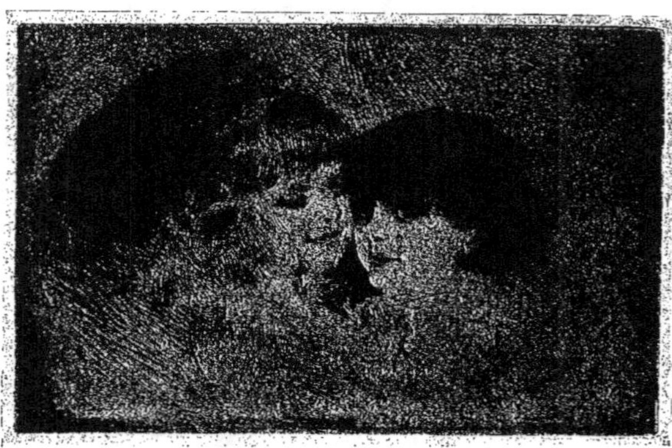

(1882)   (Cat. F. de Schubert, n° 2 — 1 seul état décrit)

Tiré à 25 épreuves.

Musée de Stockholm, Bibliothèque Nationale, Cabinet des Estampes de Berlin, M. et M^{me}A. Curtis, MM. Alf. Beurdeley, Th. Laurin, G. Petitdidier, G. Rystedt père, G. Teyssier.

———

VENTE : J. Gerbeau (1908), 100 fr.

———

L'aquarelle d'après laquelle a été exécutée l'eau-forte reproduite ci-dessus, appartient à M. Charles Armitage, à Londres.

Cuivre détruit.

3. — JOIES MATERNELLES
1ʳᵉ planche
(H. cuivre 213 millim. L. 163)

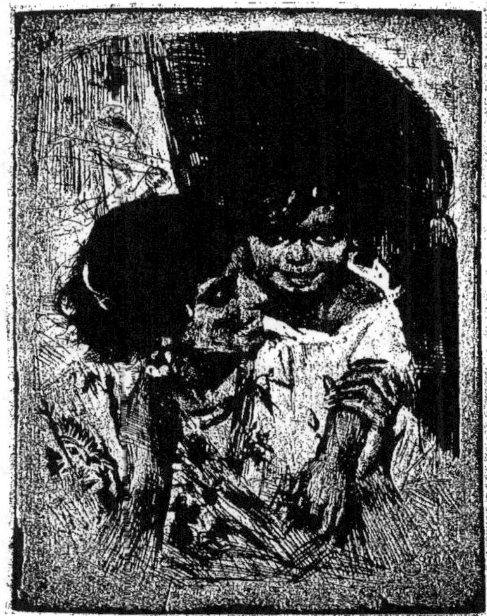

(1882)   (Non cat. par F. de Schubert)

L'aquarelle qui a servi de motif à cette planche, ainsi qu'aux deux essais qui suivent, appartient à M. Edward Casparsson à Saltsjöbaden, Suède.

Bien que le cuivre de cette planche existe encore, il n'en a été tiré que fort peu d'épreuves, et nous n'en avons rencontré aucun exemplaire, excepté chez Anders Zorn.

Le cuivre existe.

4. — JOIES MATERNELLES
2ᵉ planche
(H. cuivre 407 millim. L. 277)

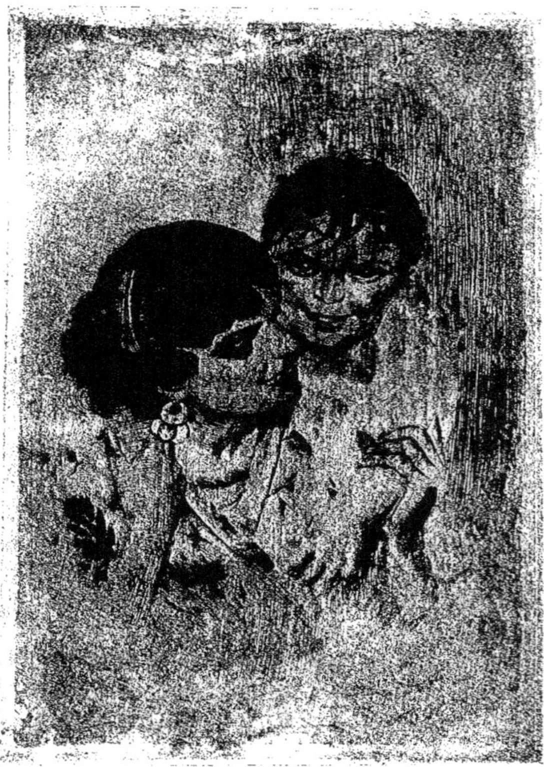

(1882)   (Cat. F. de Schubert, n° 3 — 1 seul état décrit).

Cette seconde planche des JOIES MATERNELLES — ainsi que la précédente et la suivante d'ailleurs — n'a été tirée qu'à quelques épreuves.

Le cuivre existe.

(H. cuivre, 407 millim. L. 277)

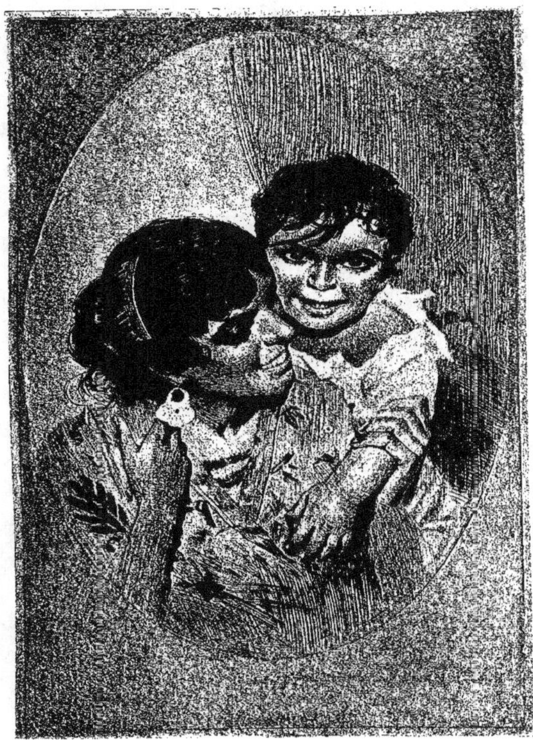

(1882) — 2ᵉ état.   (Cat. F. de Schubert, nᵒ 4 — 1 seul état décrit).

1ᵉʳ **État.** Avec un fond d'aqua-teinte en H., à G. et à D., hors de l'ovale. Avant le trait bordant l'ovale à
G. De toute rareté. Collection de M. Ch. Deering.

2ᵉ — **L'état reproduit.** Fort rare. Musée de Stockholm, M. Th. Laurin.

Le cuivre existe.

6. — LES COUSINES

(H. 472 millim. L. 278)

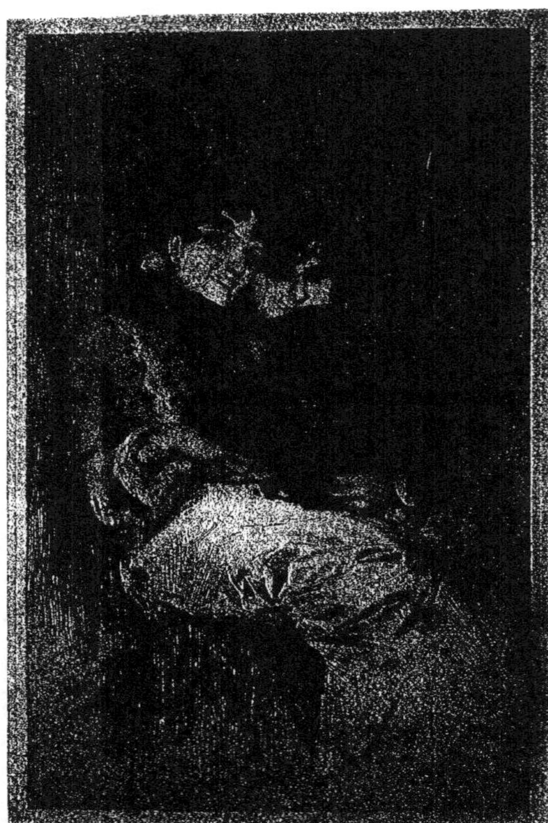

(1883) — 2ᵉ *état.*   (Cat. F. de Schubert, nº 5 — 1 seul état décrit).

1ᵉʳ État. Avant un trait bordant la composition, à D., et avant les oxydations sur diverses parties du cuivre, oxydations ressemblant à un faible grain d'aqua-teinte. Très rare.

2ᵉ   —   Avec le trait indiqué ci-dessus et les taches d'oxyde.

VENTE : J. Gerbeau (1908), 100 fr.

Cette pièce a été tirée à une dizaine d'épreuves en 1883 — notre 1ᵉʳ état — puis à 40 épreuves environ, vers 1903, avant la destruction du cuivre.

Cuivre détruit.

N° **6**. — LES COUSINES

Cette planche compte trois états :

1ᵉʳ État. Avant divers travaux, notamment avant un grand nombre de tailles horizontales sur l'éventail. Fort rare. Collection de M. Ch. Deering.

2ᵉ — Celui décrit 1ᵉʳ.

3ᵉ — Celui décrit 2ᵉ.

7 - 8. — EN DEUIL

<table>
<tr><td align="center">1re planche</td><td align="center">2e planche</td></tr>
</table>

1re planche   2e planche

(H. 175 millim. L. 126)   (H. 165 millim. L. 127)

(188?)   (Non cat. par F. de Schubert).

Il n'a été tiré que quelques épreuves de ces premiers essais d'eau-forte de Zorn, dont les cuivres, abandonnés par l'artiste, furent retrouvés à Londres en 1906 ou 1907.

L'aquarelle qui a servi de motif aux deux eaux-fortes ci-dessus reproduites, avait été exécutée en 1880.

Les cuivres existent.

9. — FEMME ANGLAISE
(Miss Law)

(H. 165 millim. L. 113)

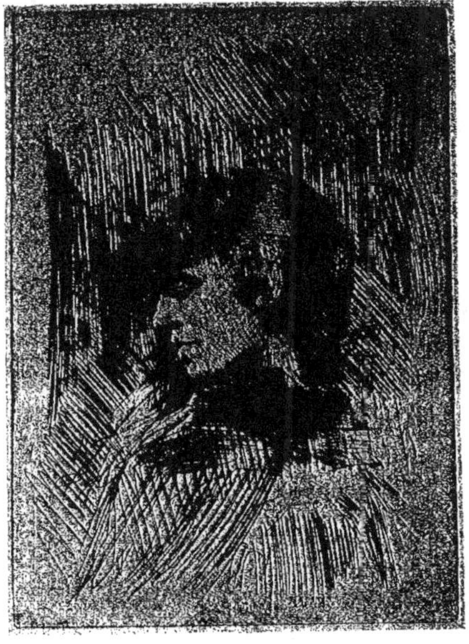

(1883)　　　　　　　　(Non cat. par F. de Schubert).

Très rare.

Le cuivre de cette planche a été retrouvé à Londres en 1906 ou 1907; c'est alors qu'il en fut tiré quelques épreuves. Nous n'en avons pas rencontré d'exemplaires dans aucune collection publique ou privée. C'est d'après l'épreuve possédée par Zorn, qu'a été exécuté notre cliché.

Le cuivre existe.

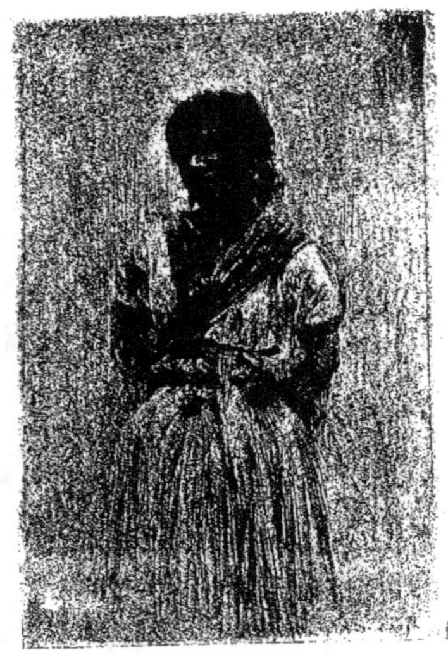

10. — PEPITA

(H. 177 millim. L. 116)

(1883) — *1ᵉʳ état.*   (Cat. F. de Schubert, nᵒ 6 — 2 états décrits).

1ᵉʳ État. **Celui reproduit.** Fort rare.
2ᵉ   —   Avec la lettre Z., ajoutée au B. à D., et avec l'addition de travaux sur les bras et dans les cheveux de la bohémienne.

———

Cette planche est mentionnée dans les **Graveurs du xixᵉ siècle,** de M. H. Beraldi, sous le titre : *Gitane de Séville,* et par M. F. de Schubert : *Bohémienne debout.*

———

M. G. Petitdidier possède le dessin exécuté sur papier Gillot, pour cette eau-forte, lequel porte le mot **Pepita,** écrit par Zorn.

Le cuivre existe.

4

(H. 299 millim. L. 200)

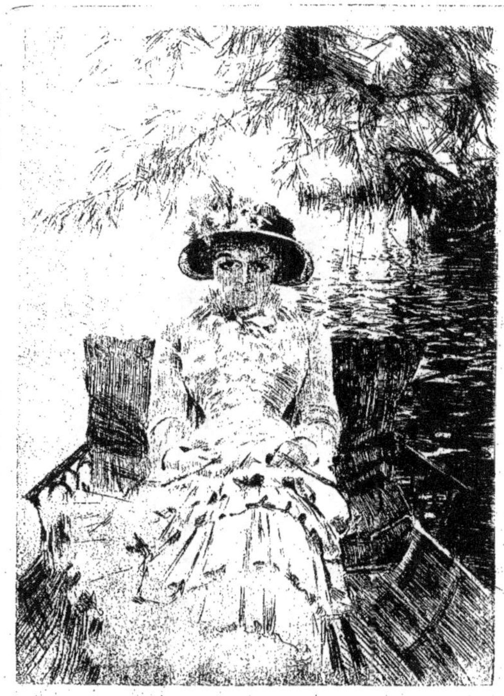

(1883) — 3ᵉ état.   (Cat. F. de Schubert, nᵒ 7 — 2 états décrits).

1ᵉʳ État. Le dessous du chapeau de la femme est complètement noir. De toute rareté. Musée de Stockholm, M. Ch. Deering, à Chicago.

2ᵒ — Le chapeau est éclairci sur les bords; des travaux débordent en marge. Le cuivre n'est pas biseauté. Avec la marque de l'étau. Fort rare.

3ᵒ — La marque de l'étau et les travaux en marge sont effacés et le cuivre est biseauté. Tiré à 25 épreuves. L'état reproduit. Musée de Stockholm, MM. Th. Laurin, G. Petitdidier.

4ᵉ — Avec la lettre : ᴌ. ᴢᴏʀɴ ᴘɪɴx. ᴇᴛ ꜱᴄᴜʟᴘᵗ — ꜰÖʀᴇɴ ꜰ. ɢʀᴀꜰɪꜱᴋ ᴋᴏɴꜱᴛ 1887 — ᴘÅ ᴛʜᴇᴍꜱᴇɴ. Tirage à 275 exemplaires.

VENTE : Anonyme (nov. 1906), 3ᵉ état, 265 fr.

Le dessin d'après lequel a été exécutée cette eau-forte, appartient à M. H. Geber, à Stockholm.

Le cuivre appartient à La Société Suédoise d'art graphique (Föreningen for grafisk Konst), mais est déposé au Musée de Stockholm.

12. — REPOS ou MARY

(H. cuivre, 219 millim. L. 138)

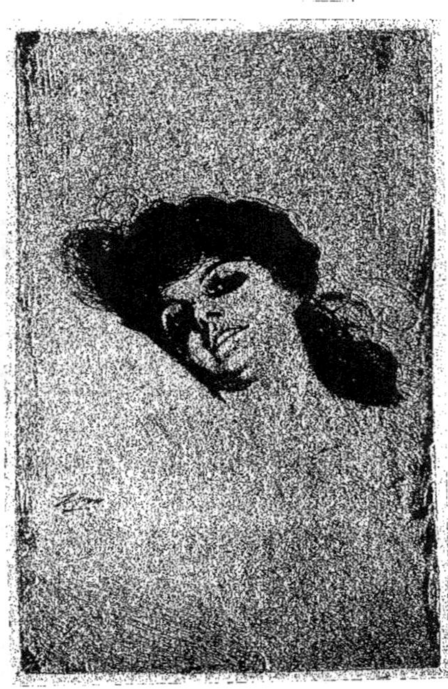

(1883)   (Non cat. par F. de Schubert).

Tiré à 50 épreuves environ.

Bibliothèque Nationale, MM. Alf. Beurdeley, Th. Laurin, G. Petitdidier, G. Rystedt père, G. Teyssier, Alf. Wallandler (épr. avec l'annotation : *"first print"*).

VENTE : J. Gerbeau (1908). 135 fr.

Cuivre détruit.

(H. 165 millim. L. 112)

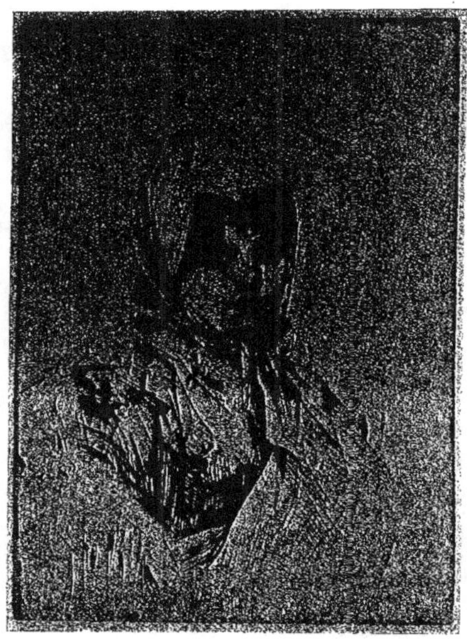

(1884)　　　　　　　　　(Non cat. par F. de Schubert).

Très-rare.

Collection de MM. Hugo Geber, E. Nachmanson.

Le cuivre existe.

14 - 15. — CONSUELA

1re planche

(H. 120 millim. L. 081)

2e planche

(H. 147 millim. L. 107)

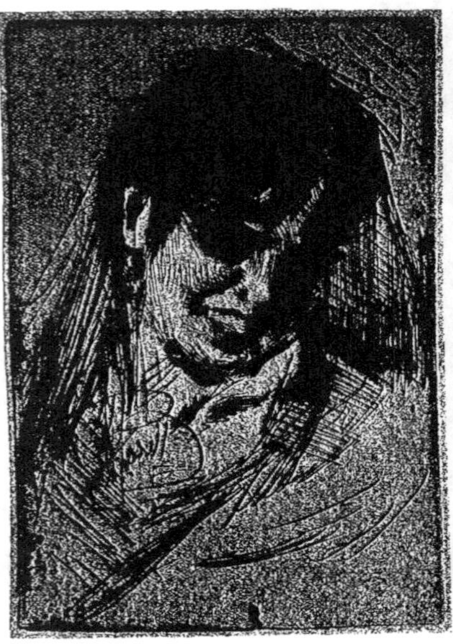

(1884)

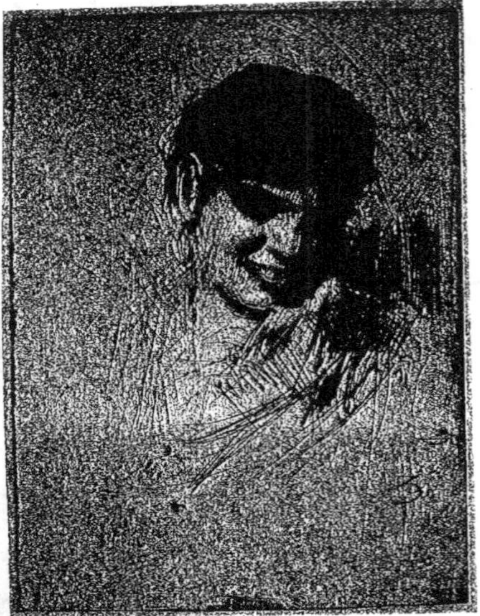

(Non cat. par F. de Schubert).

Les deux planches de *Consuela*, sont inspirées d'une aquarelle exécutée -- en Espagne -- en 1882 ;
il n'a été tiré que fort peu d'épreuves de ces deux planches abandonnées par l'artiste, et retrouvées en
Angleterre en 1906 ou 1907, en même temps que les cuivres des n°s 7, 8, 9 et 13 de notre catalogue.

Les cuivres existent.

16. — ESPAGNOLE

(H. 180 millim. L. 120)

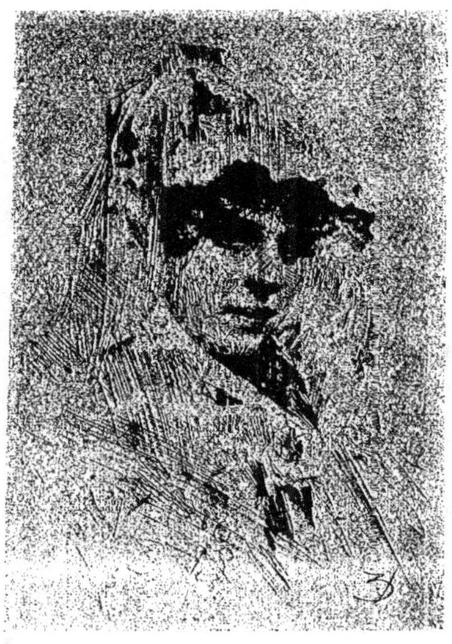

(1884) — 1er état.   (Cat. F. de Schubert, n° 8 — 1 seul état décrit).

1er État. **Celui reproduit.** Fort rare. Collection de M. Ch. Deering.

2° — Des travaux sont ajoutés sur différentes parties du visage. Un trait échappé traverse la mantille à droite, ainsi qu'une partie du visage. Musée de Stockholm, BibliothèqueNationale, M. et Mme A. Curtis, MM. Th. Laurin, G. Teyssier, etc.

———

VENTE : Anonyme (14 Avril 1908), 2° état, 100 fr.

———

Cette planche se trouve mentionnée, par M. H. Beraldi, dans le Tome xii° des **Graveurs du xix° Siècle**, sous le titre : *Señora de Madrid*.

———

M. G. Petitdidier possède le dessin qui a servi pour cette eau-forte.

Le cuivre existe.

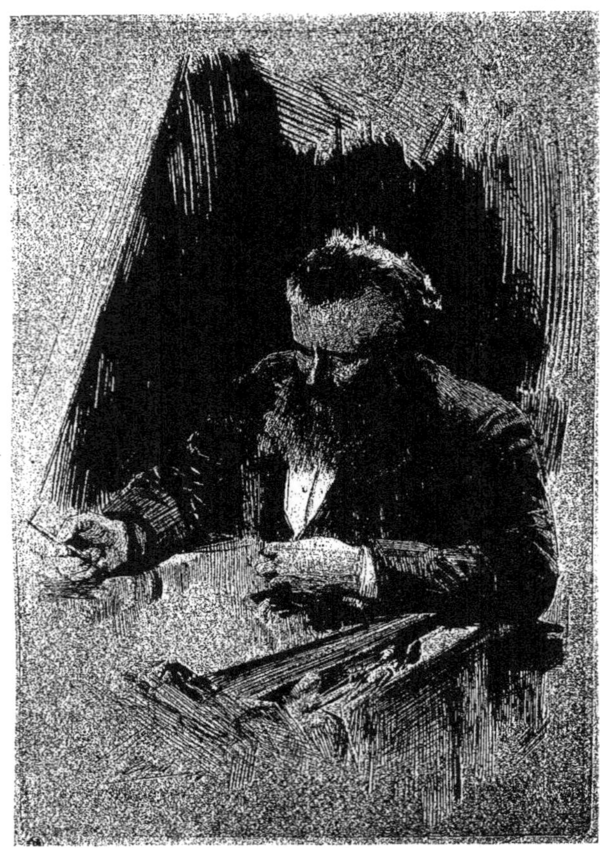

(1884) — 2ᵉ *état*.　　　　　　　　　(Cat. F. de Schubert, n° 9 — 1 seul état décrit).

1ᵉʳ État. Avant divers travaux sous la table, à D., derrière le bras gauche du personnage et dans le H. vers la D. De toute rareté. Collection de M. Ch. Deering.

2ᵉ — Terminé. L'état reproduit.

Il a été fait deux tirages de ce portrait : l'un, en 1884, de 10 à 12 épreuves ; l'autre, vers 1904, avant la destruction du cuivre ; ce second tirage a été limité à 10 épreuves.

Musées de Stockholm et de Budapest, Bibliothèque Nationale, M. et Mᵐᵉ A. Curtis, MM. H. Geber, Th. Laurin, H. Lundbohm, G. Petitdidier, Rystedt père, Pʳ Sondèn, A. Strölin, G. Teyssier (épr. de Gerbeau), E. Thiel.

VENTES : Anonyme (14 Avril 1908), 340 fr. : J. Gerbeau (1908), 355 fr.

Cuivre détruit.

18 - 19. — MORMOR (La Grand'Mère de l'Artiste)

<table>
<tr><td align="center">1re planche</td><td align="center">2e planche</td></tr>
</table>

1re planche
(H. cuivre, 202 millim. L. 126)

2e planche
(H. cuivre, 163 millim. L. 113)

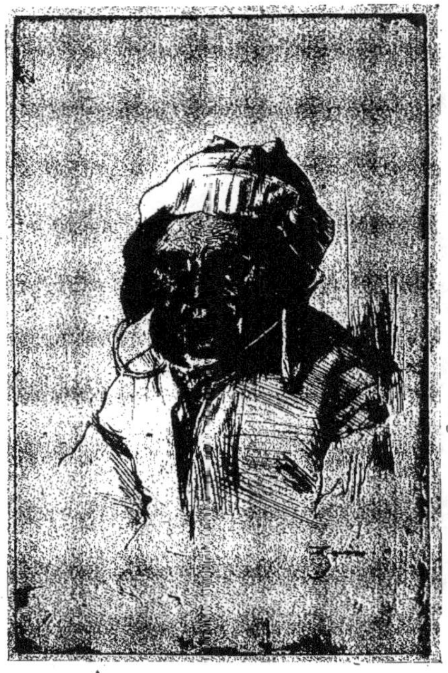

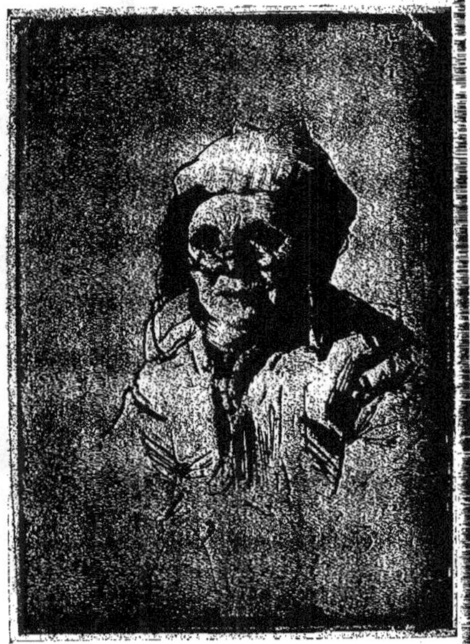

(1884).

(Non cat. par F. de Schubert)

(Cat. F. de Schubert n° 11 — 1 seul état décrit).

Il n'a été tiré que fort peu d'épreuves de ces deux essais — ainsi que d'ailleurs de la 3e planche définitive qui suit. Une épreuve de la seconde planche, est exposée au Musée de Stockholm.

Les cuivres existent.

20. — MORMOR
3ᵉ planche
(H. 164 millim. L. 114)

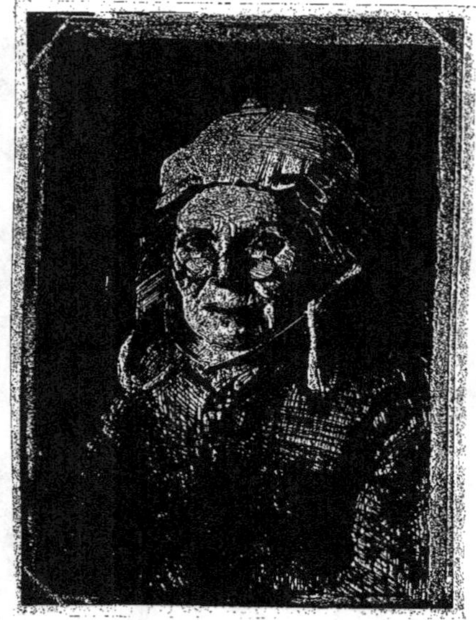

(1884)   (Cat. F. de Schubert, n° 10 — 1 seul état décrit).

Fort rare.

1ᵉʳ État. Avant un grand nombre de travaux sur le visage et le vêtement ; le fond est blanc. De toute
   rareté. Collection de M. Ch. Deering.

2ᵉ   — Terminé. L'état reproduit. Musée de Stockholm ; collection privée de Zorn.

Le cuivre existe.

5

21. — ÉTUDE DE MODÈLE

(H. 200 millim. L. 123)

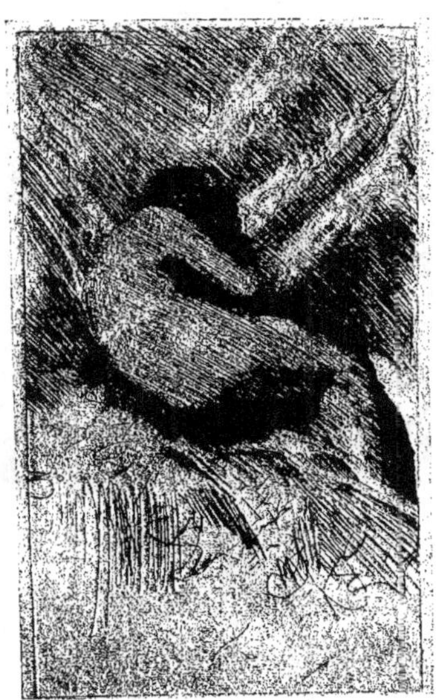

(1884)   (Cat. F. de Schubert, n° 12 — 1 seul état décrit).

Rare.

Musée de Stockholm, Cabinet des Estampes de Dresde, MM. Ch. Deering, A. Gellerstedt, Th. Laurin, G. Rystedt fils.

———

Cette planche a paru dans un ouvrage tiré à petit nombre et ayant pour titre : **Med pensel och penna en årsbok om svensk konst, utgifven af W. Silfversparre.** — Stockholm, **Looström**, 1885.

(H. 134 millim. L. 081)

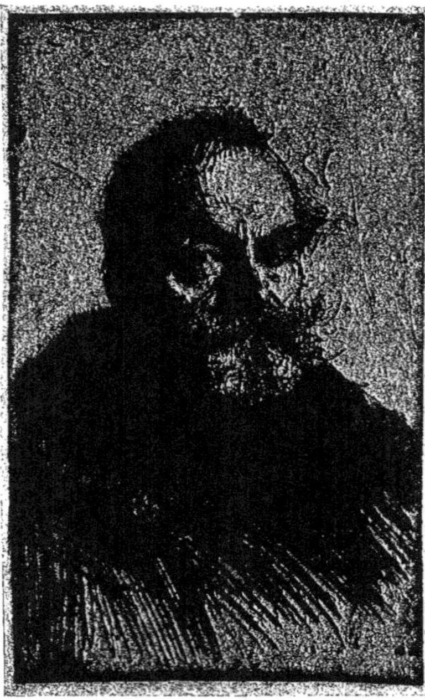

(1884)   (Cat. F. de Schubert, n° 13 — 1 seul état décrit).

Rare.
Musée de Stockholm, Bibliothèque Nationale, M. et Mme A. Curtis, MM. Hugo Geber, A. Gellerstedt, G. Teyssier.

VENTE : Anonyme (14 Avril 1908), 100 fr.

Christian (1) Aspelin, né en 1830, est l'un des plus importants industriels de la Suède ; la très belle aquarelle qui a servi pour l'eau-forte, est en sa possession.

(1) Et non Carl, comme l'indique F. de Schubert.

Le cuivre appartient à M. A. Gellerstedt, à Stockholm.

23. — RÊVE D'AMOUR

(H. 212 millim. L. 127)

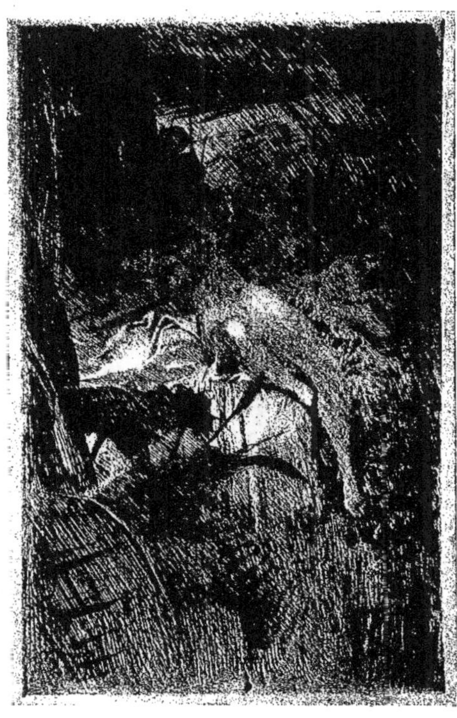

(1884)   (Cat. F. de Schubert, nº 14 — 1 seul état décrit).

Fort rare.

Nous ne connaissons du *Rêve d'Amour*, que les trois épreuves possédées par l'artiste et M. A. Gellerstedt.

(H. 112 millim. L. 075)

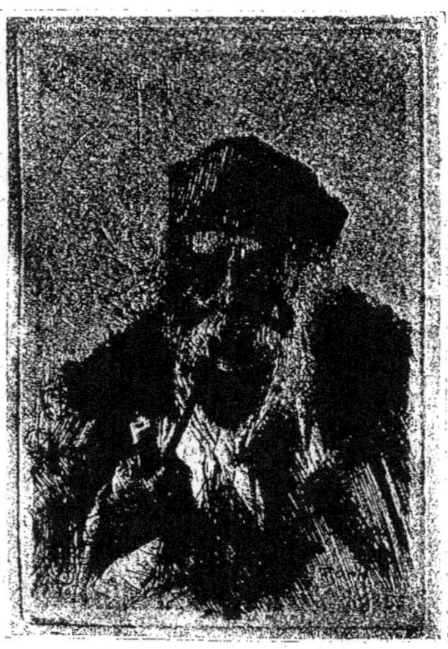

(1885)   (Cat. F. de Schubert, n° 15 — 1 seul état décrit).

Très-rare. Tiré à 10 ou 12 épreuves.
Musée de Stockholm. MM. G. Eissler, Hugo Geber, Th. Laurin, O. Meyerson, Dr Sondèn, A. Zorn.

Cette pièce est également connue sous les titres de : *Bourreau de Transylvanie* et de *Tzigane hongrois fumant*. C'est sous cette dernière dénomination qu'elle se trouve mentionnée dans les **Graveurs du xixe Siècle**, par M. H. Beraldi.

L'aquarelle du *Juge de Siebenburgen* appartient à M. H. Hartvig, à Göteborg (Suède).

Cuivre détruit.

25. — FEMME TURQUE ET ESCLAVE
(L. 187 millim. H. 105)

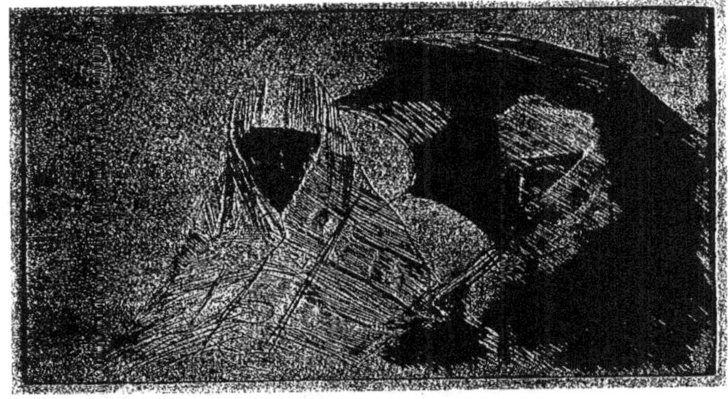

26. — CIMETIÈRE TURC
(H. 124 millim. L. 080)

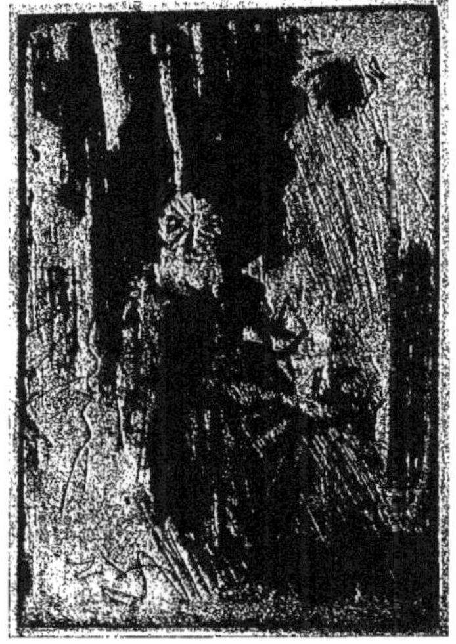

(1886) (Non cat. par F. de Schubert).

Ces deux essais sans grand intérêt, n'ont été tirés qu'à quelques épreuves seulement.

Les cuivres existent.

27. — ODALISQUE DORMANT

(L. 126 millim. H. 080)

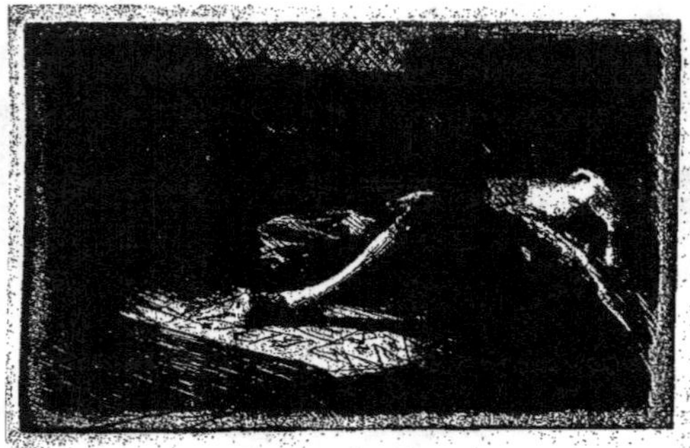

(1886) . (Cat. F. de Schubert, n° 16 — 1 seul état décrit).

Très rare.

Musées de Stockholm et de Göteborg.

Cuivre détruit

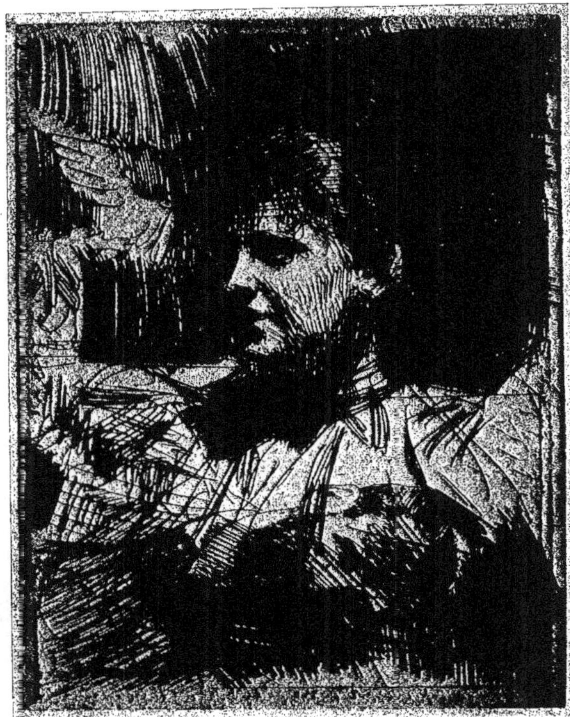

<table>
<tr><td>(1888 ?)</td><td>(Non cat. par F. de Schubert)</td></tr>
</table>

Nous ne connaissons de l'eau-forte reproduite ci-dessus, qu'une seule épreuve ; elle fait partie de la collection de M. Ch. Deering.

———

Dans le bas de la planche, Zorn avait gravé précédemment un portrait d'homme, dont nous n'avons pas rencontré d'exemplaire, et que l'on aperçoit fort bien sur le corsage de la femme.

Cuivre détruit.

(H. 084 millim. L. 056)

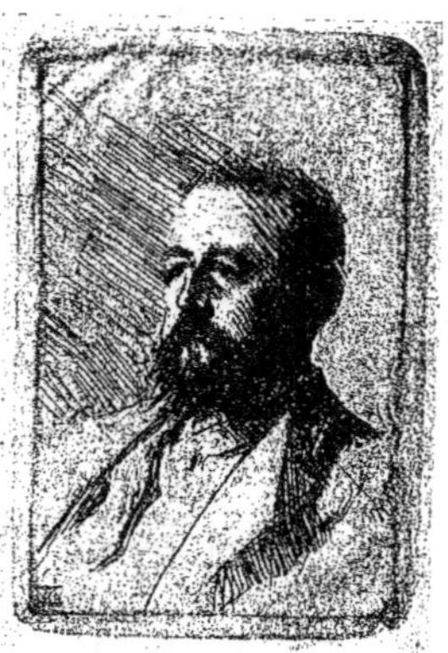

(1888)   (Cat. F. de Schubert, n° 17 — 1 seul état décrit).

Cette petite planche a été publiée en tête de l'ouvrage suivant : *Sonetter af Carl Snoilsky*, (2ᵉ édition 1888), tiré à 1200 exemplaires.

———

Le Comte Carl Johan Gustaf Snoilsky, né à Stockholm le 8 septembre 1841, mort dans la même ville, le 19 mai 1903, est l'un des poètes les plus appréciés de la Suède. Il fut diplomate et directeur de la Bibliothèque Nationale de Stockholm.

———

VENTES : A. Ragault (1907), épr. non signée, 40 fr. ; Anonyme (5 Novembre 1907), épr. n. s.., 30 fr.

Le cuivre existe.

(H. 129 millim. L. 091?)

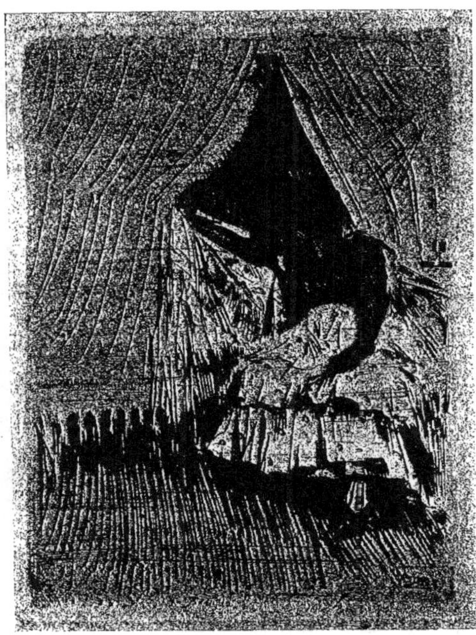

1889   (Non cat. par F. de Schubert).

Nous ne connaissons de cette eau-forte, portant ces mots : *La Feria in Sevilla*, qu'une seule épreuve ; elle fait partie de la collection de M. Ch. Deering.

Cuivre détruit.

31. — UN PEINTRE-GRAVEUR : ZORN

(H. 114 millim. L. 079)

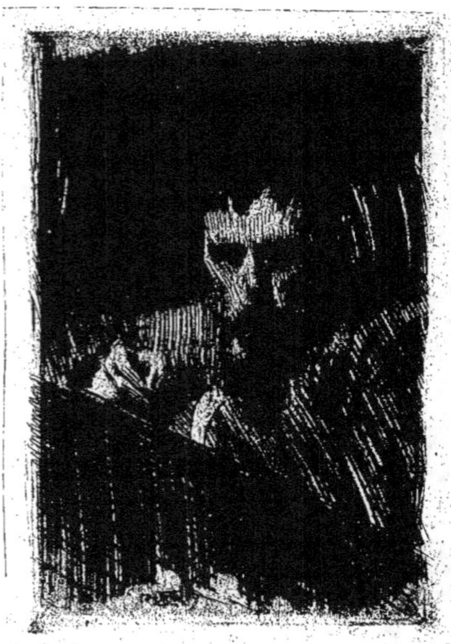 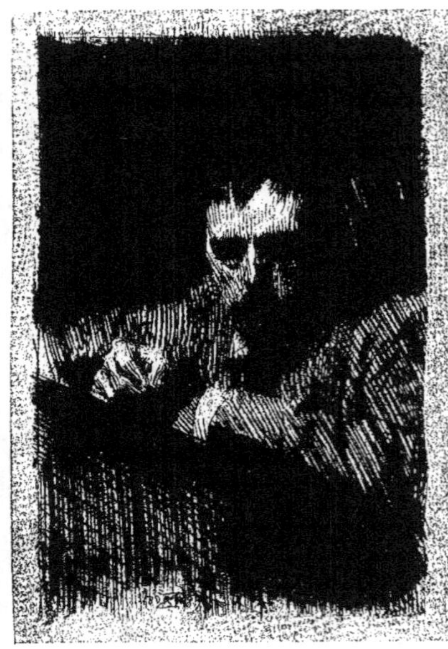

(1889) — 1er état.   —e état.   (Cat. F. de Schubert, n° 18 — 1 seul état décrit).

1er État. Avant les contre-tailles obliques, dans le fond à G. et avant quelques fines tailles sur l'aile droite du nez ; également avant 3 tailles obliques sur la manche de la chemise et avant quelques travaux autour du nom de l'artiste. De toute rareté. Collection de Mme H. Guérard. Etat reproduit. Le cuivre, plus grand, mesure 118 millim. de H.

2e   ... Avec trois tailles obliques sur la manche de la chemise, avec des tailles verticales atteignant et entourant le nom de l'artiste, mais encore avant les contre-tailles dans le fond. Très rare. Collection de M. et Mme A. Curtis, M. T. Möller.

3e   — Avec les contre-tailles, dans le fond à G. **Etat reproduit**. Très rare. Collection de MM. A. Hagborg, Dr Sondèn.

4e   — Le cuivre ne mesure plus que 114 millim. de H. Des travaux ont été effacés, à gauche contre le bord du cuivre et les angles ont été fortement arrondis. Etat publié par le *Grafisk Konst*, à 25 épreuves de luxe, sur grand papier-pâte, et à 350 sur vergé de plus petit format.

VENTES : A. Ragault (1907), 2e état, 500 fr., Anonyme (Nov. 1907), 4e état, épr. n. signée, 40 fr.

Cette eau-forte a figuré à l'exposition de la **Société des Peintres-Graveurs Français**. (Année 1891).

Le cuivre appartient à la Société Suédoise d'Art graphique (Föreningen för grafisk konst), mais est déposé au Musée de Stockholm.

32. — LA PETITE BAIGNEUSE

(L. 128 millim. H. 088)

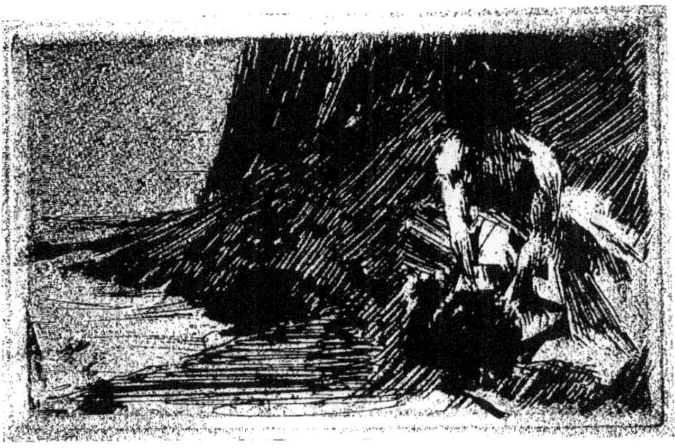

(1889)   (Cat. F. de Schubert, n° 19 — 1 seul état décrit).

De toute rareté.

1er État. **Celui reproduit.** Une épreuve dans la collection particulière de Zorn.

2e   —   Les bras de la baigneuse sont complètement teintés par des traits exécutés à la pointe sèche. Collection de M. Ch. Deering.

Cuivre détruit.

33. — ANTONIN PROUST

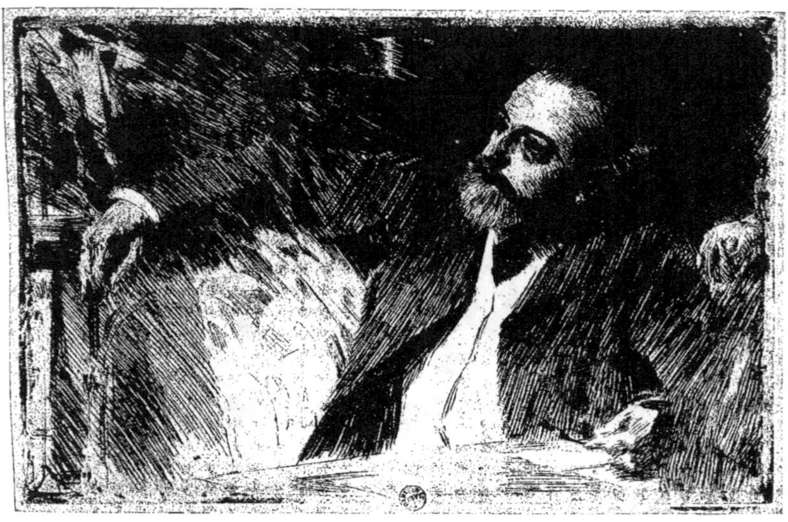

(1889) — 3ᵉ *état*. (Cat. F. de Schubert, n° 20 — 2 états décrits).

Tirage : une trentaine d'épreuves.

1ᵉʳ État. Avant que la main droite du personnage soit terminée. Rare. Musée de Stockholm, Bibliothèque
Nationale.

2ᵉ — La main droite est terminée. Collection de M. le Dʳ D. Weber.

3ᵉ — La petite ombre qui se voit sous la main tenant le lorgnon, est renforcée de quelques traits, et
dans le B. à D., près du bord du cuivre, sept tailles obliques sont ajoutées au-dessus d'un trait
en sens inverse. **L'état reproduit.**

Ce portrait a figuré, sous les initiales A. P., à l'Exposition de la **Société des Peintres-Graveurs
Français** (année 1891); le cuivre vient d'être offert à la Bibliothèque Nationale, par M. A. Strölin.

Antonin Proust, publiciste et homme politique, né à Niort en 1832, mort à Paris en 1905, fut ministre
des Beaux-Arts en 1881, et député en 1876, 1877, 1885 et en 1889. On lui doit quelques ouvrages parmi
lesquels on cite : L'Art Français (1789-1889), La Révolution (1872), Le Pᶜᵉ de Bismarck : sa correspon-
dance, 1876.

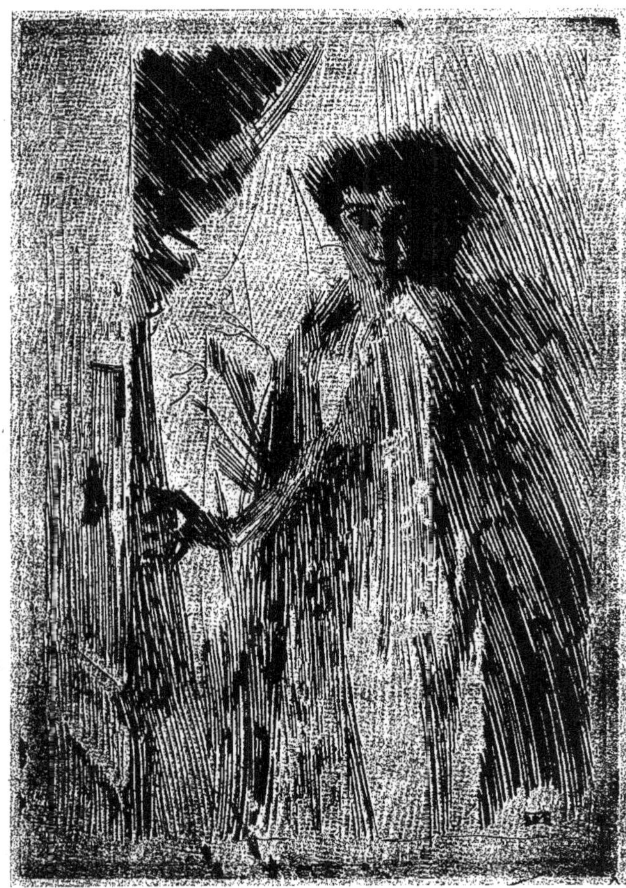

(1889) — 2ᵉ état.   (Cat. F. de Schubert, nᵒ 21 — 1 seul état décrit).

1ᵉʳ État. Avec des blancs traversant le bas de la robe à droite. Une épreuve. Collection de M. Ch. Deering.

2ᵉ — Les blancs dans le bas de la robe sont bouchés, mais avec les taches d'eau-forte, et la marque de l'étau, dans la marge du bas. De toute rareté. **L'état reproduit.** Collection de M. et Mᵐᵉ A. Curtis (épr. de Gerbeau), Mᵐᵉ H. Guérard, MM. Ch. Deering, Ern. Thiel.

3ᵉ — Les taches dans la marge du bas sont enlevées, mais avant la lettre. État tiré à 20 épreuves environ, avant le tirage pour la *Gazette des Beaux-Arts*, puis à 50 ? épreuves pour l'édition de luxe de cette revue. Collection de MM. le Dʳ W. von Dietel, de Seidlitz, T. Möller, etc.

4ᵉ — Avec la lettre. État publié dans la *Gazette des Beaux-Arts* (nᵒ du 1ᵉʳ mai 1891), et tiré à 25 épreuves 1/4 col., et 1500 épreuves in-8 col. Ce sont les chiffres qui étaient portés sur l'épreuve du **Bon à tirer**, daté du 22 avril (1891), signé **A. de L.** (A. de Lostalot).

5° État. La lettre a été effacée au brunissoir, non sans laisser des traces à trois endroits, où se voient alors
des rayures horizontales sous lesquelles on peut encore, à l'aide d'une loupe, déchiffrer
une partie des inscriptions ; de plus quelques travaux ont été rajoutées dans le fond vers le H.,
puis dans la robe. Bibliothèque Nationale.

VENTES : Anonyme (avril 1905), 3° état, épr. n. signée, 180 fr.; Anonyme (nov. 1906), 4° état, *bon à
tirer*, 35 fr.; A. Ragault (1907), 3° état, épr. n. s., 100 fr.; J. Gerbeau (1908), 2° état, 1.250 fr.

Le portrait de Mlle Rosita Mauri a été exposé aux **Peintres-Graveurs Français** (année 1891).

Cette délicieuse eau-forte, est ainsi analysée dans une revue suédoise « **Varia** », par M. Edvard
Alkman :

Le magistral portrait de Rosita Mauri, la *prima ballerina* de l'Opéra de Paris, actuellement très
fêtée, est une eau-forte d'un délicieux effet de lumière, avec la scène éclairée dans le fond et le charmant
visage de la jeune femme dans la pénombre, mais qu'illumine un sourire fascinant, dont le charme se
répand sur toute sa personne et sur tout ce qui l'entoure ; lueur sublime de l'irréalité de la scène. Rien
ne peut être moins portrait de danseuse ; c'est la « Mona Lisa » de la gravure moderne, moins troublante
que son prototype, mais énigmatique, suggestive, insaisissable comme elle.

L'aquarelle de *Rosita Mauri*, en sens inverse de l'eau-forte, a été reproduite dans l'**Art et les Artistes**
(année 1906).

Rosita Isabel Lunada Mauri, est née à Reuss (Espagne), en 1856 ; fille d'un danseur, elle débuta à
l'âge de 10 ans, à Majorque ; après avoir pris des leçons de Mme Dominique, de l'Opéra, Mlle Rosita
Mauri, fut engagée en 1871 à Barcelone, puis en 1874 à Milan. Après une tournée dans différentes villes
d'Europe, la déjà célèbre danseuse fut présentée à l'Opéra de Paris, par Gounod, où après un brillant
début, elle fut pendant longtemps l'étoile de la danse. Depuis quelques années, Mlle Rosita Mauri, dirige
à l'Ecole de Danse, de l'Opéra, la classe de perfectionnement.

Cuivre détruit.

35. — UNE PREMIÈRE

(H. 238 millim. L. 158)

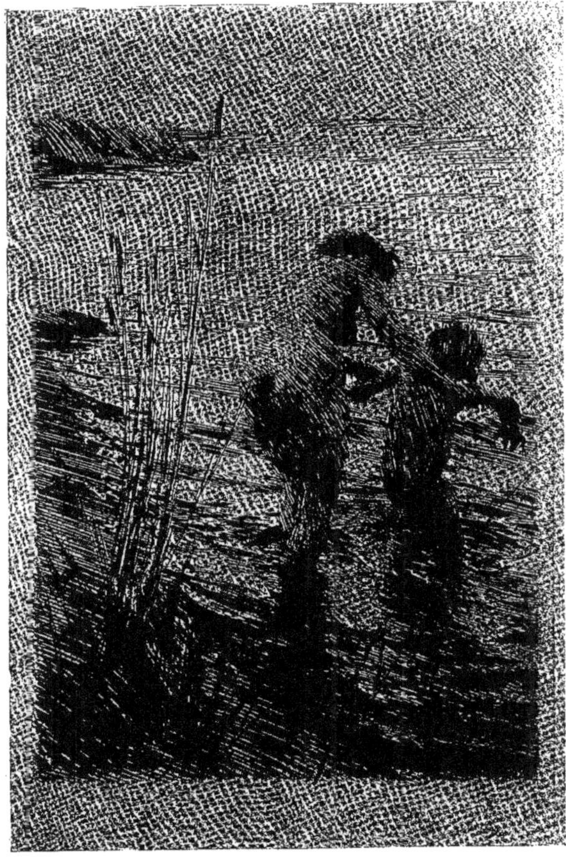

(1889) — *1er état.*   (Cat. F. de Schubert, n° 22 — 2 états décrits).

1er État. **Celui reproduit.** Fort rare. Musée de Stockholm, Bibliothèque Nationale.

2e   —   Cer ains travaux dans l'eau, sont effacés au brunissoir; une touffe d'herbe de quatre brindilles
est ajoutée contre les mollets de la femme. Fort rare. (1er état du cat. de F. de Schubert).
Collection de M. G. Eissler.

3ᵉ État. Le dos de la femme, ainsi que celui de l'enfant, sont ombrés de contre-tailles obliques. Très rare.
Musée de Hambourg, M. R. Bergh.

Il n'a été tiré qu'une dizaine d'épreuves de cette belle planche, mentionnée par M. Henri Beraldi, dans les **Graveurs du xixᵉ siècle**, sous le titre : *Avec sa mère, au bain ;* c'est d'ailleurs également sous cette dénomination, que l'œuvre de Zorn fut exposée à Paris d'abord, aux **Peintres-Graveurs Français** (année 1891), à New-York ensuite, chez M. F. Keppel, en 1893.

La lumineuse toile d'*Une Première*, se trouve au Musée de Gand, et M. Ch. Eriksson, à Stockholm, possède une aquarelle du même sujet.

Cuivre détruit.

36. — WADE, AVOCAT AMÉRICAIN

(L. 320 millim. H. 230)

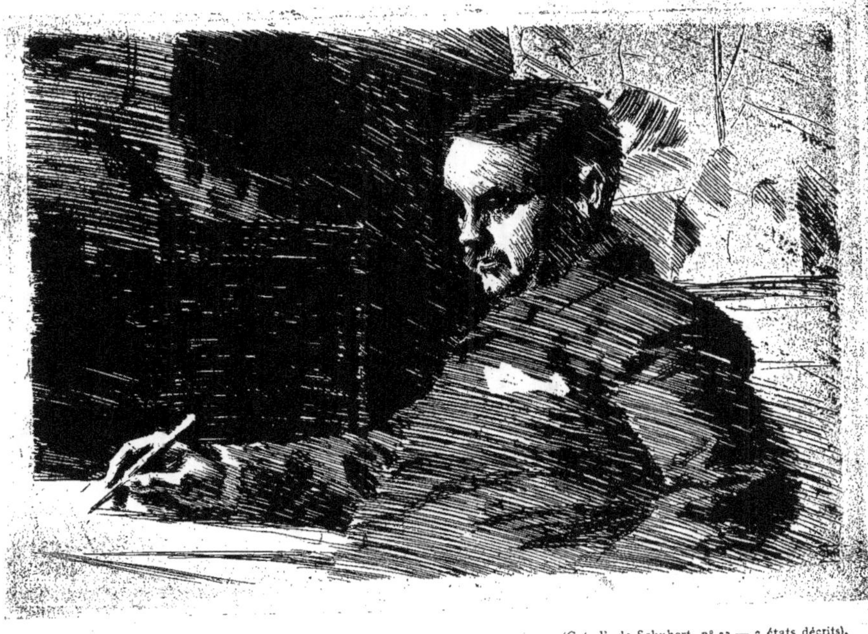

(1889) — 2ᵉ *état.*

(Cat. F. de Schubert, n° 23 — 2 états décrits).

1ᵉʳ État. Avant quelques travaux sur les parties lumineuses de la tête, ainsi que sur la main droite du personnage. De toute rareté. Musée de Stockholm.

2ᵉ — Avec ces travaux. Fort rare. L'état reproduit. Musée du Luxembourg, à Paris, M. le Dᵣ Schweisguth.

———

Cette pièce exposée aux **Peintres-Graveurs Français** (année 1891), n'a été tirée qu'à 7 ou 8 épreuves.

Le cuivre appartient à Sir Ernst Cassel, à Londres.

(L. 137 millim. H. 102)

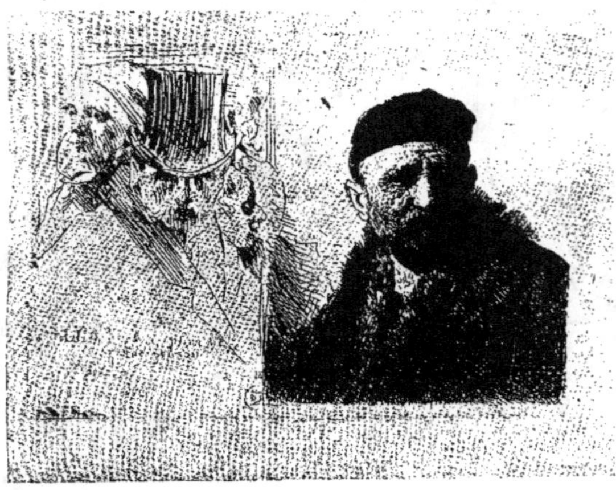

(1890)   (Non cat. par F. de Schubert).

Cette carte, tirée à une quarantaine d'épreuves, porte l'inscription : *With best compliments of the season*. A gauche, les portraits de la Mère et de la Femme de l'artiste, et le sien; à droite, une étude d'après Rembrandt van Rijn.

———————

Collection de M. Ch. Bermond.

Cuivre détruit ?

38. — LA LISEUSE

(L. 126 millim. H. 091 ?)

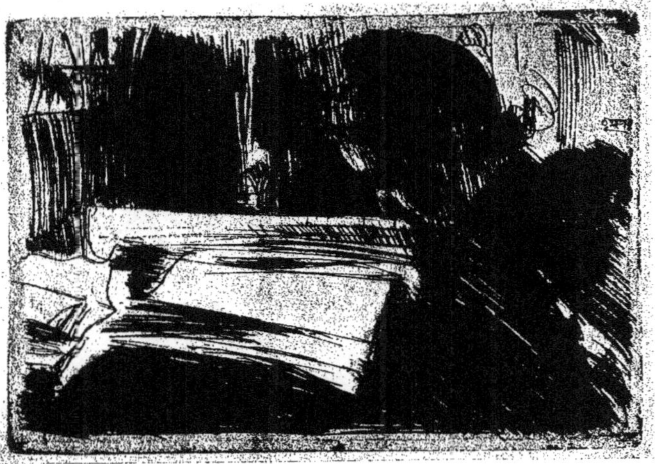

(1890 ?)   (Non cat. par F. de Schubert).

Nous ne connaissons qu'une seule épreuve de cette eau-forte : elle fait partie de la collection de M. Ch. Deering, à Chicago.

Cuivre détruit.

39. — LE MODÈLE ASSOUPI

(H. 125 millim. L. 090?)

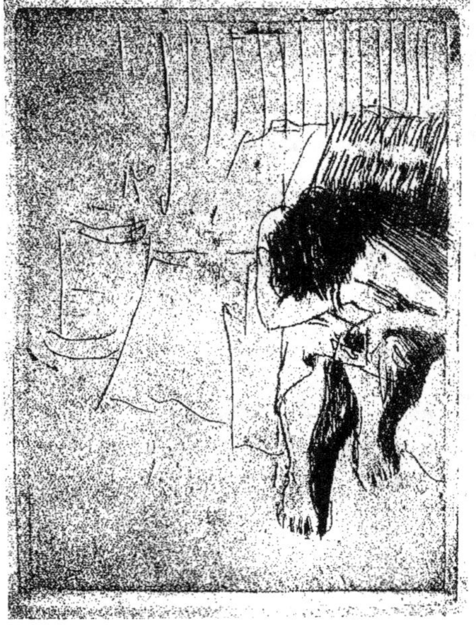

(1890 ?)   (Non cat. par F. de Schubert).

Nous ne connaissons qu'une seule épreuve du *Modèle assoupi*; elle se trouve dans la collection de M. Ch. Deering, à Chicago.

Cuivre détruit.

40. — LA GRANDE BRASSERIE

(L. 238 millim. H. 158)

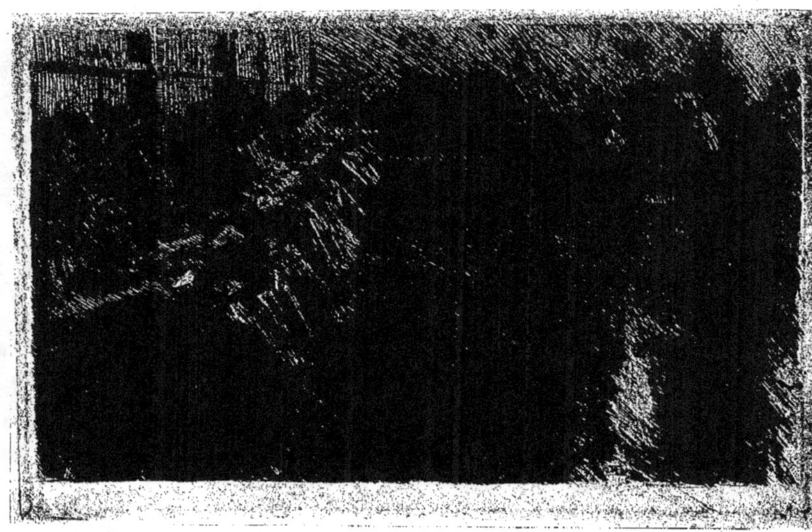

(1890) — 1ᵉʳ *état*   (Cat. F. de Schubert, n° 24 — 1 seul état décrit).

1ᵉʳ État. Avant la retouche dans la lumière projetée sur le parquet, à droite. Fort rare. **Celui reproduit.**
Collection de Mᵐᵉ H. Guérard, MM. G. Petitdidier, A. Strölin.

2ᵉ   —   La lumière reflétée sur le plancher à droite, est légèrement réduite. Fort rare. Bibliothèque
Nationale, M. et Mᵐᵉ A. Curtis.

3ᵉ   —   La lumière reflétée sur le plancher, est encore réduite. Très rare.

———

Des épreuves de cette pièce tirée à 15 ou 20 épreuves au plus, se trouvent aussi à la Kunsthalle de
Hambourg, dans les collections de MM. Ch. Deering, Carl Larsson, Th. Laurin.

———

VENTES : A. Ragault (1908), 1ᵉʳ état?, épr. *non signée*, 290 fr.; Anonyme (14 avril 1908), 2ᵉ état, 320 fr.

———

Cette eau-forte a été exposée aux **Peintres-Graveurs Français** (année 1891).

Cuivre détruit.

La peinture de la *Grande Brasserie*, exposée chez Durand-Ruel (mai-juin 1906), appartient à M. Thorsten Laurin, à Stockholm; nous en donnons ci-dessus la reproduction.

41. — LA PETITE BRASSERIE

(L. 139 millim. H. 099)

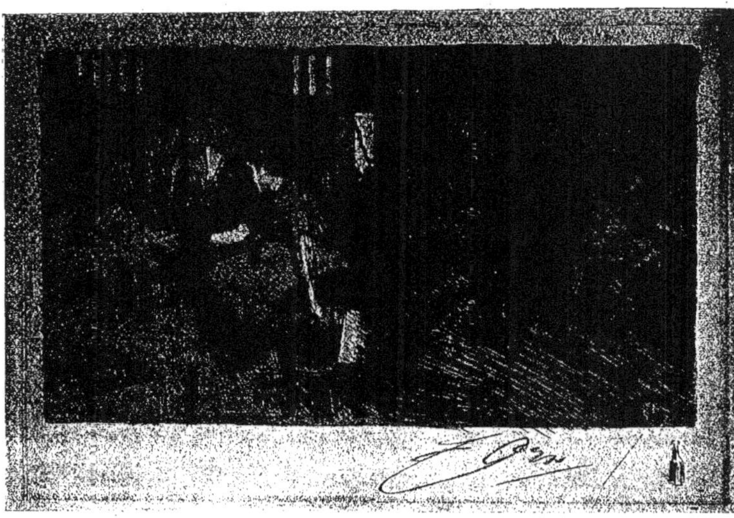

(1890)

(Cat. F. de Schubert, n° 25 — 1 seul état décrit).

Fort rare. Tiré à 8 ou 10 épreuves.

1er État. Avant quelques tailles obliques sous la robe de la femme assise au premier plan à G. Collection de M. Ch. Deering.

1e — **Ce ui reproduit**. Musées de Stockholm et de Göteborg.

La peinture de la *Petite Brasserie*, appartient à Mme Potter Palmer, à Chicago.

Une épreuve de la *Petite Brasserie* a figuré à une exposition d'ensemble d'eaux-fortes de Zorn, organisée à New-York, en 1899, par M. F. Keppel.

Cuivre détruit.

N° **42**. — ZORN ET SA FEMME

1ᵉʳ État. L'artiste a une cravate noire, sous laquelle on voit le plastron de la chemise ; avant quelques travaux sur le front de Zorn. Une épreuve connue. Collection de M. Loys Delteil.

2ᵉ — Une *Lavallière à pois*, remplace la cravate noire et cache entièrement le plastron de la chemise. **L'État reproduit**. Les épreuves des collections mentionnées ci-contre, sont toutes de cet état.

(L. 315 millim. H. 210)

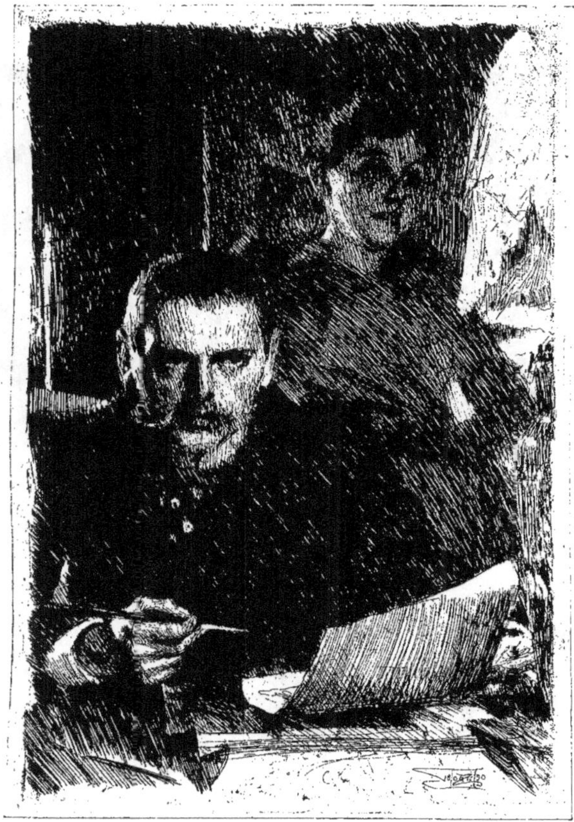

Cette belle planche a é é tirée à 40 ou 50 épreuves.

Musée de Stockholm, Bibliothèque Nationale, Musée du Luxembourg à Paris, Kunsthalle de Hambourg, Kunstsammlung de Stuttgart, M. et Mme A. Curtis, MM. A. Beurdeley, Ch. Beimond, Ch. Deering, H. Geler, H. Hartvig, G. Haviland, H. Lamm, Th. Laurin, C. R. Lamm, R. Le Ghait, Howard Mansfield, E. Mutiaux, G. Petitdidier, de Seidlitz, Dr Sondèn, Cte L. Sparre, A. Strölin, K. Wåhlin.

VENTES : A. Barrion (1904), 152 fr.; Anonyme (5 nov. 1906), 885 fr.; Georges S. (G. Simon 1908), 600 fr.

Cuivre détruit.

43. — A FOLKESTONE

(L. 139 millim. H. 099)

(1890)   (Cat. F. de Schubert, n° 27 — 1 seul état décrit).

Fort rare. Tiré à 6 épreuves.

Musée de Stockholm, Cabinet des Estampes de Berlin, M. Ch. Deering.

Cette petite eau-forte a été exposée aux **Peintres-Graveurs Français** (année 1892).

Cuivre détruit.

44. — EN PLEIN AIR

(H. 139 millim. L. 098)

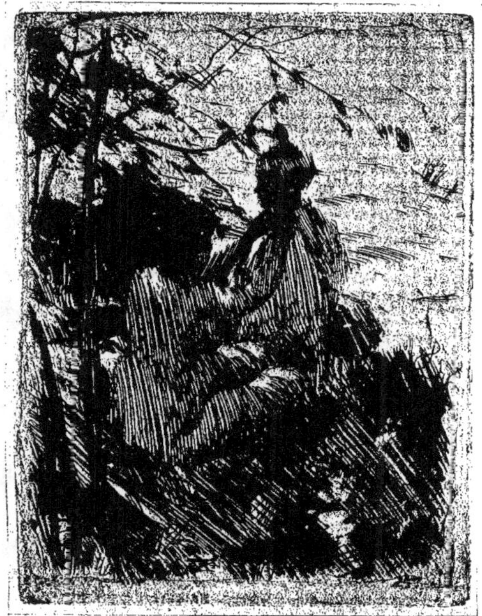

(1890)   (Cat. F. de Schubert, n° 28 — 1 seul état décrit).

Très rare. Tiré à une douzaine d'épreuves.

Musées de Stockholm et de Göteborg, Bibliothèque Nationale, M™⁰ H. Guérard, MM. Ch. Deering, G. Eissler, G. Petitdidier, A. Strölin, Ern. Thiel.

VENTES : A. Ragault (1907), 205 fr.; J. Gerbeau (1908), 160 fr.

Cette eau-forte est mentionnée dans les **Graveurs du xix⁰ siècle**, de M. Henri Beraldi, sous le titre : *Mère et enfant assis sur l'herbe*, et par M. F. de Schubert : *Jeunes Filles au bain*. Une épreuve de cette planche a figuré aux **Peintres-Graveurs Français** (année 1891), avec le titre : *En plein air*, titre que nous lui conservons.

Cuivre détruit.

(H. 139 millim. L. 098)

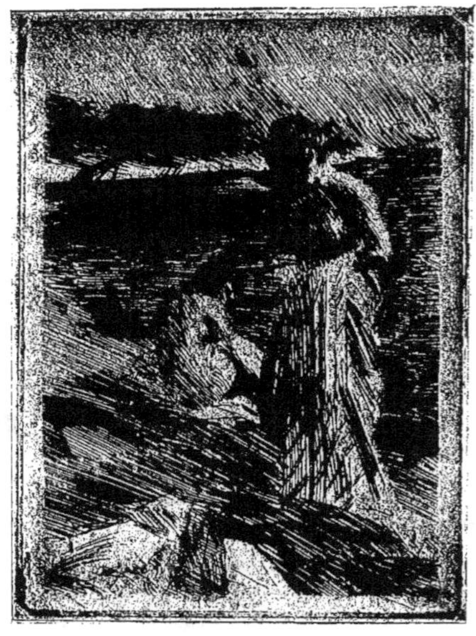

1890   (Cat. F. de Schubert, n° 29 — 1 seul état décrit).

De toute rareté.

Une seule épreuve connue, dans la collection privée de Zorn.

Cuivre détruit.

46. — Mme EMMA ZORN

(H. 137 millim. L. 098)

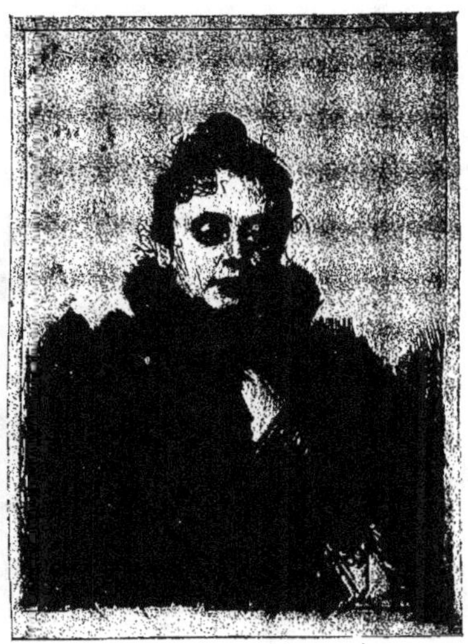

1890 (Cat. F. de Schubert, n° 30 — 1 seul état décrit).

Nous ne connaissons qu'une seule épreuve de cette eau-forte, elle fait partie de la collection privée de son auteur.

Anders Zorn a gravé plusieurs fois le portrait de sa Femme (voir les n°s 37, 42 et 148 de notre catalogue).

Cuivre détruit.

47. — Mme ARMAND DAYOT

(H. 234 millim. L. 155)

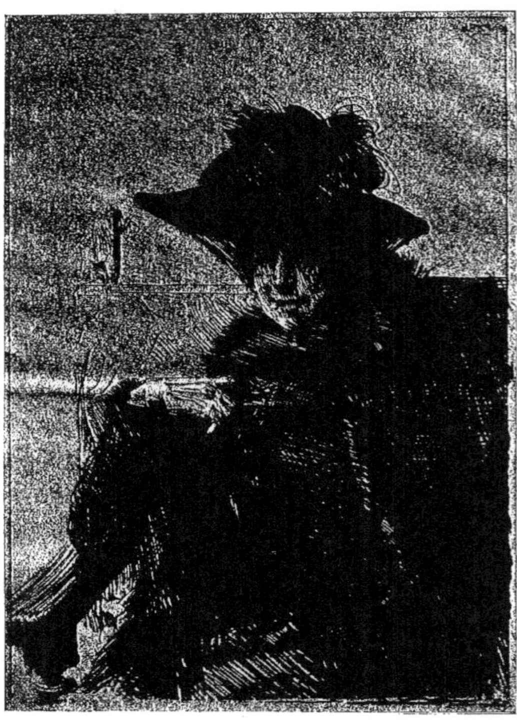

(1890) — 1er *état*.   (Cat. F. de Schubert, n° 31 — 1 seul état décrit).

1er État. Avant les contre-tailles sur le haut de la manche gauche du personnage, et avant un certain nombre de tailles verticales sur le vêtement, près du bord, à droite. Collection de M. Ch. Deering.

2e   — Avec les travaux indiqués ci-dessus, mais avant les tailles sur le dossier du fauteuil. **Celui reproduit**. Epreuve chez Anders Zorn.

3e   — Le dossier du fauteuil est teinté par de nombreuses et fines tailles obliques, exécutées à la pointe sèche. Très rare. Bibliothèque Nationale (1) (épreuve d'Antonin Proust), Mmes Tadieu (née Barrion), Mme H. Guérard, M. et Mme A. Curtis, MM. A. Dayot, H. Lamm, A. Lunois, E. Mutiaux, G. Petitdidier, A. Rouart.

VENTE : J. Gerbeau (1908), 3e état, 820 fr.

M. Armand Dayot nous écrivait à la date du 22 août 1908, au sujet de cette eau-forte : « Douze (2) « épreuves furent tirées, puis le cuivre détruit. Le portrait fut exécuté en 2 séances, d'une heure chacune, « directement sur le cuivre, à l'encontre du beau portrait de Renan dont Zorn fit un dessin préalable au « crayon, aujourd'hui propriété de la famille Psichari ».

Cette eau-forte a été exposée aux **Peintres-Graveurs Français** (année 1891).

Cuivre détruit.

(1) M. Bourcard cite une épreuve à Dresde, puis une autre à Stockholm ; notre confrère a été induit en erreur. Cette pièce n'est possédée, ni par le Cabinet des Estampes de Dresde, ni par le Musée de Stockholm.

(2) Seize ou dix-huit épreuves, y compris les essais (L. D.).

48. — DANS L'ATELIER

(H. 138 millim. L. 099)

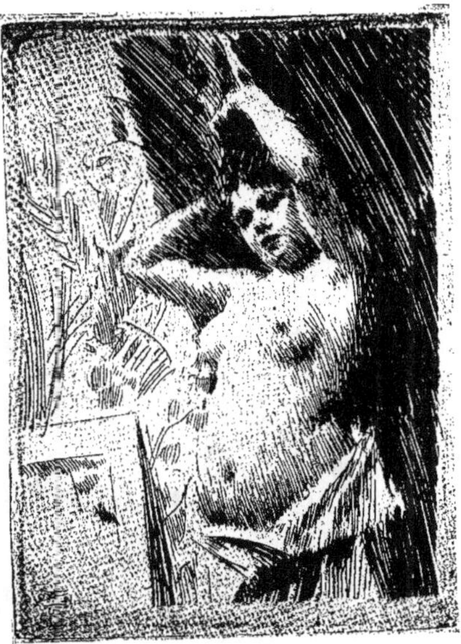

(1892)   (Non cat. par F. de Schubert).

Très rare. Tirage : 15 à 20 épreuves.

Collection de MM. Ch. Bermond, Th. Laurin (épr. tirée en sanguine), G. Petitdidier (épr. de J. Gerbeau).

VENTE : J. Gerbeau (1908), 395 fr.

L'aquarelle qui a inspirée cette eau-forte et qui appartient à M. Faure, a été exposée ainsi que l'eau-forte, sous le titre : *Femme se coiffant*, dans les Galeries Durand-Ruel, à Paris (Mai-Juin 1906).

L'eau-forte, *Dans l'Atelier*, a figuré, avec ce titre, aux **Peintres-Graveurs Français** (année 1891); elle est aussi parfois cataloguée *Après le bain*.

Cuivre détruit.

49. — Mme GEORGES MAY

1re planche

(H. 139 millim. L. 099)

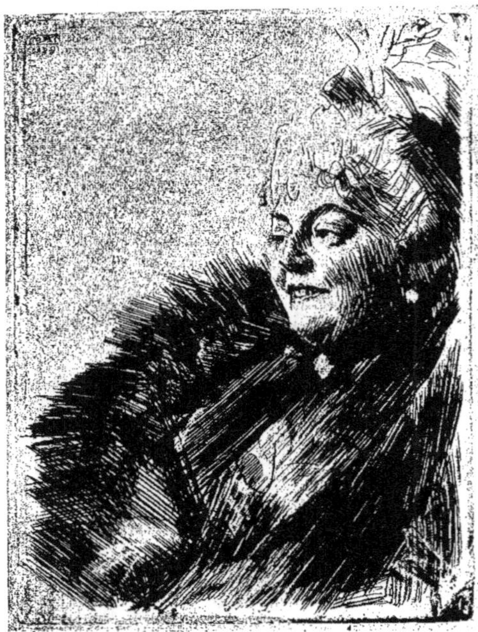

1891   (Cat. F. de Schubert, n° 32 — 1 seul état décrit).

1er État. Avant un trait échappé à G., à la hauteur des yeux du personnage; également avant un autre
trait échappé dans le H. vers la G. **L'état reproduit.** Collection de M. et Mme A. Curtis,
M. Ch. Deering.

2e   —   Avec les traits échappés signalés ci-dessus. Bibliothèque Nationale, M. et Mme A. Curtis.

Fort rare. Tiré à une douzaine d'épreuves.

Musée de Stockholm, Cabinets des Estampes de Berlin et de Copenhague, Kunsthalle de Hambourg,
MM. G. Haviland, A. Strölin.

Cuivre détruit.

50. — Mᵐᵉ GEORGES MAY
2ᵉ planche
(H. 139 millim. L. 099)

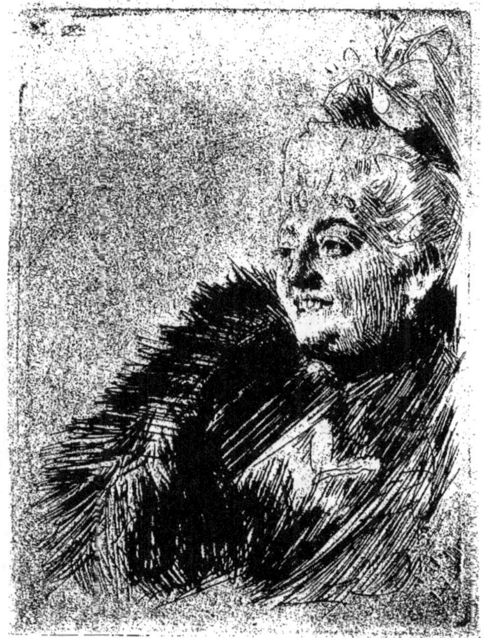

1891   (Cat. F. de Schubert, 1.º 33 — 1 seul état décrit).

Fort rare. Tiré à 7 ou 8 épreuves.

Musée de Stockholm.

Cuivre détruit.

51. — Mme SALOMON

(H. 236 millim. L. 159)

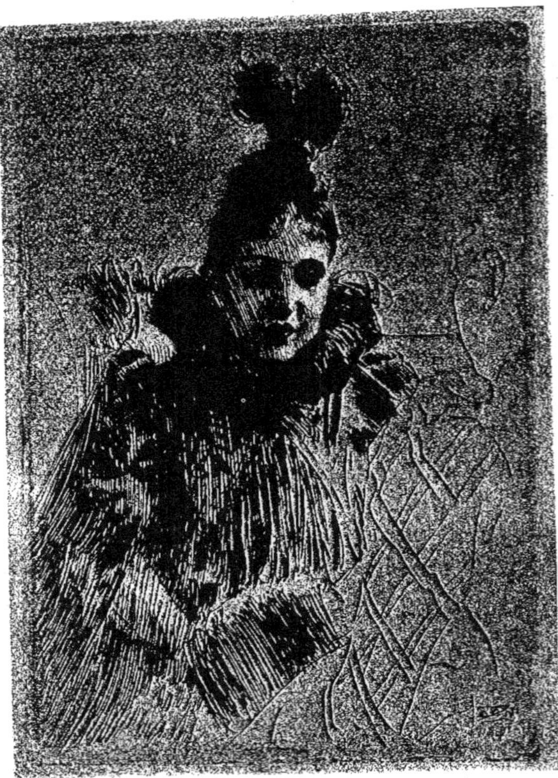

1891 — *1er état.*   (Cat. F. de Schubert, n° 14 — 1 seul état décrit).

1er État. **Celui reproduit.** De toute rareté. Une épreuve chez Anders Zorn.

2°   — La jeune fille esquissée à droite, est ombrée par des tailles obliques. Fort rare. Musées de Stockholm et de Hambourg, Mme Salomon, M. et Mme A. Curtis (épr. de G. Simon), M. Ch. Deering.

VENTE : Georges S. (G. Simon) 1908, 2° état, 710 fr.

Cette planche a été tirée à 10 épreuves.

Cuivre détruit.

(H. 237 millim. L. 159)

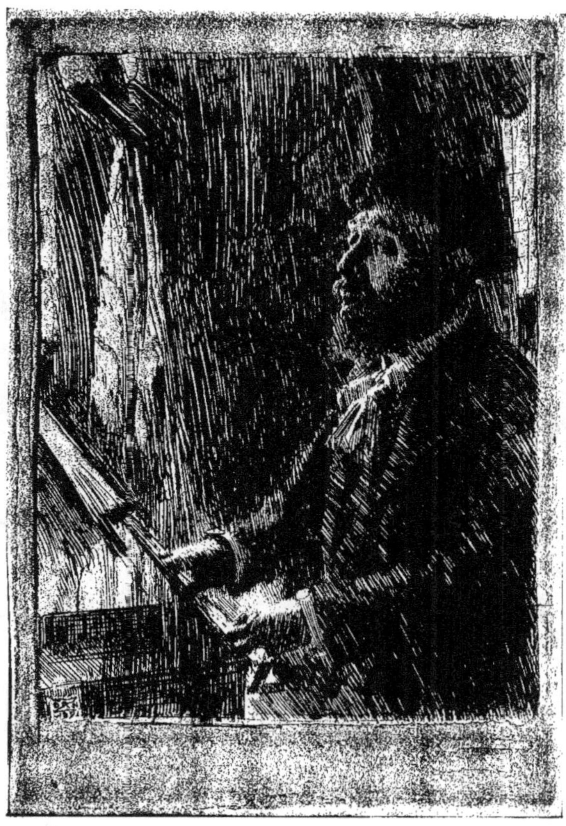

1891 — 2ᵉ *état.*   (Cat. F. de Schubert, n° 35 — 1 seul état décrit).

1ᵉʳ État. Avant un grand nombre de travaux sur divers parties de la planche, avant le trait bordant la composition. La coiffure de Faure est plus haute. Collection de M. Ch. Deering.

2ᵉ — **Celui reproduit.** Très rare.

3ᵉ — Avec quelques nouvelles tailles perpendiculaires sur l'instrument de musique, près du T. C. à G., et avec des travaux ajoutés également à l'un des rideaux. Rare. Musées de Stockholm et de Göteborg. Bibliothèque Nationale, Kunsthalle de Hambourg, Cabinet des Estampes de Copenhague, MM. J. B. Faure, Aug. Hagborg, P. Helm, Th. Laurin, R. Pelzer, G. Petitdidier, A. Strölin, Dʳ E. Weber.

VENTES : A. Ragault (1907), 2ᵉ état, 500 fr.; J. Gerbeau (1908), 3ᵉ état, 100 fr.

La peinture d'après laquelle a été exécutée cette eau-forte, se voit chez M. Faure.

Cette eau-forte exposée au **Salon de la Société Nationale** (année 1891) et aux **Peintres-Graveurs Français** (année 1892), a été tirée à une vingtaine d'épreuves.

Cuivre détruit.

53. — LE PÊCHEUR

(H. 278 millim. L. 199)

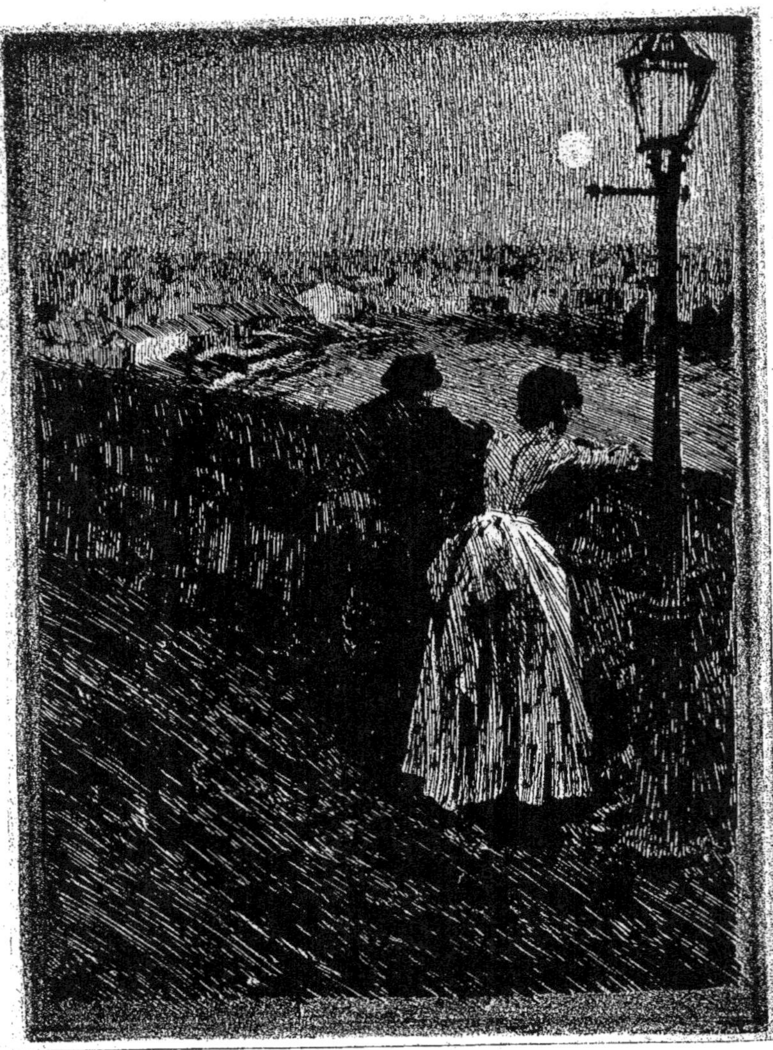

Tirage : 25 à 30 épreuves.

1ᵉʳ État. **Celui reproduit.** Très rare. Musée de Budapest, Mᵐᵉ H. Guérard, MM. Ch. Bermond, Ch. Deering, A. Strælin.

2ᵉ — Avec l'inscription suivante, en marge : *Sᵗ Yves England*. Rare. Musée de Stockholm, Bibliothèque Nationale, Kunsthalle de Hambourg, Kunstsammlung de Stuttgart, Cabinets des Estampes de Dresde et de Copenhague, M. et Mᵐᵉ A. Curtis, MM. Loys Delteil, G. Haviland, F. Holmquist, H. Lamm, Th. Laurin, E. Mutiaux, G. Petitdidier, E. Thiel.

VENTES : Anonyme (avrl 1902), 2ᵉ état, sous le titre : *Au bord de l'eau*, 40 fr.; J. Gerbeau (1908), 2ᵉ état, 220 fᵣ.

Cette eau-forte a été exposée aux **Peintres-Graveurs Français** (année 1892).

Le Musée du Luxembourg à Paris possède la peinture du *Pêcheur*, qui fut exposée au Salon de Paris en 1888, mentionnée, puis acquise par l'Etat.

Un dessin du *Pêcheur* figure dans la collection de M. Hugo Geber, à Stockholm.

Cuivre détruit.

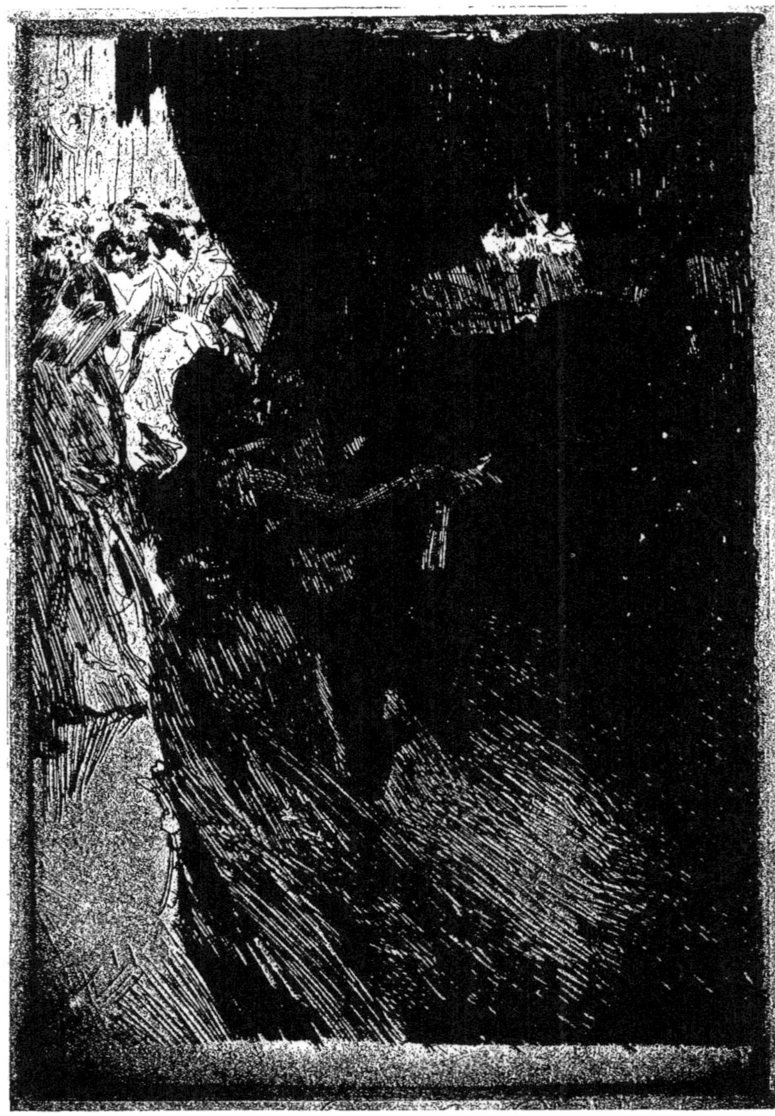

1891 — 1er état.

(Cat. P. de Schubert, n° 37. — 3 états décrits).

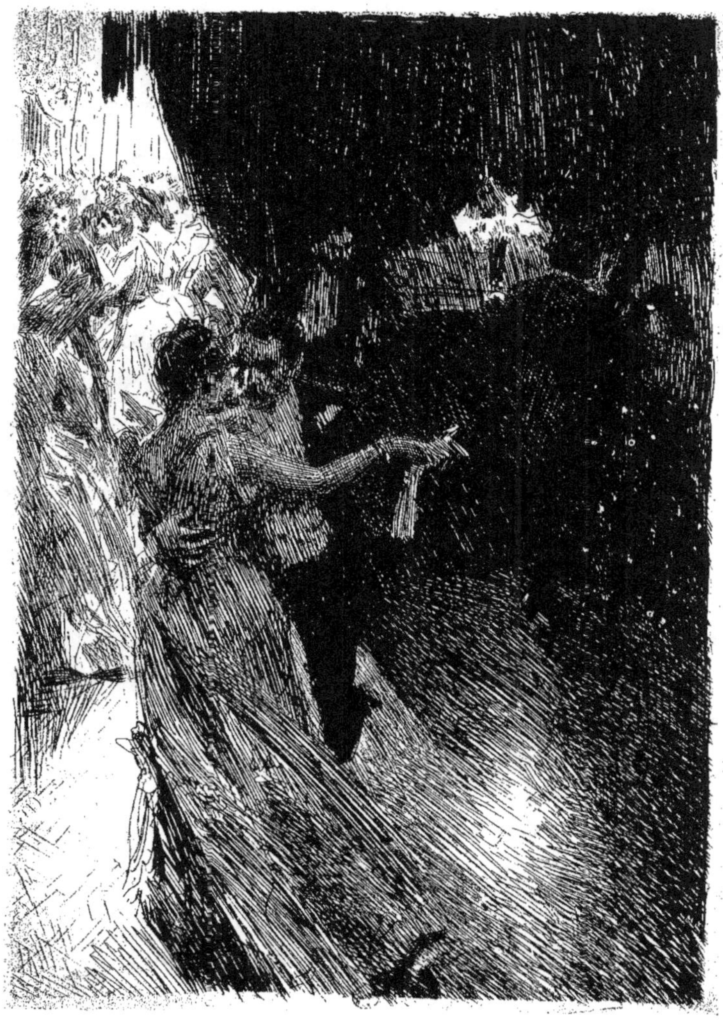

3e état.

1ᵉʳ État. Avant les traits obliques dans la partie éclairée du parquet, près du bord du cuivre à gauche,
et avant les traits croisés gravés au burin, sur la tête et l'épaule gauche de la femme qui se
trouve derrière le premier couple, etc. Fort rare. **État reproduit.** Collection de Mᵐᵉ H. Guérard,
MM. Ch. Deering, Gottf. Eissler.

2ᵉ — Avec l'addition de quelques travaux. Très-rare. Musée de Stockholm, Kunsthalle de Brême.

3ᵉ — Terminé. **Etat reproduit.** Bibliothèque Nationale, Cabinets des Estampes de Dresde et de Copenhague, Kunstsammlung de Stuttgart, Kunsthalle de Hambourg, M. et Mᵐᵉ A. Curtis. MM.
Alf. Beurdeley, Max Biach, Judson S. Dutcher, O. Gerstenberg, Olof Granberg, Georges
Haviland, F. Holmquist, G. Huselius, Th. Laurin, Dʳ Martin, Georges Petitdidier, A. Rassenfosse, Dʳ G. Schiefler, A. Strölin, E. Thiel.

———

VENTES : A. Barrion (1904), 210 fr.; Anonyme (14 avril 1908), 3ᵉ état, 570 fr.; J. Gerbeau (1908),
3ᵉ état, 820 fr.

———

Cette eau-forte, exposée aux **Peintres-Graveurs Français**, en 1893 (chez Durand-Ruel), a été tirée à
40 épreuves.

———

Le tableau de la *Valse*, appartient à M. G. Vanderbilt, à Biltmore (Etats-Unis).

Cuivre détruit.

55. — MAX LIEBERMANN

(H. 237 millim. L. 159)

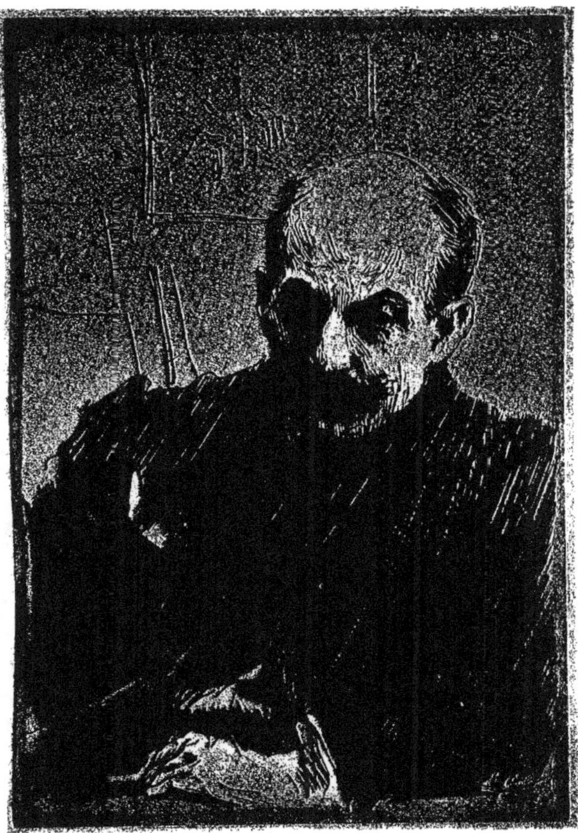

1891 — *1er État.* (Cat. P. de Schubert, n° 38 — 1 seul état décrit).

1er État. Avant le nom du personnage. Fort rare. **L'état reproduit.** Bibliothèque Nationale, Mme H. Guérard, MM. Ch. Bermond, Ch. Deering, O. Gerstenberg, G. Petitdidier, A. Strölin (épr. de Gerbeau).

2e — On lit en H. à G. : *Liebermann.* Très rare. Kunsthalle de Hambourg, Musée des Arts Graphiques de Leipzig, MM. G. Haviland, Th. Laurin, M. Liebermann, R. Peltzer, de Seidlitz, G. Teyssier (épr. de Gerbeau).

Cuivre détruit.

VENTES : A. Barrion (1904), 90 fr. ; J. Gerbeau (1908), 1ᵉʳ état, 230 fr., 2ᵉ état, 205 fr.

Le portrait de *Max Liebermann*, exposé aux **Peintres-Graveurs Français** (année 1892), n'a été tiré qu'à une vingtaine d'épreuves.

Le peintre-graveur Max Liebermann, l'un des artistes les plus justement réputés de l'Allemagne, est né à Berlin le 20 juillet 1847, de parents israélites. Son premier maître fut Steffeck, de Berlin. Liebermann suivit ensuite les cours de l'Académie de Weimar où il fut le disciple de F. Pauwels et de Thumann. Vers 1875, l'artiste allemand vint alors à Paris où il resta six ans, et où il subit l'influence de l'école rénovatrice du paysage, de Millet à Monet.

Après être retourné dans sa patrie, d'abord à Munich, Max Liebermann s'est définitivement fixé à Berlin, qu'il ne quitte que passagèrement pour un court séjour en Hollande, auprès de Josef Israels.

L'œuvre peint de Liebermann réparti dans la plupart des Musées de l'Allemagne, marque une étape importante dans l'étude du plein air outre-Rhin, et cet œuvre aura eu, par sa valeur, empressons-nous de l'ajouter, une influence heureuse sur les artistes, ses compatriotes.

L'œuvre gravé de Liebermann est un reflet de sa peinture, encore avec plus d'intimité, de charme ; sous une apparence inhabile, presque maladroite, surgit de sa pointe, un effet presque toujours juste, lumineux ; relativement peu connues en France, les eaux-fortes de Liebermann méritent cependant une belle place parmi les artistes les plus intéressants, ayant manié la pointe avec un accent qui les personnifie.

Un catalogue des eaux-fortes, lithographies et vernis-mous de Max Liebermann, a été dressé l'année dernière par M. Gustave Schiefler ; nous en extrayons les pièces suivantes : Chèvres broutant (3), A la Mer (14), Dans les Dunes (18), Gardeuse de chèvres (19), Au Paturage (20), Troupeau de moutons sous des arbres (22) très belle planche, Sous les Arbres, vernis mou (23), Raccommodeuse de filets (32), Jardin de brasserie allemande (34), belle planche, Troupeau de moutons à l'abreuvoir (35), Chemin à travers la dune (39), Portrait de T. Fontane, lithographie (41), Maisons de pécheurs (46), Rue des Juifs, à Amsterdam (50), Marché au poisson (63) ; cette dernière eau-forte accompagne le livre de M. G. Schiefler (1).

(1) Nous devons la plupart des renseignements concernant Max Liebermann, à M. Emil Richter, marchand d'estampes à Dresde, que nous ne saurions trop remercier pour son obligeance.

56. — PAYSANNE DALARNAISE

(H. 142 millim. L. 102)

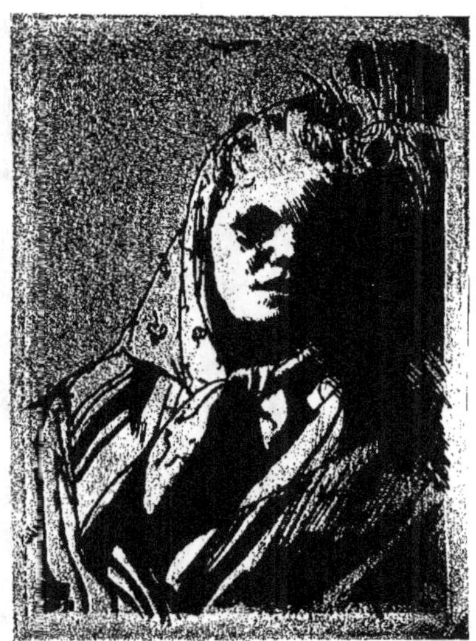

(1891)   (Cat. F. de Schubert, n° 39 — 1 seul état décrit).

Fort rare.

Musées de Stockholm et de Hambourg, MM. Ch. Deering, Th. Laurin, A. Strölin.

Cuivre détruit.

57. — LE SCULPTEUR HASSELBERG AU TRAVAIL

(H. 140 millim. L. 100)

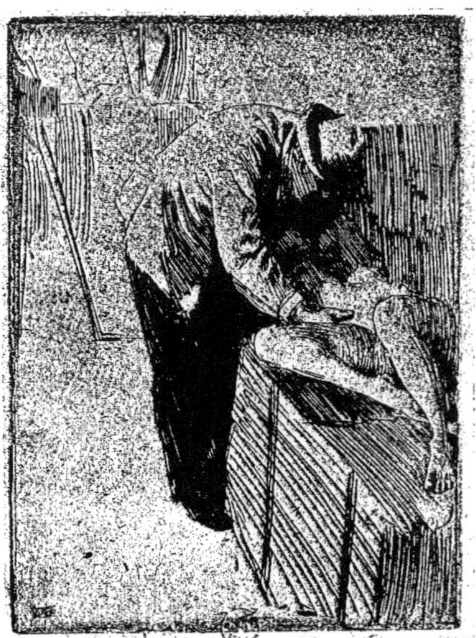

(1891)   (Cat. F. de Schubert, n° 40 — 1 seul état décrit).

Très rare. Tiré à 8 ou 10 épreuves.

Musée de Stockholm, Bibliothèque Nationale, Mᵐᵉ H. Guérard, MM. Ch. Deering, Ch. Eriksson, Th. Laurin.

————

Dans cette eau-forte, le sculpteur suédois Hasselberg, né près de Ronneby en 1850, mort à Stockholm en 1894, est représenté faisant prendre à son modèle la pose pour son œuvre : **Le Nénuphar.**

————

M. H. Lundbohm possède le croquis original qui a servi pour l'eau-forte ci-dessus reproduite.

Cuivre détruit.

58. — PRINCE EUGÈNE DE SUÈDE

(H. 141 millim. L. 102)

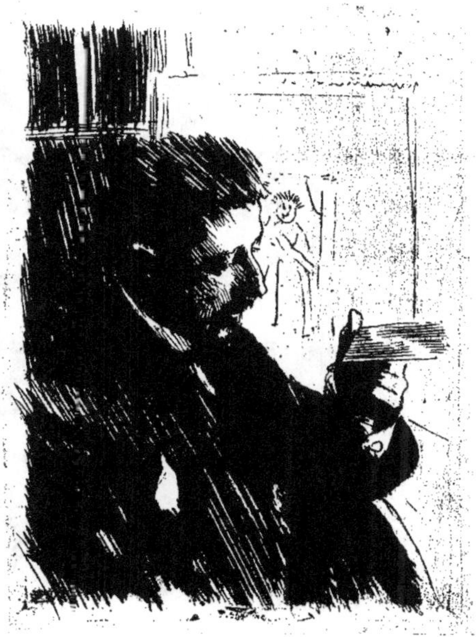

(1891)   (Cat. F. de Schubert, n° 41 — 1 seul état décrit).

Rare.

Musées de Stockholm et de Hambourg, S. A. R. le P^{ce} Eugène, Mme Bergin, M. et Mme A. Curtis, MM. O. Björck, Ch. Deering, Dr. Sondèn.

Le Prince Eugène de Suède, fils d'Oscar II et frère du roi régnant de Suède, S. M. Gustave V, est né à Drottningholm, le 1er août 1865 ; ce prince, surnommé par ses concitoyens le *Prince Rouge*, en raison de son dédain de l'étiquette et de la franchise de son allure, est un artiste très délicat ; élève de deux peintres français, MM. Léon Fonnat et Henri Gervex, le Prince Eugène a su garder un caractère bien personnel dans ses productions. Ses œuvres — des paysages notamment — sont d'un sentiment harmonieux très fin, et reflètent une mélancolie qui n'est pas sans charme ; nous nous rappelons avoir vu à Mora, en 1907, lors d'une exposition dans ce village, à côté d'œuvres de Zorn et de C. Larsson, des paysages de soirs ou de nuit réellement impressionnants : *Clair de lune, le Moulin, Soir d'été*. On connaît et l'on admire en Suède, du Prince Eugène, ses vues de Stockholm la nuit. Le Prince Eugène a exécuté des peintures murales pour le foyer de l'Opéra royal de Stockholm, et deux de ses œuvres ornent aussi les murs d'une école de la même ville.

Cette eau-forte a été exposée aux **Peintres-Graveurs français** (année 1892).

Le cuivre appartient à S. A. R. le P^{ce} Eugène.

59. — JEUNE NORVÉGIENNE AU PIANO
(Mlle Gran)
(H. 136 millim. L. 0,98)

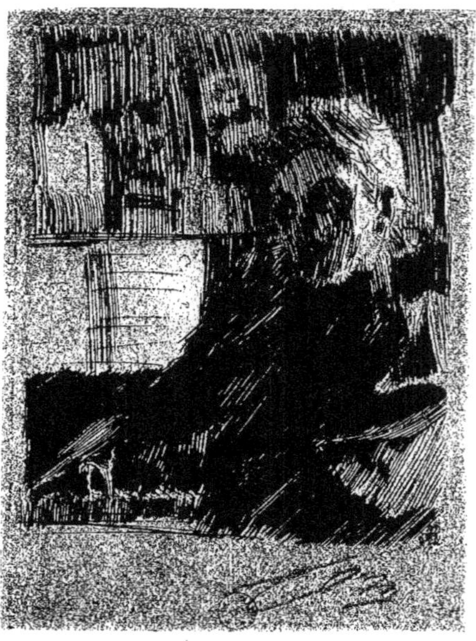

1891   (Cat. F. de Schubert, n° 42 — 1 seul état décrit).

Fort rare. Tiré à 6 épreuves.

Musées de Stockholm et de Göteborg. Bibliothèque Nationale, MM. Ch. Deering, de Seidlitz.

Cuivre détruit.

60. — LE MATIN

(H. 227 millim. L. 157)

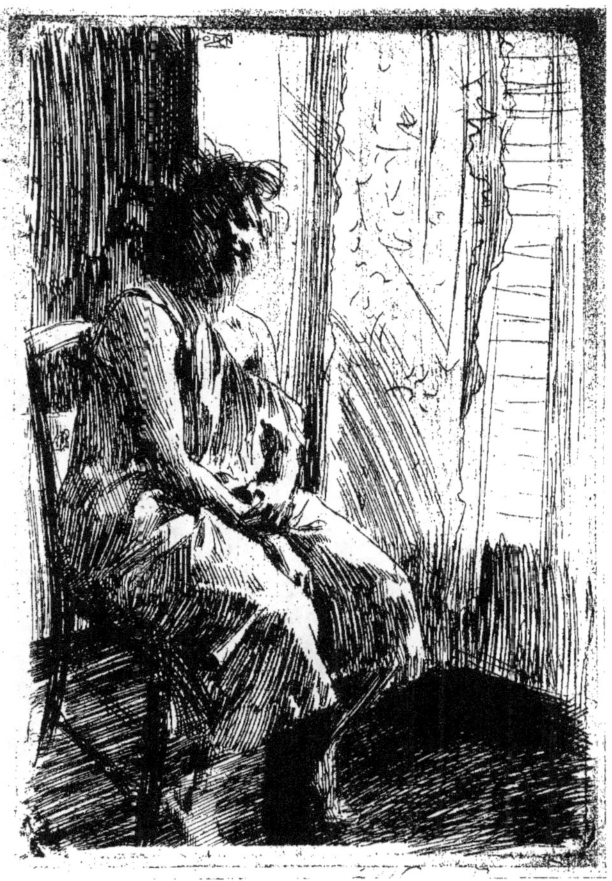

(1891) — *1er* état.   (Cat. F. de Schubert, n° 43 — 1 seul état décrit).

1er Etat. **Celui reproduit.** Fort rare. Collection de Mme H. Guérard.

2e — Quelques tailles obliques et perpendiculaires ajoutées sur le parquet, derrière la chaise; également avec deux traits nouveaux sur la gorge de la femme. Très rare. Musées de Stockholm et de Hambourg, Bibliothèque Nationale, M. et Mme A. Curtis, MM. A. Strölin, G. Petit-didier, G. Teyssier (épr. de J. Gerbeau).

VENTE : J. Gerbeau (1908), 2e état, 425 fr.

Cette belle planche a été tirée à 15 épreuves au plus.

Cuivre détruit.

61. — LA DAME A LA CIGARETTE

1ʳᵉ planche

(H. 137 millim. L. 119)

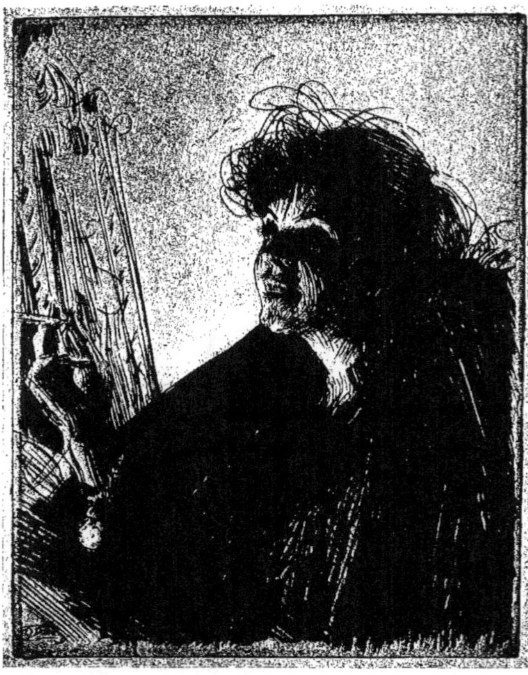

(1891)   (Cat. F. de Schubert, n° 44 *bis*).

On ne connaît que 3 épreuves de cette première planche abandonnée ; deux d'entre elles se trouvent en Amérique, dans les collections de MM. Ch. Deering et Judson S. Dutcher ; la troisième appartient à M. Ch. Bermond, avocat à Paris, et a figuré à l'exposition de l'œuvre d'Anders Zorn, dans les *Galeries Durand-Ruel* (mai–juin 1906).

La peinture de la *Dame à la Cigarette* appartient à M. Robert de Forest, à New-York.

Cuivre détruit.

62. — LA DAME A LA CIGARETTE
2ᵉ planche

(H. 159 millim. L. 120)

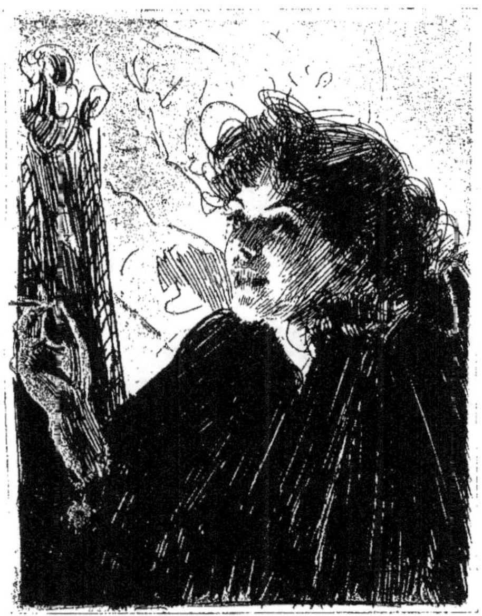

(1891)   (Cat. F. de Schubert, nᵒ 44 — 1 seul état décrit).

1ᵉʳ État. Les angles du cuivre sont *légèrement* arrondis. État tiré à 25 ou 30 épreuves, *signées au crayon*.

2ᵉ — Les angles du cuivre sont *fortement arrondis*. État publié par le Grafisk Konst qui en a fait les tirages suivants : 25 épreuves *dites de luxe* sur grand papier au filigrane : fleur de lys dans un écusson surmonté d'une couronne; 425 épreuves, édition ordinaire, tirées sur papier vergé. Ces épreuves — sauf quelques cas — ne sont pas signées manuscritement.

VENTES : A. Ragault (907), 2ᵉ état, 400 fr.; Georges S*** (G. Simon, 1908), 1ᵉʳ état, 360 fr.; Anonyme (14 avril 1908), 2ᵉ état, 155 fr.; J. Gerbeau (1908), 1ᵉʳ état, 400 fr.

Quand je regardai pour la première fois « la Cigarette », je compris combien il est impossible de chercher une méthode dans les meilleures eaux-fortes de Zorn. Cette planche est une masse de lignes, énergiques ou gracieuses, parmi lesquelles pas une ne semble avoir une raison consciente ou seulement intelligible, et cependant il se dégage de l'ensemble, une impression de vie et de gaîté. Un contour à peine tracé, délimite la charmante figure ; les yeux sont pleins de vivacité, sans une seule ligne de contour, la bouche est souriante, dessinée d'une manière gracieuse mais sûre, non pas *dans*, mais *derrière* quelques traits ombreux. Tout est magie, comme notre propre vision du monde extérieur est une magie inexpliquée, malgré notre connaissance de l'image reflétée dans notre membrane réticulée...(*E. Alkman*, " **Varia** ", 1902).

Musée de Stockholm, Bibliothèque Nationale, Cabinets des Estampes de Berlin (épr. avec dédicace à A. Proust) et de Dresde, Kunsthalles de Brême et de Hambourg, Kunstsammlung de Stuttgart, M. et Mme A. Curtis, Mme Olga Bratt, MM. Bovin, Ch. Deering, Loys Delteil, Campbell Dodgson, H. Geber, J. Hammar, Th. Laurin, Carl Larsson, Howard Mansfield, G. Petitdidier, A. Strölin, Dr Sondèn, G. Upmark, etc.

Une épreuve de cette pièce a été exposée aux **Peintres-Graveurs Français** (année 1892) sous ce simple titre : Mlle X.

Cuivre détruit.

63. — L'ORAGE

(H. 196 millim. L. 139)

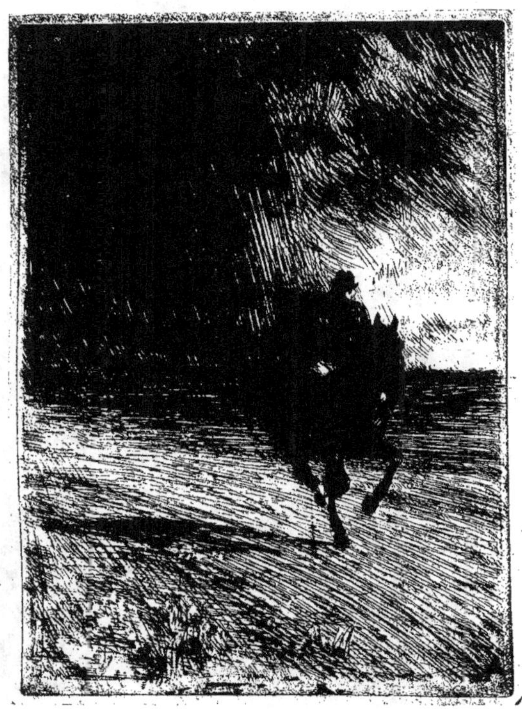

(1891) — *1er état*.   (Cat. F. de Schubert, n° 45 — 1 seul état décrit).

1er État. **Etat reproduit.** De toute rareté. Collection privée de Zorn.

2° — Le terrain du fond à droite, à la hauteur du museau du cheval, a été éclairci. De toute rareté.
Une épreuve avec dédicace, dans la collection de M. F. Keppel.

3° — Quelques travaux ont été ajoutés dans la partie lumineuse du ciel. **Etat reproduit.** Fort rare.
Collection de M. et Mme A. Curtis.

4° — Le terrain du fond à droite, qui avait été éclairci, est de nouveau dans l'ombre; les herbes du
1er plan à gauche, restées inachevées, ont été terminées. Rare. Musée de Stockholm, Cabinets
des Estampes de Dresde et de Copenhague, Kunsthalles de Brême et de Hambourg, Bibliothèque Nationale, Kunstsammlung de Stuttgart, Mme Olga Bratt, Mme H. Guérard, MM. Bouasse-
Lebel (épr. de J. Gerbeau), Ch. Deering, d'Ehrenborg, G. Haviland, H. Geber, A. Hagborg,
H. Lamm, Th. Laurin, E. Mutiaux, G. Petitdidier, Dr Sondèn, Mme d'Edelfelt.

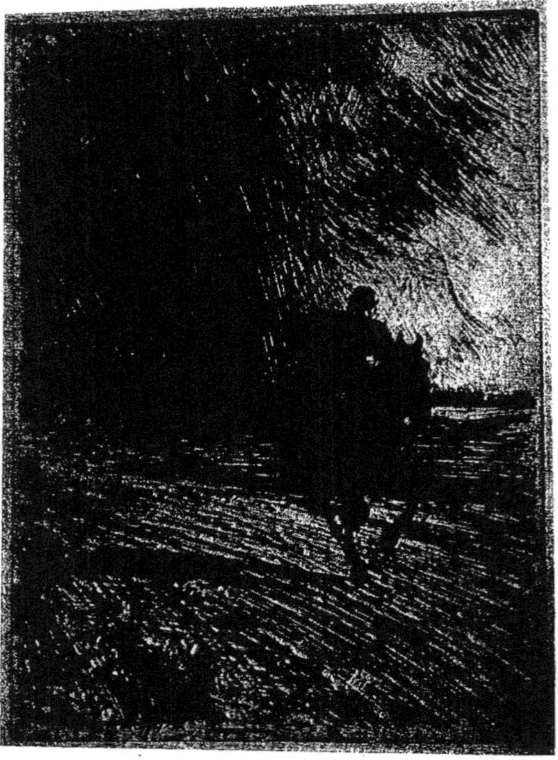

3ᵉ état.

VENTES : Anonyme (janv. 1908), 4ᵉ état, 850 fr.; J. Gerbeau (1908), 4ᵉ état, 400 fr.

Cette pièce qui représente l'artiste lui-même fuyant devant un orage, a été exposée aux **Peintres-Graveurs Français** (année 1892).

L'*Orage* a été tiré à une trentaine d'épreuves.

Cuivre détruit.

64. — LE RÉVEIL

(H. 139 millim. L. 101)

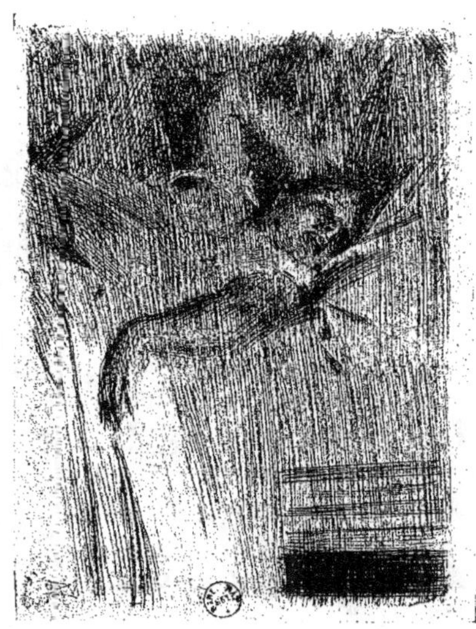

(1891) — 2° *état.*   (Cat. F. de Schubert, n° 46 — 1 seul état décrit).

Tiré à une trentaine d'épreuves.

1er État. Avant quelques legers travaux sur les chairs de la femme ; le bois du lit est moins fortement indiqué. Fort rare. Collection de M. Ch. Deering.

2° — Terminé. **L'état reproduit.**

Musée de Stockholm, Bibliothèque Nationale, Musée du Luxembourg, à Paris, Cabinets des Estampes de Dresde et de Copenhague, Kunsthalle de Hambourg, Mme H. Guérard, M. et Mme A. Curtis, MM. Ch. Bermond, Th. Laurin, E. Mutiaux, G. Petitdidier, Dr Sondèn, A. Strölin, G. Teyssier (épr. de Gerbeau).

VENTES : A. Barrion (1904), 38 fr. ; J. Gerbeau (1908), 390 fr.

Cuivre détruit.

65. — Mme SIMON

1re planche

(H. 140 millim. L. 102)

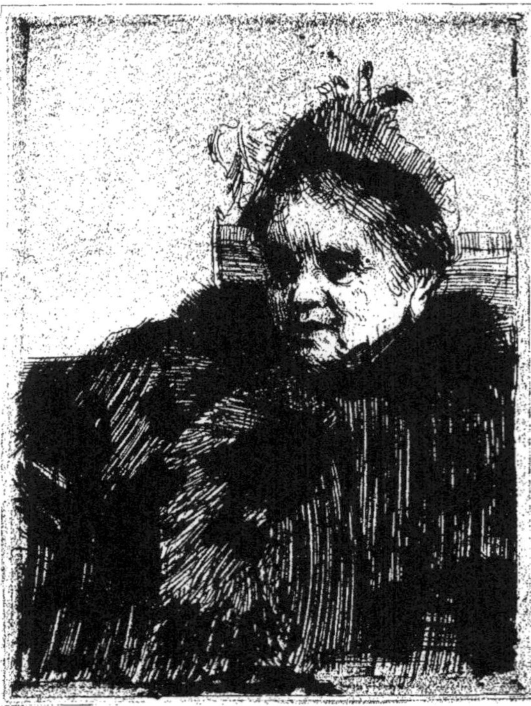

(1891)　　　　　　　　　　　(Non cat. par F. de Schubert).

Il n'est connu que trois épreuves de ce portrait ; l'une d'entre elles appartient à M. et Mme A. Curtis (épr. G. Simon) ; la seconde à Mme H. Guérard ; enfin la troisième se trouve chez M. Ch. Deering, à Chicago.

VENTE : Georges S*** (G. Simon, 1908), 1350 fr.

Cette rarissime pièce a figuré à une exposition d'eaux-fortes de Zorn, faite à New-York, chez F. Keppel en 1899.

Cuivre détruit.

66. — Mme SIMON

2ᵉ planche

(H. 236 millim. L. 158)

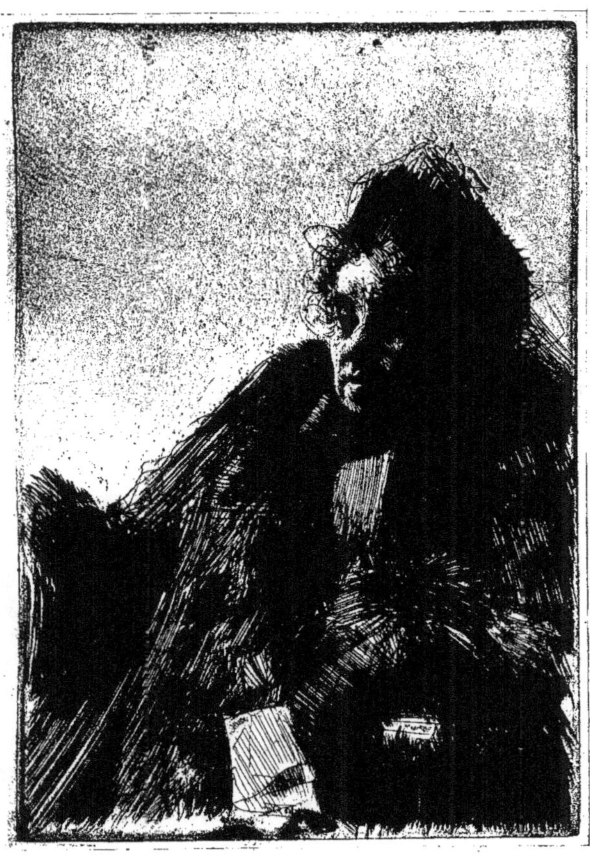

(1891) — 2ᵉ *état*.   (Cat. F. de Schubert, n° 47 — 1 seul état décrit).

1ᵉʳ État. Avant quelques travaux dans le fond à droite, derrière la coiffure de Mme Simon ; avant deux ou trois retouches dans les cheveux et dans le visage. Très rare. Bibliothèque Nationale, M. Ch. Deering.

2ᵉ   ...   **Celui reproduit.** Rare. Collection de Mme H. Guérard, MM. Loys Delteil, G. Eissler, T. Möller, de Seidlitz, A. Strölin, H. S. Theobald.

3ᵉ État. Deux cheveux, en forme de)), ont été ajoutés sur le front de Mme Simon, dans la partie lumineuse, au-dessus de l'arcade sourcillière; mais avant une correction à la lèvre inférieure. Collection de M. et Mme A. Curtis.

4ᵉ — La lèvre inférieure a été retouchée dans la partie lumineuse. Etat publié dans la revue allemande
Pan (année 1895 — 1re livraison) et dont le tirage a été le suivant :
1.100 épreuves ordinaires, 150 épreuves sur japon, dont moitié d'un format supérieur à
celui de la Revue, et 74 épreuves également sur japon, dont moitié sur grand papier, ces
74 dernières tirées *avant* l'aciérage du cuivre.
Les épreuves publiées par PAN ne sont pas signées manuscritement.
Du même état il existe un petit tirage postérieur au PAN, les épreuves signées manuscritement par Zorn.
Les épreuves ordinaires de PAN portent dans la marge, à 0,315 millim. au-dessous de
la marque du cuivre, l'inscription suivante, en caractères typographiques : ANDERS ZORN
PORTRAIT.

———————

Ce chef-d'œuvre a été tiré à une trentaine d'épreuves avant la publication dans PAN.

———————

VENTES : Anonyme (20 mai 1899), épr. signée, 20 fr.; Anonyme (27 janv. 1900), 32 fr.; A. Barrion
(1904), 2ᵉ état, 221 fr.; Anonyme (nov. 1905), épr. du Pan, 51 fr.; A. Ragault (1907),
4ᵉ état, 80 fr.; Georges S. (G. Simon, 1908), 2ᵉ état, ? 610 fr.; Anonyme (14 avril 1908),
4ᵉ état, 150 fr.; J. Gerbeau (1908), 520 fr. et 280 fr.

———————

Le portrait de *Mme Simon* a été exposé à Paris, au **Salon de la Société Nationale** (année 1891).

Cuivre détruit.

(H. 139 millim. L. 101)

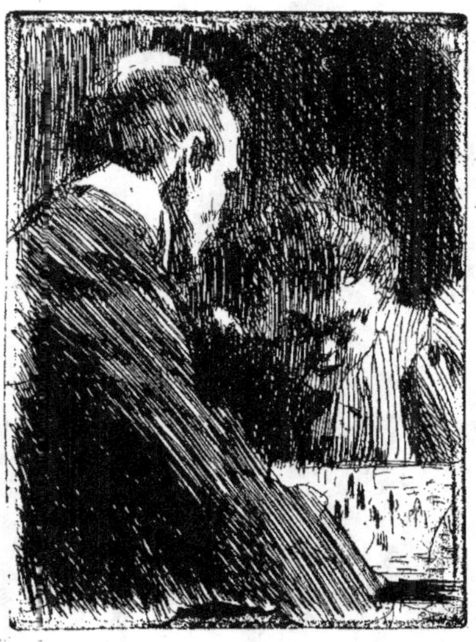

(1891)   (Cat. F. de Schubert, n° 48 — 1 seul état décrit).

Fort rare. Tiré à 6 épreuves.

Musée de Stockholm, MM. Ch. Deering, A. Strölin.

Cuivre détruit.

1ʳᵉ planche

(H. ... millim. L. ...)

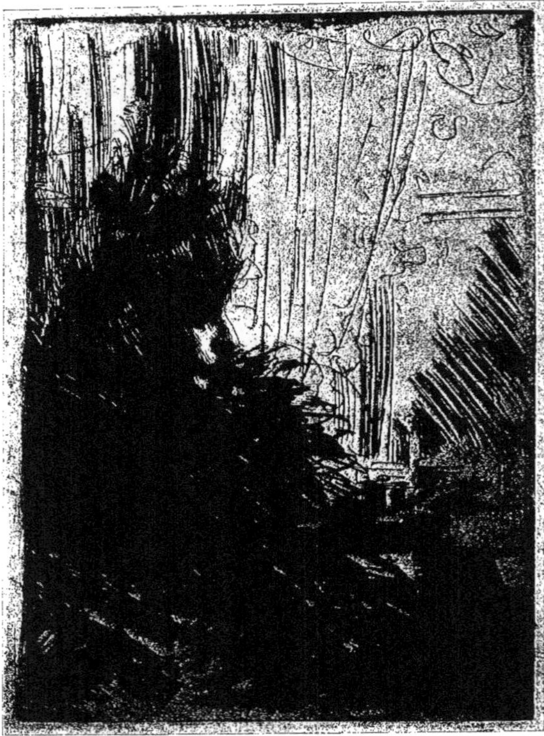

(1892)   (Non cat. par F. de Schubert).

Nous ne connaissons, de cette première planche du grand portrait de Mme Grönberg, que l'épreuve possédée par M. Ch. Deering, à Chicago.

Cuivre détruit.

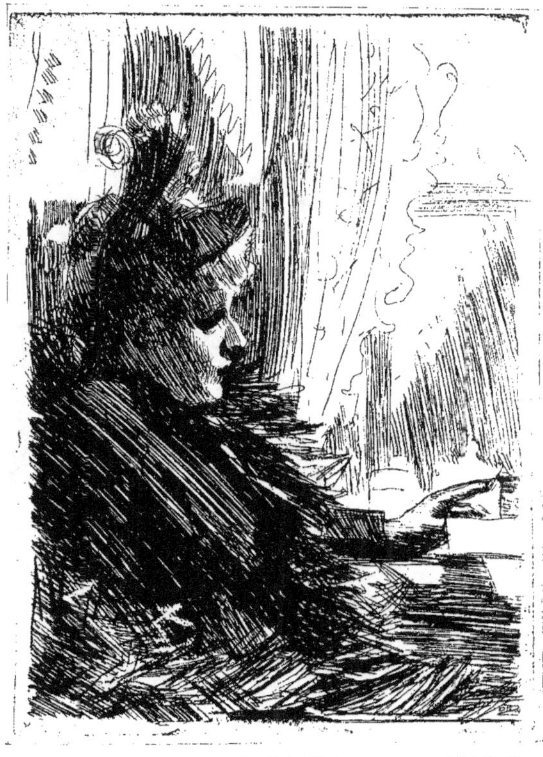

(1891)   (Cat. F. de Schubert, n° 49 — 1 seul état décrit).

Fort rare. Tiré à 4 ou 5 épreuves.

Musée de Stockholm, Bibliothèque Nationale, M. Ch. Deering.

Cuivre détruit.

(H. 120 millim. L. 080)

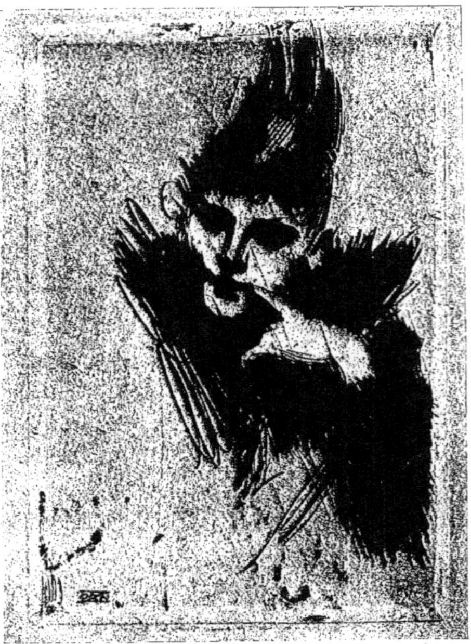

(1891)   (Cat. F. de Schubert, n° 50 — 1 seul état décrit).

De toute rareté.

Nous n'avons rencontré de cette petite planche, qu'une seule épreuve, celle qui figure dans la collection privée de Zorn.

Ce portrait et le précédent, sont celui d'une chanteuse d'opérette suédoise, très en vogue à l'époque à laquelle Zorn exécutait ses deux planches.

Cuivre détruit.

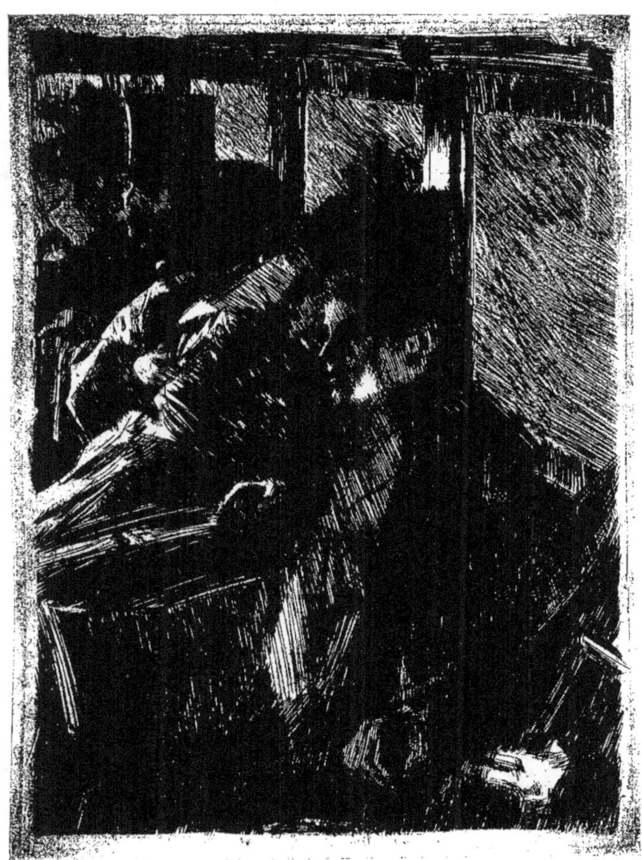

(1891) — *3e état.*   (Cat. F. de Schubert, n° 51 — 1 seul état décrit).

1er État. Avant les contre-tailles obliques sur le carton à chapeau, à gauche; l'homme du fond, coiffé d'un chapeau haut-de-forme, à la moustache blanche; encore avant un certain nombre de travaux sur la vitre, à droite. De toute rareté. Collection de M. Judson S. Dutcher.

2° État. Avec les travaux désignés ci-dessus, mais avant les tailles horizontales, devant la figure de la femme qui se voit au fond à gauche. Très rare. Collection de Mme H. Guérard, M. Ch. Bermond.

3° — Avec une vingtaine de tailles horizontales, croisant les verticales, devant la figure de la femme, au fond à gauche. **L'état reproduit.** Des épreuves des *2e* ou *3e états :* Musées de Stockholm et de Göteborg, Bibliothèque Nationale, Cabinets des Estampes de Dresde et de Copenhague, Kunsthalles de Brème et de Hambourg, Kunstsammlung de Stuttgart, S. A. R. le P^{ce} Eugène de Suède, M. et Mme A. Curtis, MM. Alf. Beurdeley, M. Biach, Axel Claëson, Loys Delteil, Judson S. Dutcher, O. Gerstenberg, G. Haviland, P. Helm, G. Huselius, F. Holmquist, Pr Helferich, Th. Laurin, H. Lundbohm, G. Lundquist, Dr Martin, E. Mutiaux, A. Neuville, C. U. Palm, G. Petitdidier A. Ragault, A. Rassenfosse, Dr Schiefler, A. Strölin, H. Sederholm, G. Teyssier, Dr D. Weber.

VENTES : A. Barrion (1904), 3e état, 81 fr. ; A. Ragault (1907), 3e état, 295 fr. ; J. Gerbeau (1908), 3e état, 410 fr., 200 fr. et 315 fr.

La peinture de l'*Omnibus* se trouve chez Mme Isabelle Gardner, à Boston ; une variante de cette composition appartient à M. Thorsten Laurin, à Stockholm.

Cette pièce, exposée par Zorn avec cinq autres eaux-fortes, aux **Peintres-Graveurs Français** (année 1893), a été tirée à 75 épreuves.

Cuivre détruit.

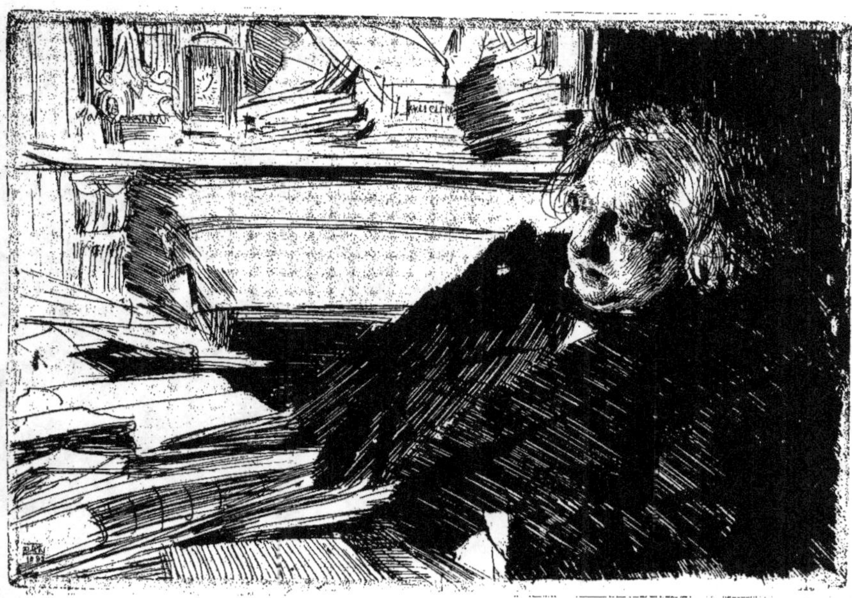

(1892) — *1er état.*   (Cat. F. de Schubert, n° 52 — 2 états déc.its).

1er État. Avant les contre-tai les sur le livre, avant des tailles obliques sur la tache formée par l'étau à mi-bordure du bo:d droit. La décoration de Renan est blanche. De toute rareté. **Etat reproduit.** Collection de M. A. Strölin (épr. avec dédicace).

2e — La décoration de Renan est teintée, et quelques tailles obliques sont gravées à l'endroit de la tache formée par 'etau. De toute rareté. Collection de MM. Tyge Möller, F. Nys.

3e — Une dizaine de nou.elles tailles sont ajoutées au-dessus de l'épaule, toujours à l'endroit de la tache formée par l'étau, et ces nouvelles tailles croisent celles gravées à l'état précédent. **Etat reproduit.** Cet état a été tiré à 25 épreuves signées, et portant au crayon, dans la marge à gauche, le chiffre 25. Musée de Stockholm, Musée du Luxembourg à Paris, Cabinet des Estampes de Dresde, M. et Mme A. Curtis, S. A. R. le Pce Eugène, Mme Olga Bratt, MM. A. Beurdeley, A. Dayot, Ch. Erikson, Th. Laurin, E.Mutiaux.

4e — Des contre-tailles so.t gravées sur le dos du livre placé sur la table parmi d'autres volumes; mais avant l'inscription au-dessus de la signature de Zorn. Très rare. Bibliothèque Nationale, M. Ch. Bermond.

5e — On lit, au-dessus du nom de Zorn, très légèrement tracé à la pointe : *d'après nature.*

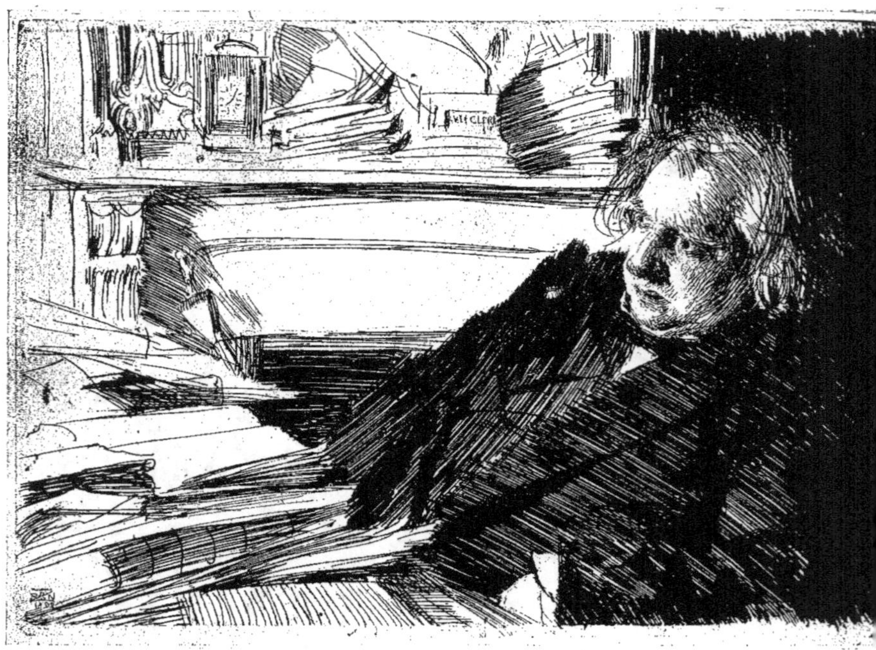

3e état.

État tiré à 125 épreuves.

Des épreuves du Renan — 4e ou 5e états — se trouvent dans les collections de la Kunsthalle de Hambourg, Cabinet des Estampes de Copenhague, MM. H. de Bildt, Loys Delteil, A. Edelstam, **Hugo Ekelund**, O. Granberg, H. Geber, O. Gerstenberg, G. Haviland, Hernmarck, F. Holmquist, Th. Laurin, H. Lundbohm, Howard Mansfield, E. Nachmanson, G. Petitdidier, A. Ragault, G. Rystedt père, Dr Schiefler, J. Sachs, H. Sederholm, G. Teyssier, H. S. Theobald, Dr D. Weber, Ch. Jacquin, J. Kruse, etc.

VENTES : G. Pochet (1902), 240 fr.; A. Barrion (1904), 3e état, 371 fr.; Anonyme (nov. 1905), 5e état, 276 fr.; A. Ragault (1907), 5e état, 300 fr.; J. Gerbeau (1908), 3e état, 1.100 fr.; 5e état, 310 fr. et 320 fr.; Anonyme (14 avril 1908), 5e état, 320 fr.

Cette superbe planche a été exposée aux **Peintres-Graveurs Français** (année 1892).

Cuivre détruit.

Voici en quels termes, en décembre 1902, M. Edward Alkman, dans la revue suédoise « Varia », parlait du *Renan* :

Une chose impose rarement à Zorn, et cela est une force qui se montre assez souvent dans son art comme un défaut. On a quelquefois — dans ses peintures comme dans ses eaux-fortes — la sensation qu'il voit tout *comme il est*, et qu'il rend ce qu'il voit avec la sûreté de la glace, mais aussi parfois avec la froideur qui l'accompagne. En présence de certaines de ses œuvres, irréprochables ou même admirables, on est surpris de souhaiter un signe d'hésitation devant la puissance de l'inquiétude et de l'impénétrable, sans lesquels les créations d'un homme peuvent être pleines de vie, mais sans le mystère si indispensable pour nous. Il est trop facile pour Zorn de dire le dernier mot, en toute occasion. C'est en cela que l'eau-forte de Renan est une belle et remarquable exception. Elle donne l'impression, et je crois qu'elle n'est pas fausse, que l'artiste, du moins pour un moment, a reculé devant l'impossibilité de comprendre et de rendre cette vie de pensée qui a créée la grandeur de ce front, la pénétration de ces yeux, la mélancolie ironique de ces lèvres, le port du vieux philosophe, sinon accablé du moins assoupi, dans son fauteuil. Et en sentant qu'il ne pouvait assez comprendre tout cela, l'artiste a — je le crois — mieux que par son adresse, donné à ce portrait une grandeur palpable et émouvante.

Dans son ouvrage : **A travers cinq siècles de Gravures** (1903), M. *G. Bourcard*, donne la traduction presque littérale, d'une note de Mᵐᵉ G. Van Ressenlaer, publiée dans *The Century Illustrated Monthly Magazine*, de New-York, et relative au **Renan** :

« ..... Il fut fait dans le cabinet de travail de Renan, en avril 1892. Un ami vint me trouver (1), dit
« Zorn, et me demanda de faire le portrait du Maître, à l'eau-forte. Celui-ci s'assit — il était très malade
« — pendant qu'il s'installait, je l'observais, je pris mon cuivre (2) et le dessinai. Je lui demandai alors si
« cette pose était une de celles qu'il affectionnait d'habitude. Ma foi non, répondit-il, je ne m'assieds que
« rarement ainsi. Sa femme entra et me dit : Vous l'avez pris dans la perfection, il est toujours ainsi
« quand il sait qu'on ne l'observe pas, elle en était ravie. Son fils, un artiste, vint à son tour et fit la même
« réflexion. Il fut convenu, ajouta Zorn, qu'à mon retour de Suède, je ferai le portrait à l'huile de
« l'écrivain; mais, hélas! deux mois après il était mort. »

Il existe de cette superbe pièce, une reproduction par l'héliogravure, légèrement réduite, mesurant 304 millim. de L. sur 211 de H. Elle porte dans le H. de la planche l'inscription suivante : *Copyrighted 1895 by G. B*

Cette reproduction a été publiée dans : **World's Columbian Exhibition. The Arts and Architecture, by W. Walton. Official Illustrated publication, Philadelphia, s. d.**

(1) M. Armand Dayot. qui dans l'*Art et les Artistes* (année 1906), écrit : C'est grâce à notre intervention personnelle, que Zorn exécuta le superbe portrait de Renan, et qui ajoute plus loin que: Renan ne consentit à poser qu'à cette condition : qu'il ne poserait qu'une seule fois et que la pose ne dépasserait pas une heure, condition que remplit Zorn, de la brillante façon que l'on sait.

(2) Il y a là une légère erreur, Zorn exécuta d'après nature, non pas l'eau-forte, mais un dessin au crayon; c'est celui qui appartient à Mᵐᵉ P. Psichari et qui fut exposé dans les Galeries Durand-Ruel (1906).

73. — Mme OLGA BRATT

(H. 198 millim. L. 138)

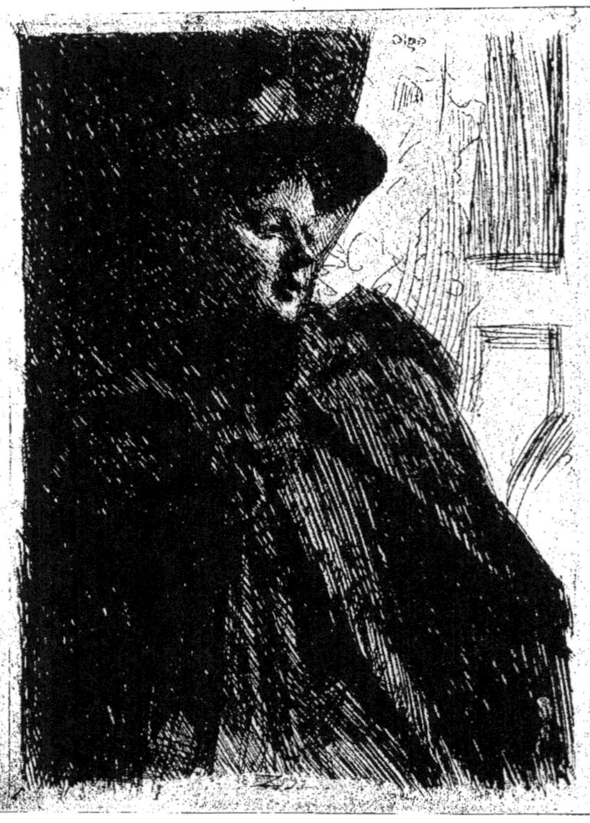

1892 — *1er état.*　　　　　(Cat. F. de Schubert, n° 53 — 1 seul état décrit).

1er État. **Celui reproduit.** Très rare. Bibliothèque Nationale, Musée de Göteborg, M. et Mme A. Curtis, Mme H. Guérard, MM. Ch. Bermond, Ch. Deering, Th. Laurin.

2e — Avec quelques fortes tailles verticales ajoutées dans le fond, à droite. Rare. Musée de Stockholm, Musée du Luxembourg à Paris, Cabinets des Estampes de Berlin, de Copenhague et de Dresde, Kunsthalle de Hambourg, Kunstsammlung de Stuttgart, Mme Olga Bratt, M. et Mme A. Curtis, MM. T. Hedberg, H. Lamm, A. Lundegård, G. Petitdidier, Dr R. Robinow, K. Wåhlin.

Cette délicieuse planche, exposée aux **Peintres-Graveurs Français** (année 1893), n'a été tirée qu'à une trentaine d'épreuves.

Mme Olga Bratt, née à Göteborg, est la fille de l'architecte Westerberg, et la femme de M. Ernst Bratt, de Göteborg.

Cuivre détruit.

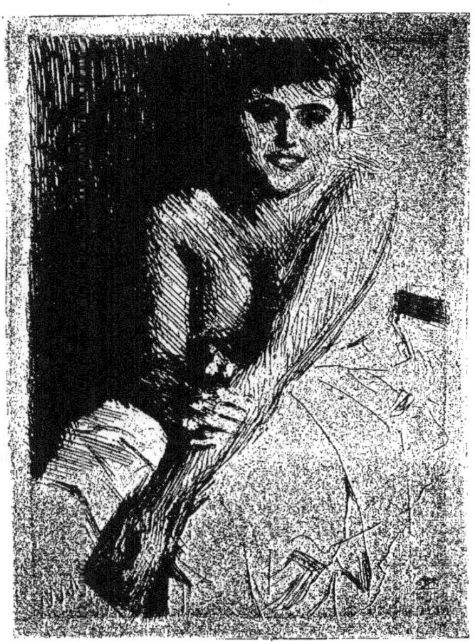

(1892)   (Non cat. par F. de Schubert).

De toute rareté.

Collection de M. Ch. Deering, à Chicago.

Cuivre détruit.

(H. 138 millim. L. 097)

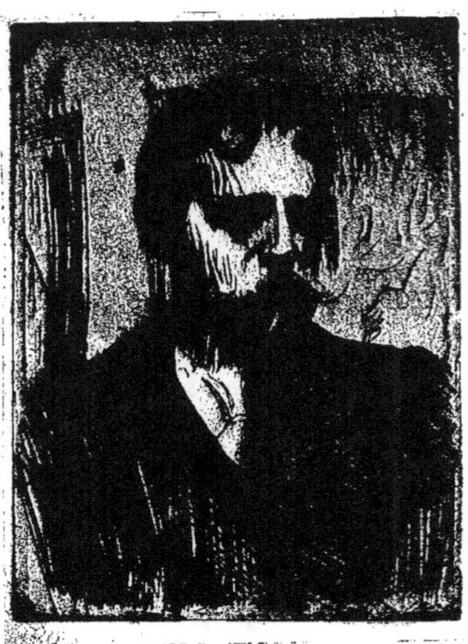

(1893)   (Cat. F. de Schubert, n° 54 — 1 seul état décrit).

Fort rare. Tiré à 3 ou 4 épreuves. Collection privée de Zorn.

John W. Alexander, peintre américain d'un talent bien personnel, est né à Pittsburg en 1857; élève de Frank Duveneck, J. W. Alexander a obtenu une médaille d'or à l'Exposition Universelle de 1900, et la croix de la Légion d'honneur l'année suivante; cet artiste réside à Paris.

Cuivre détruit.

76. — Mme GERDA HAGBORG

(H. 237 millim. L. 158)

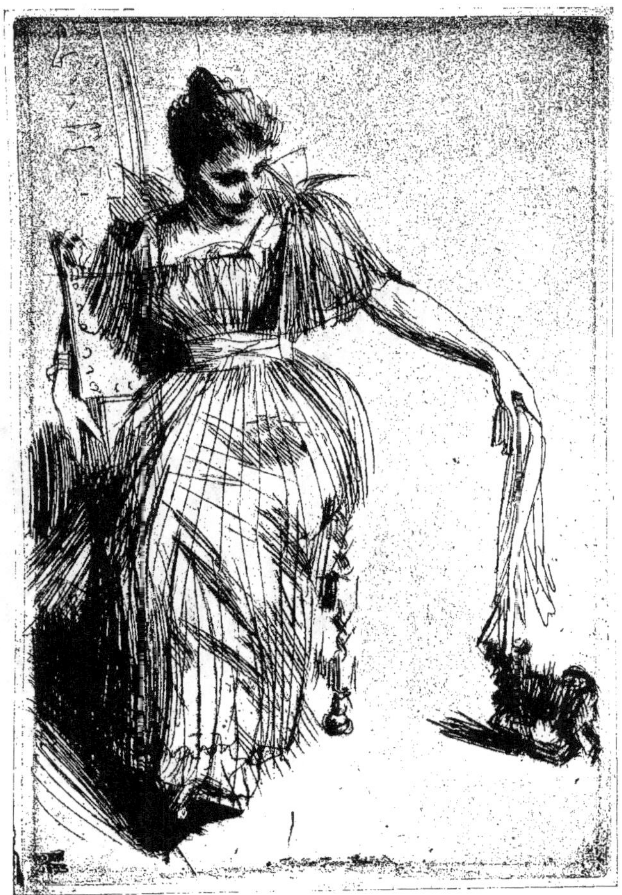

1893   (Cat. F. de Schubert, n° 55 — 1 seul état décrit).

Fort rare. Tiré à 6 épreuves.

1er Etat. Avant quelques tailles horizontales sur la partie claire de la bottine. Collection de M. Ch. Deering.

2e   Celui reproduit. Collection de M. Ch. Bermond ; une épreuve chez A. Zorn.

Cuivre détruit.

(H. 236 millim. L. 167)

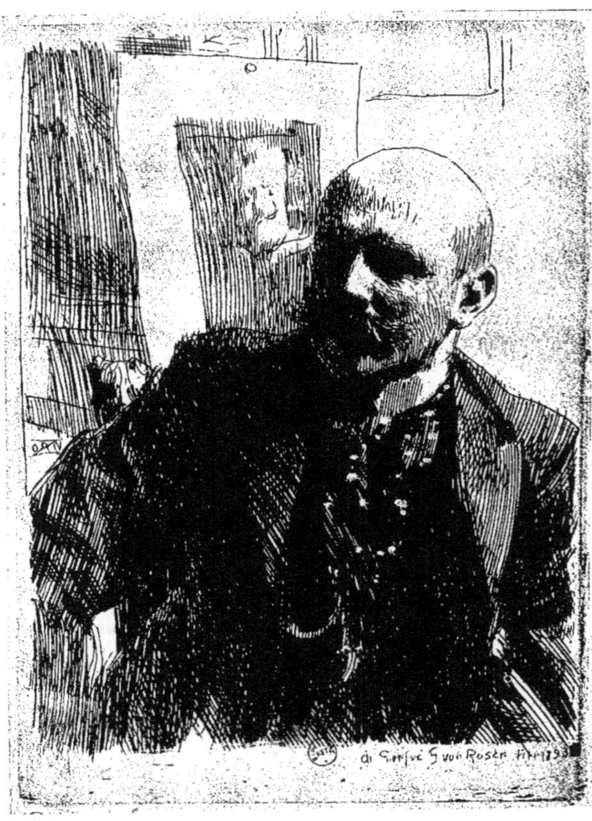

1893   (Cat. F. de Schubert, n° 56 — 1 seul état décrit).

1ᵉʳ État. Avant les contre-tailles obliques, dans le fond à G., Fort rare. Collection de M. Ch. Deering.

2°   —   **Celui reproduit.** Tiré à 30 ou 35 épreuves.

Musées de Stockholm et de Göteborg, Bibliothèque Nationale, Cabinet des Estampes de Dresde, Kunsthalle de Hambourg, Kunstsammlung de Stuttgart, Cabinet des Estampes de Copenhague, M. et Mᵐᵉ A. Curtis, MM. A. Beurdeley, A. Bonnier, Ch. Bermond, H. Geber, E. Insulander, Th. Laurin, G. Petitdidier, Cᵗᵉ de Rosen, Dʳ Sondèn, A. Strölin, G. Teyssier (ép. de J. Gerbeau), K. Wåhlin.

VENTES : A. Barrion (1904), 75 fr.; J. Gerbeau (1908), 305 fr.

Le Cᵗᵉ Johann Georg Otto von Rosen, peintre d'histoire et de portraits, suédois, est né à Paris, le 13 février 1843; il étudia la peinture avec Henri Leys. Le Musée de Stockholm possède plusieurs de ses œuvres parmi lesquelles on cite comme la plus remarquable : *Erik XIV et Karin Mansdotter.*

Le Cᵗᵉ de Rosen dont le portrait par lui-même figure aux Uffuzzi, à Florence, a été pendant plusieurs années Directeur de l'Académie des Beaux-Arts de Stockholm.

Cette pièce a figuré aux **Peintres-Graveurs Français** (année 1893).

Cuivre détruit.

78. — LA LECTURE (M. et M^{mo} Deering)

(H. 234 millim. L. 156)

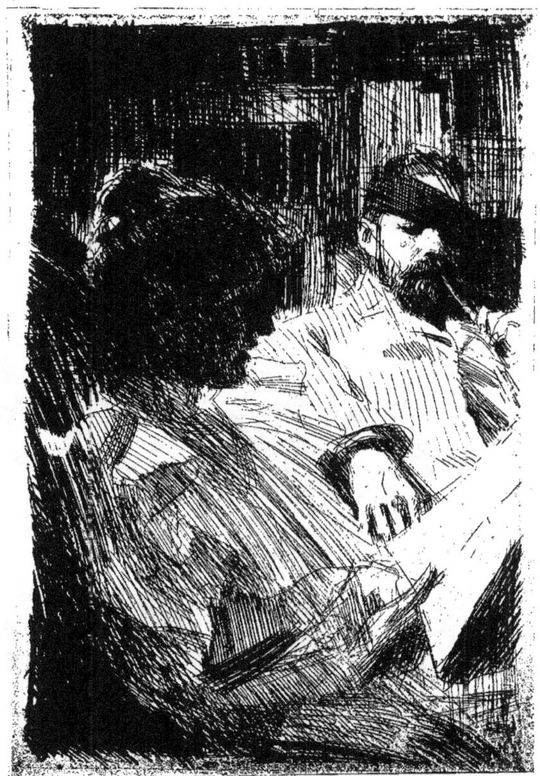

(1893) — 1er *état.*   (Cat. F. de Schubert, n° 57 — 3 états décrits).

1er État. **Celui reproduit.** De toute rareté. Collection de M. Ch. Deering, à Chicago.

2e   —   Des tailles diagonales couvrent les tailles verticales du vêtement de M. Ch. Deering. Très rare. Collection de MM. Ch. Deering, Gottf. Eissler.

3° État. Entre le nez et la joue droite de M. Deering, au lieu de 3 traits ordinaires, il y a 3 traits en
zig-zags ; à l'intérieur de la main tenant la pipe, quelques traits courts et verticaux ont été
ajoutés ; enfin, l'ombre sous les doigts de cette main, est prolongée et renforcée au burin.
Musée de Stockholm, Kunstsammlung de Stuttgart, Bibliothèque Nationale, Kunst-Institut
de Francfort-sur-le-Mein, Musée du Grand-Duché de Hesse-Darmstadt, Cabinet des Estampes
de Copenhague, Kunsthalle de Hambourg, Mᵐᵉ Maya Ljunglof, MM. A. Beurdeley, Loys
Delteil, G. Haviland, Pʳ Helferich, Th. Laurin, C. A. Ossbahr, G. Petitdidier, Ern. Thiel,
Wijk.

VENTES : A. Barrion (1904), 3° état, 116 fr. ; J. Gerbeau (1908), 3° état, 240 fr.

Cette pièce a été tirée à une quarantaine d'épreuves.

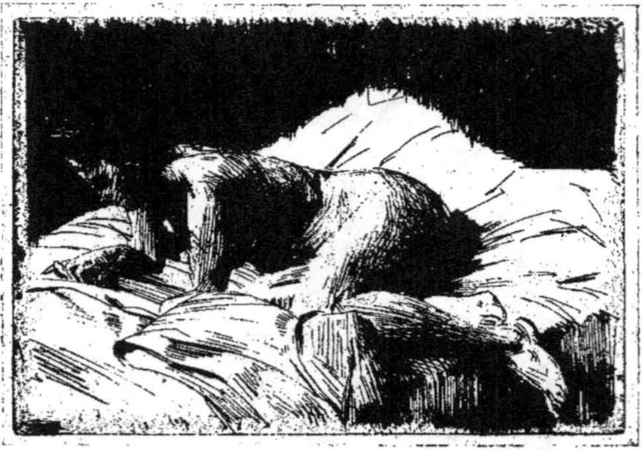

La petite eau-forte reproduite ci-dessus est de M. Ch. Deering qui a exécuté plusieurs autres
planches sous la direction d'Anders Zorn, dont il est à la fois l'admirateur et l'ami.

L'œuvre gravé de Zorn possédé par M. Ch. Deering est l'un des plus beaux et des plus complets
connus.

Cuivre détruit.

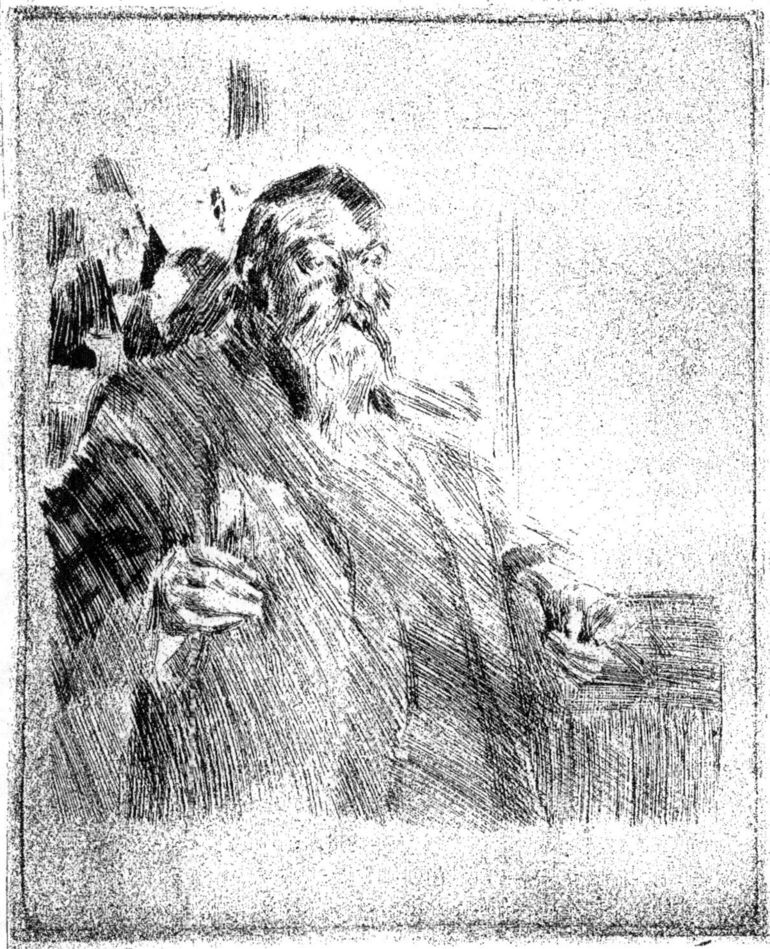

(1893)   (Non cat. par F. de Schubert).

Do cette première planche esquissée à la pointe sèche, puis abandonnée par l'artiste, nous ne connaissons que l'épreuve possédée par Mᵐᵉ H. Guérard.

Cuivre détruit.

14

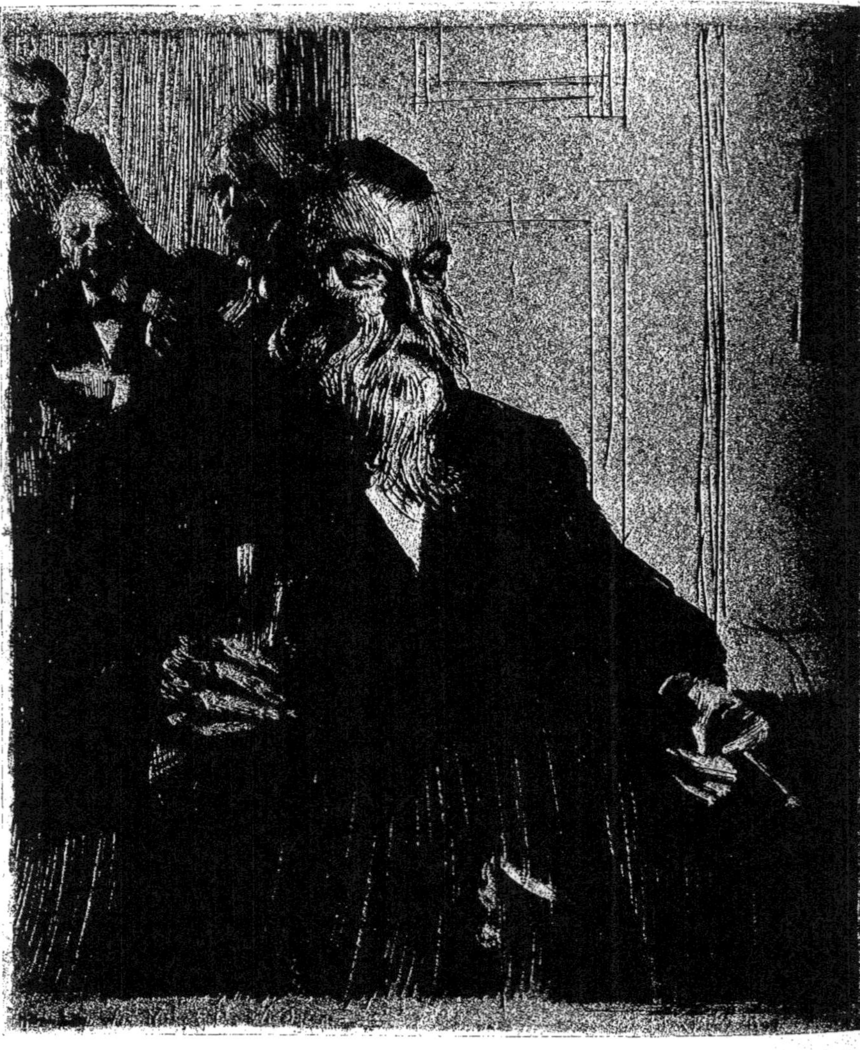

1893 — 3ᵉ état.   (Cat. F. de Schubert n° 58 — 1 seul état décrit.)

Tirage : 75 épreuves.

1er État. Le fond à gauche, derrière les personnages, est blanc, c'est-à-dire avant les tailles perpendiculaires ; également avant la légende et avant quelques travaux sur le visage de Wieselgren. De
toute rareté. Collection de M. Ch. Bermond.

2e   —   Avec la légende ; dans le fond à gauche, des tailles perpendiculaires ont été ajoutées mais sur
une partie seulement. Fort rare. Cabinet des Estampes de Berlin, Mme H. Guérard.

3e   —   De nouvelles tailles perpendiculaires ont été ajoutées dans le fond, à gauche. L'état reproduit.
Rare. Bibliothèque Nationale, Musée du Luxembourg, à Paris, M et Mme A. Curtis,
MM. Alf. Beurdeley, Ch. Bermond, Ch. Deering, Th. Laurin, G. Petitdidier, A. Strölin.

4e   —   Avec de nouveaux travaux sur le visage du personnage tenant un verre. Rare. M. et Mme A. Curtis.

Des épreuves de cette belle planche, appartenant aux 3e et 4e états, se trouvent aux Kunsthalle de
Brême et de Hambourg, au Musée de Stockholm, dans les collections de MM. C. Björck, Dr W. von
Dietel, Dr Martin, G. Pauli, A. Wallander, etc.

Les personnages figurant dans cette eau-forte, qui représente un Toast à la Société Idun, — la Idun
ou Déesse de la Jeunesse, est une société scientifique et artistique de Stockholm — sont : Harald Ossian
Wieselgren (portant le toast), né le 2 novembre 1835, mort en 1906, bibliothécaire de la Bibliothèque
Nationale de Stockholm et fondateur de la société ; Baron A. E. Nordenskjöld, explorateur ; l'archéologue
Hans Hildebrand ; le professeur en médecine, Axel Key ; enfin C. F. Wœrn, ancien Ministre des Finances.

VENTES : Anonyme (16 mai 1903), 3e état, 90 fr. ; Anonyme (26 février 1906), 3e état, 260 fr. ;
A. Ragault (1907), 3e état, 610 fr. ; J. Gerbeau (1908), 3e état, 695 fr.

Le tableau du *Toast*, peint par Anders Zorn, à l'occasion du 30e anniversaire de la fondation de la
Société Idun et qui figura à l'Exposition organisée des œuvres du maître suédois, dans les **Galeries
Durand-Ruel,** à **Paris** (mai-juin 1906), appartient à la Société ; il est toutefois constamment exposé au
Musée de Stockholm. Une reproduction du *Toast* a été donnée dans l'**Art décoratif** (août 1906), en accom-
pagnement d'une étude de Charles Saunier sur Anders Zorn.

L'eau forte du *Toast* a été exposée aux **Peintres-Graveurs Français** (année 1893).

Cuivre détruit.

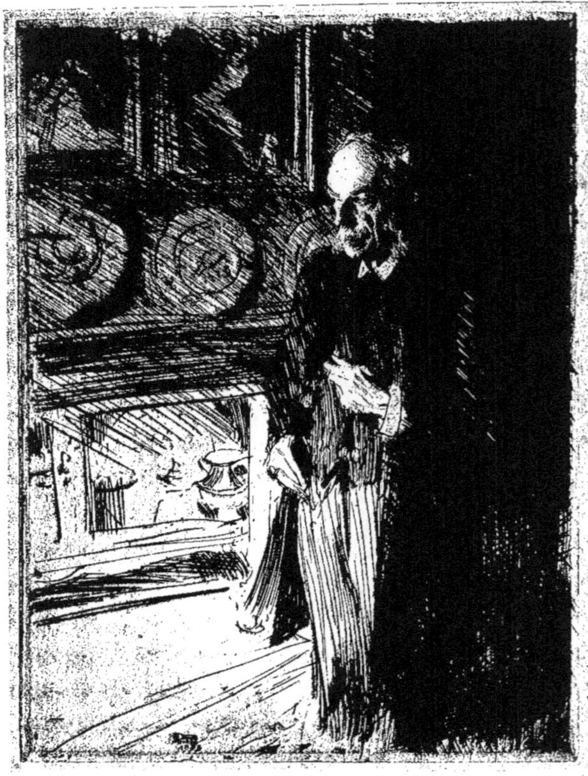

1893   (Cat. F. de Schubert, n° 59 — 1 seul état décrit).

Rare. Tiré à 35 épreuves environ.

Musée de Stockholm, Bibliothèque Nationale, Cabinets des Estampes de Berlin, de Copenhague et de Dresde, Kunsthalles de Brême et de Hambourg, Kunstsammlung de Stuttgart, M. et Mme A. Curtis, MM. Alf. Beurdeley, Ch. Deering, H. Delacroix, Dr W. von Dietel, Loys Delteil, O. de Geijerstam, O. Gerstenberg, H. Lamm, Th. Laurin, G. Petitdidier, A. Strölin, E. Thiel, Wijk, Société des Arts, à Helsingsfors.

VENTES : A. Barrion (1904), 220 fr. ; Anonyme (14 avril 1908), 420 fr. ; J. Gerbeau (1908), 360 fr.

Henry Marquand, capitaliste, né à New-York le 11 avril 1819, mort en 1902, régit pendant 20 ans les biens de son frère F. Marquand (mort en 1882). Banquier à New-York, puis vice-président et président de la *Iron Mountain and Southern RR*, H. Marquand fit de nombreux dons au *Metropolitan Museum*, dont il fut un moment président. Très généreux, H. Marquand, entr'autres libéralités, avait offert un gymnase à la *Princeton University*.

Cuivre détruit.

82. — LA VÉNUS DE LA VILLETTE

(H. 140 millim. L. 102)

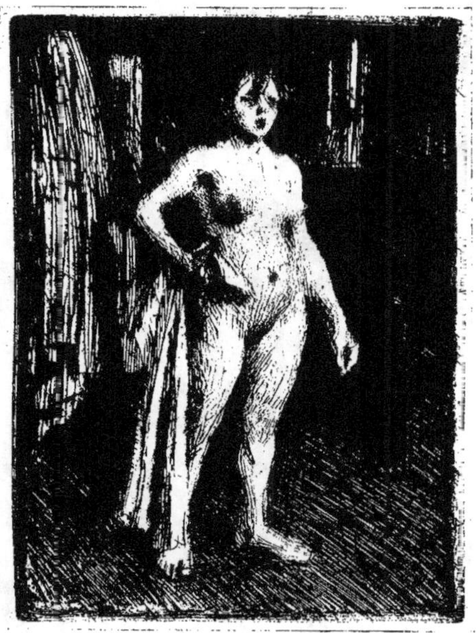

(1893 — 2ᵉ *état*.   (Cat. F. de Schubert, n° 63 — 2 états décrits).

Tiré à 25 épreuves.

1ᵉʳ Etat. Avant divers travaux, notamment avant une quinzaine de légères tailles verticales sur la poitrine du modèle, entre la clavicule droite et la naissance du bras gauche. Fort rare. Musée de Stockholm, Ch. Deering.

2ᵉ — Terminé. **L'état reproduit.** Très rare. Bibliothèque Nationale, Kunsthalle de Hambourg, Musée de Darmstadt. Cabinet des Estampes de Copenhague, S. A. R. le Pᶜᵉ Eugène, Mᵐᵉ H. Guérard, MM. Ch. Bermond, Th. Laurin, Mᶜᵉ Roux, Cᵗᵉ L. Sperre, G. Petitdidier, A. Strölin, G. Teyssier, Ern. Thiel, Dʳ D. Weber.

VENTES : A. Barrion (1904), 45 fr.; J. Gerbeau (1908), 2ᵉ état, 100 et 150 fr.

La peinture de la *Vénus de la Villette* appartient à l'artiste.

La *Vénus de la Villette* ou de *Montmartre* a été exposée aux **Peintres-Graveurs Français** (année 1893); c'est donc par erreur que M. F. de Schubert-Soldern, assigne la date 1894 à cette planche.

Cuivre détruit.

83. — Mrs ISABELLA GARDNER

(H. 250 millim. — L. 202)

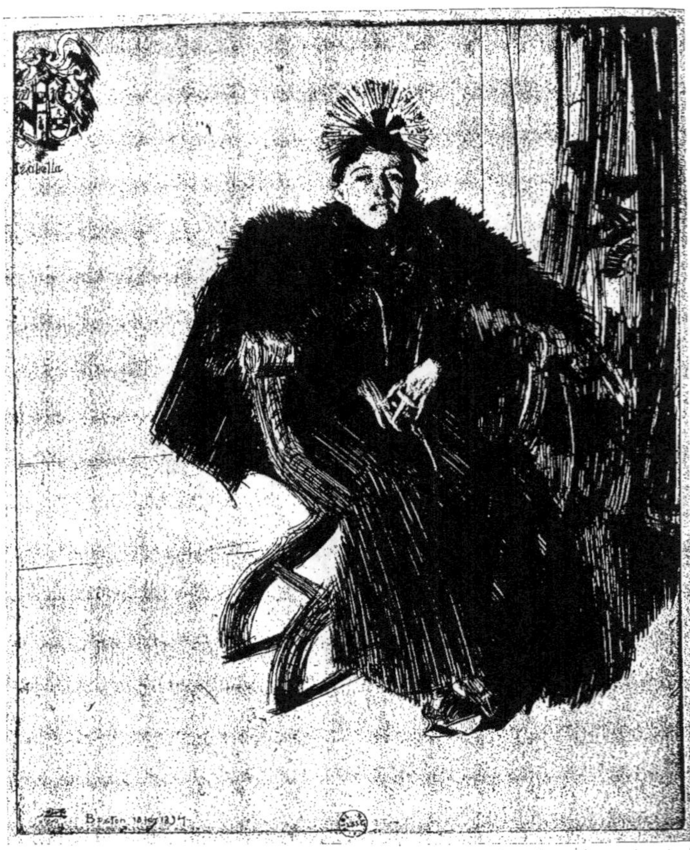

1894 — 2ᵉ *état.*   (Cat. F. de Schubert, n° 60 — 2 états décrits).

1ᵉʳ État. Avant les armes, en H. et G. Fort rare. Collection de MM. Ch. Deering, Th. Laurin.

2ᵉ   —   Avec les armes et le prénom Isabella. Rare. **L'état reproduit.** Musée de Stockholm, Kunsthalle de Hambourg, Bibliothèque Nationale, MM. Ch. Deering, E. Thiel.

Cette pièce exposée au Salon de la **Société Nationale** (année 1896) n'a été tirée qu'à une quinzaine d'épreuves.

Mrs Isabella Gardner, fondatrice du *Gardner Museum*, à Boston, possède elle-même une galerie de tableaux très réputée, et dans laquelle il se trouve des œuvres de Boticelli, Tiziano Vecelli, Holbein, Rembrandt, etc., ainsi que plusieurs peintures de Zorn et une cinquantaine d'épreuves de ses eaux fortes.

Cuivre détruit.

(H. 278 millim. — L..198)

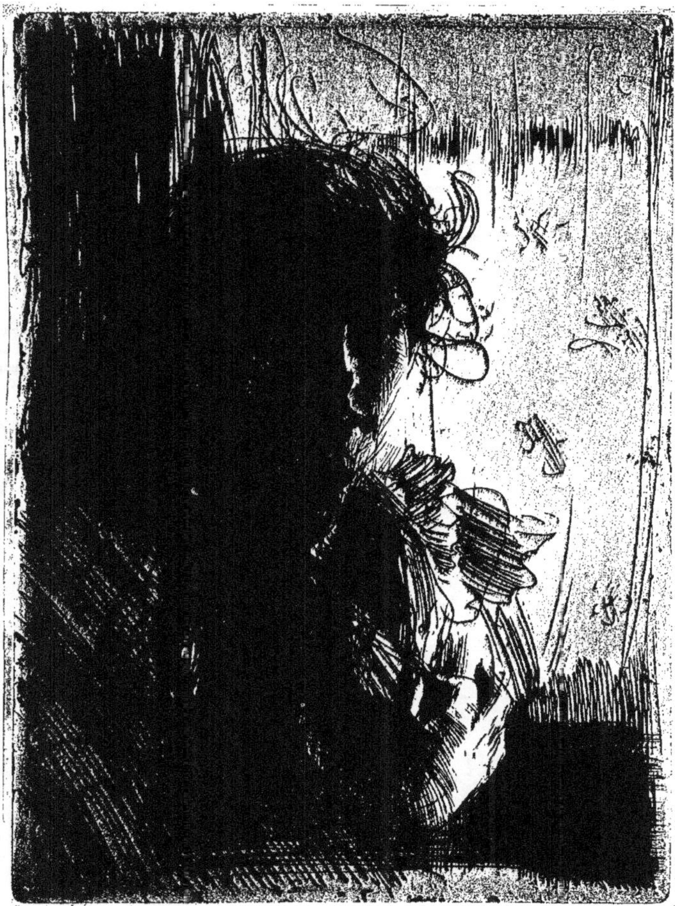

(1894).

(Cat. F. de Schubert, n° 61 — 1 seul état décrit).

Rare. Tiré à 30 épreuves.

Musées de Stockholm et de Göteborg, Bibliothèque Nationale, Cabinets des Estampes de Copenhague et de Dresde, Kunsthalle de Hambourg, Mme Ménard-Dorian, M. et Mme A. Curtis, MM. Nils Alexanderson, Ch. Deering, G. Eissler, Ch. Jacquin, J. Hammar, Th. Laurin, H. Lundbohm, Otto Meyerson, E. Mutiaux, G. Petitdidier, A. Rassenfosse, Sederholm (épr. de J. Gerbeau), A. Strölin, Dr Sutthof, K. Wåhlin.

VENTES : A. Barrion (1904), 202 fr.; J. Gerbeau (1908), 400 fr.

Cette belle pièce a été analysée par *M. E. Alkman*, dans la revue suédoise " **Varia** " (X^{bre} 1902), comme suit :

Si l'on veut un contraste frappant avec la *Joueuse de guitare* (1895), on doit étudier l'eau forte presque du même temps, l'*Irlandaise*. Autant la première est aimable, innocente, presque naïve, autant l'Irlandaise, exprime la passion. Toute la planche est un contraste passionné, presque lugubre, du plus noir au blanc de spectre, un contraste où toutes les couleurs chaudes prennent part, invisiblement. On voit les yeux cerclés de noir, avec leur blanc bleuâtre, les lèvres rouges de passion et de fard, les cheveux de jais s'agitant aussi abondamment et impatiemment que les sensations secouent la poitrine opulente, contre laquelle la fille capricieuse d'Erin (L'Irlande) presse la main presque douloureusement. C'est une femme de la famille de Baudelaire et de Edgar Allen Poe — la femme qui éveille le désir le plus chaud, l'horreur la plus mortelle, la haine la plus amère en un mot, la femme-calice du plus doux et du plus dangereux poison.

Dans l'œuvre gravé de P.-A. Besnard, figure une pièce connue sous le titre « *Réflexion* » et qui a été gravée sans aucun doute d'après le même modèle qui a servi à Zorn. L'on retrouve en effet, dans la figure gravée par l'artiste français, un caractère absolument identique à celui de l'*Irlandaise*. La pose du personnage est présentée toutefois par Besnard, d'une façon différente de celle choisie par Zorn.

Cuivre détruit.

85. — DIMANCHE MATIN EN DALARNE

(H. 376 millim. L. 196)

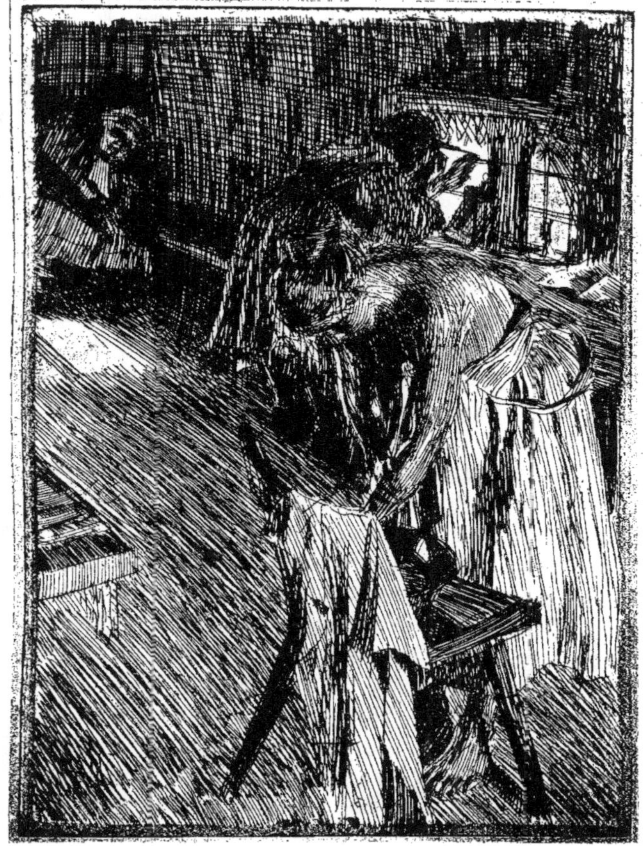

(1894) — 1ᵉʳ état   (Cat. F. de Schubert, n° 63 — 1 seul état décrit).

1ᵉʳ Etat. Avant divers travaux, notamment avant les nombreuses contre-tailles à la pointe sèche sur le
       plancher, puis sur la chemise de la femme du 1ᵉʳ plan. De toute rareté, **L'état reproduit.**
       Collection de Mᵐᵉ H. Guérard, M. Ch. Deering.

2°   — Avec les travaux mentionnés ci-dessus. Rare. Musée de Stockholm, Bibliothèque Nationale,
       Cabinets des Estampes de Dresde et de Copenhague, Kunsthalle de Brême, Mᵐᵉ Olga Bratt,
       MM. A. Beurdeley, Dʳ W. von Dietel, Th. Laurin, H. Lundbohm, G. Petitdidier, A. Strölin,
       G. Teyssier (épr. de Gerbeau), Dʳ D. Weber.

Tiré à vingt-cinq épreuves.

———————

VENTES : A. Barrion (1904), 2ᵉ état, 60 fr. ; J. Gerbeau (1908) 2ᵉ état, 290 fr.

———————

La peinture du *Dimanche matin en Dalarne*, appartenant à M. Rudolphe Mosse, à Berlin.

Cuivre détruit.

86. — Mme LAMM, BELLE-MÈRE DE L'ARTISTE

1re planche

(H. 225 millim. L. 177)

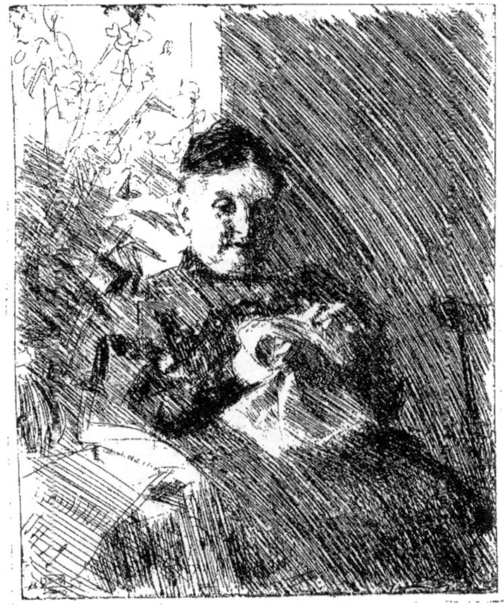

1894   (Cat. F. de Schubert, 1.° 64 — 1 seul état décrit).

De toute rareté. Tiré à 4 ou 5 épreuves.

Musée de Stockholm, Kunsthalle de Hambourg.

Cuivre détruit.

87. — Mme LAMM

2e planche

(H. 236 millim. L. 156)

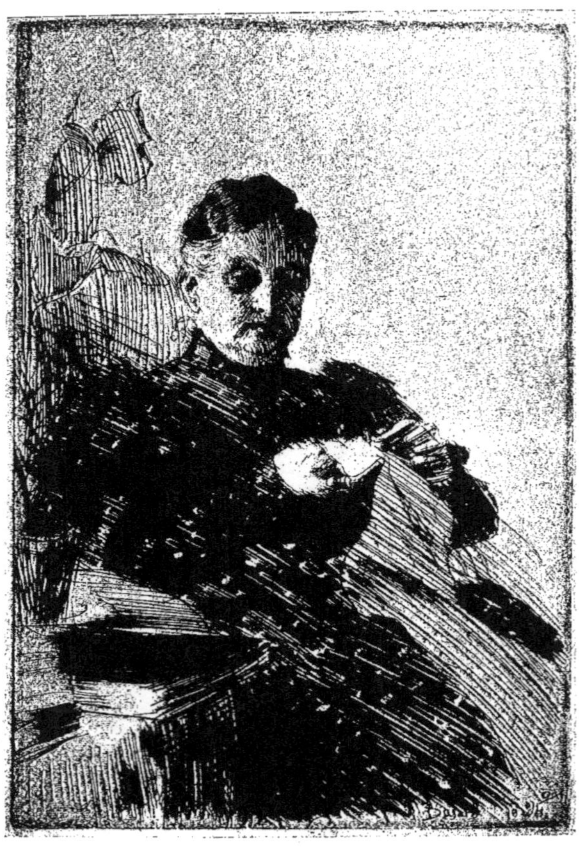

1894   (Cat. F. de Schubert, n° 65 — 1 seul état décrit).

Eau-forte tirée jusqu'à ce jour à une dizaine d'épreuves.

Musées de Stockholm et de Göteborg, Bibliothèque Nationale, Kunsthalle de Hambourg, M. et Mme A. Curtis, MM. Ch. Deering, Th. Laurin, G. Rystedt père, G. Teyssier.

Le cuivre existe.

88. — JEUNES GENS AU BAIN

(L. 140 millim. H. 099)

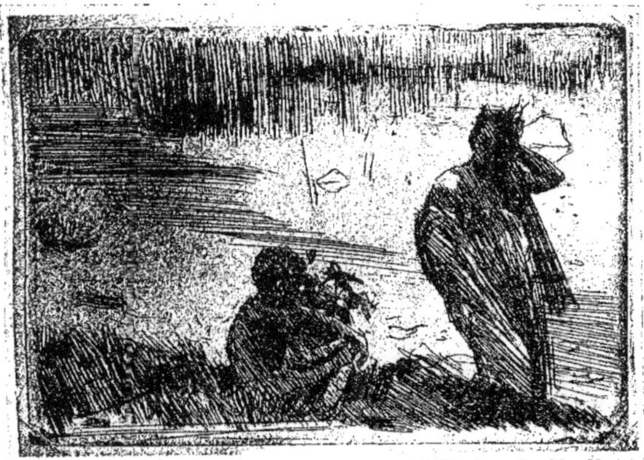

(1894) (Cat. F. de Schubert, n° 66 — 1 seul état décrit).

Très rare. Tiré à une dizaine d'épreuves.

Musées de Stockholm et de Hambourg, Bibliothèque Nationale, Cabinet des Estampes de Copenhague,
MM. Ch. Deering, Th. Laurin, E. Thiel.

Cuivre détruit.

89. — DEUX BAIGNEURS DANS LE LAC

(L. 157 millim. H. 120)

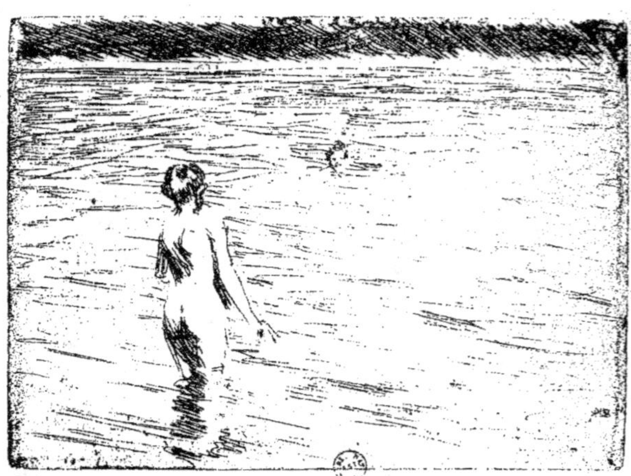

(1894)   (Cat. F. de Schubert, n° 67 — 1 seul état décrit).

Très rare. Tiré à 15 ou 18 épreuves.

Musées de Stockholm et de Göteborg, Kunsthalle de Hambourg, Bibliothèque Nationale, Cabinet des Estampes de Copenhague, M. et Mme A. Curtis, MM. Ch. Deering, Th. Laurin, E. Mutiaux, A. Strölin, H. Sederholm, E. Thiel.

———

VENTE : J. Gerbeau (1908), 170 fr.

Cuivre détruit

(H. 236 millim. L. 160)

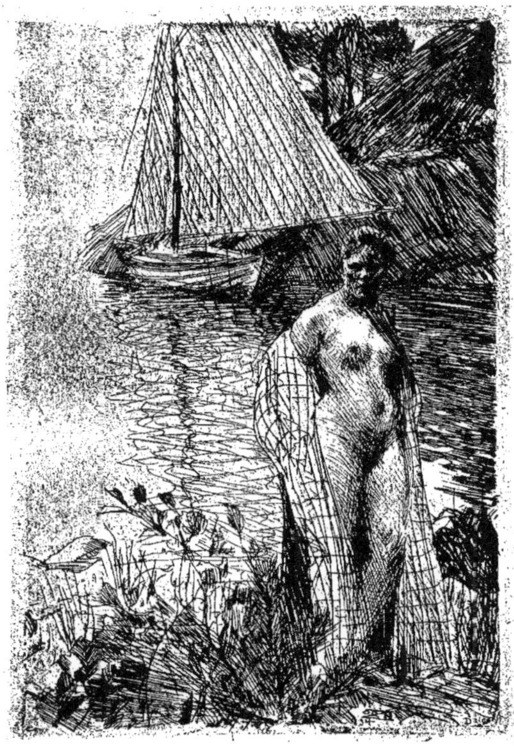

1894 — 4ᵉ état.   (Cat. F. de Schubert. nᵒ 68 — 4 états décrits).

1ᵉʳ État. Avant les tailles à la pointe sèche sur la voile du bateau, le bateau presque blanc. Egalement avant divers travaux sur la cuisse gauche du modèle. Musées de Stockholm et de Hambourg.

2ᵉ — Avec l'addition de divers travaux, notamment avec des traits obliques sur le talus du fond, mais avant les tailles verticales sur la voile du bateau. Musée de Budapest, M. G. Eissler.

3ᵉ — Avec les tailles verticales sur la voile du bateau, mais avant les tailles obliques sur le vêtement du modèle. Collection de MM. A. Strölin, Ern. Thiel.

4ᵉ — Des tailles verticales à la pointe sèche sont ajoutées sur la draperie du modèle, à droite. **L'état reproduit.** Bibliothèque Nationale, Kunst-Institut de Francfort-sur-le-Mein, Cabinets des Estampes de Dresde et de Copenhague, M. et Mᵐᵉ A. Curtis, MM. A. Beurdeley, Th. Laurin, C. A. Ossbahr, G. Petitdidier, G. Teyssier.

————

VENTES : A. Barrion (1904), 112 fr.; Anonyme (14 avril 1908), 4ᵉ état, 511 fr.; Georges S*** (G. Simon, 1908), 2ᵉ ou 3ᵉ état, 305 fr.; J. Gerbeau (1908), 4ᵉ état, 440 fr.

————

Cette très belle planche, l'une des plus caractéristiques de l'œuvre, n'a été tirée qu'à 25 ou 30 épreuves.

Cuivre détruit.

91. — Mme ARMOUR

(H. 238 millim. L. 159)

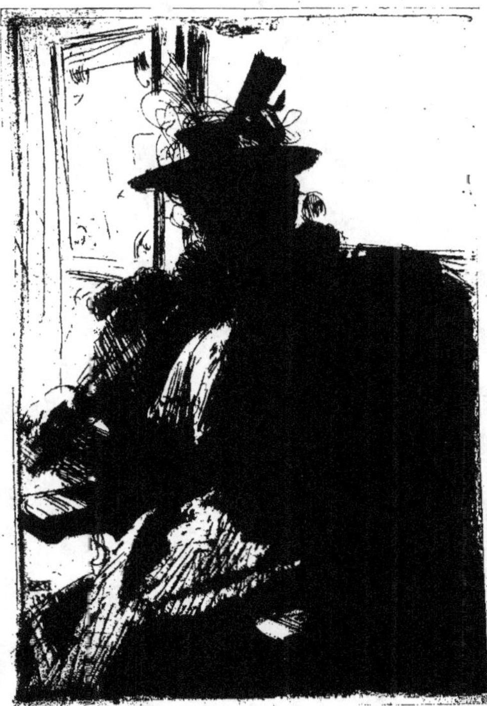

1894 — 2ᵉ *état*.   (Cat. F. de Schubert, nº 69 — 1 seul état décrit).

1ᵉʳ État. Avant quelques travaux obliques sur la robe, dans la lumière, et avant quelques autres tailles
   obliques sous la main droite. De toute rareté. Collection de M. G. Petitdidier.

2ᵉ   —   Avec les travaux désignés ci-dessus. **L'état reproduit.** Musées de Stockholm et de Budapest,
   Bibliothèque Nationale, M. et Mme A. Curtis, MM. A. Beurdeley (épr. de Gerbeau), Ch. Deering.

Très rare. Tiré à une dizaine d'épreuves.

VENTE : J. Gerbeau (1908), 2ᵉ état, 200 fr.

Cuivre détruit.

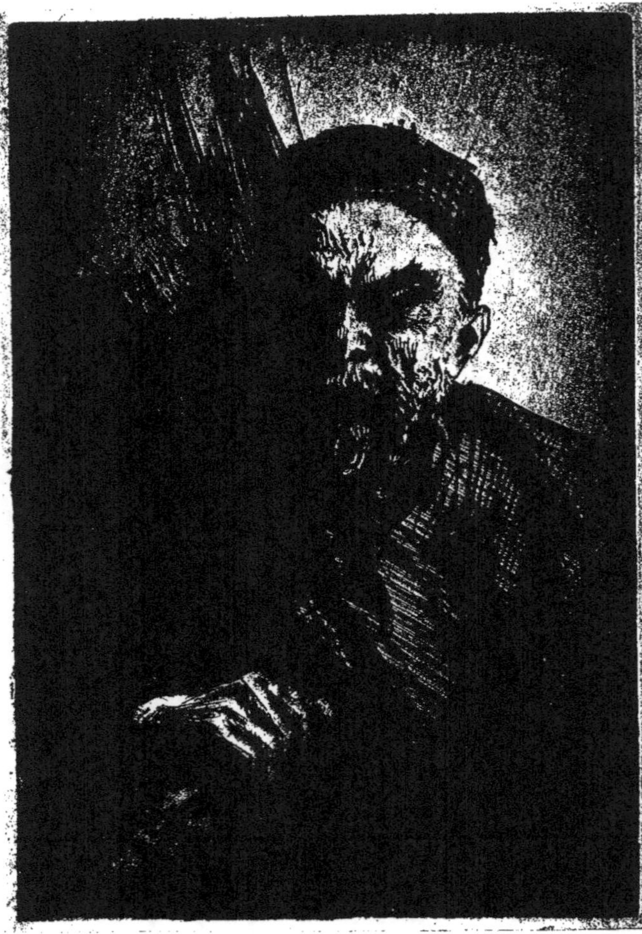

1895 — 2e état.   (Cat. F. de Schubert, n° 70 — 3 états décrits).

1er État. Avant un grand nombre de travaux à gauche, dans l'ombre portée. Très rare. Collection de MM. Ch. Deering, Th. Laurin.

2ᵉ État. **L'état reproduit.** Musée des Arts Graphiques de Leipzig, M. A. Strölin.

3ᵉ — De nouveaux travaux ont été ajoutés dans le fond à gauche, vers le haut. État publié par la
revue allemande PAN. Cabinet des Estampes de Dresde, Bibliothèque Nationale, etc.

———

Paul Marie Verlaine, né à Metz en 1844, mort à Paris en 1896, est l'un des poètes les plus délicats
et les plus déconcertants à la fois de la seconde moitié du XIXᵉ siècle. D'une famille originaire des
Ardennes, Paul Verlaine fut mis à Paris au lycée Bonaparte. D'abord employé dans une compagnie
d'assurances, Verlaine publia sans arriver à la notoriété, les *Poèmes saturniens* (1866), les *Fêtes galantes*
(1869), la *Bonne chanson* (1870). Compromis après la Commune pour avoir donné asile à des révolution-
naires, Verlaine se réfugia d'abord en Angleterre, puis en Belgique, et revint à Paris; à la suite d'une
brouille avec le poète Arthur Raimbaud, l'auteur des *Fêtes galantes*, tira sur son ex-ami; condamné pour
ce fait, par la cour de Brabant, Verlaine purgea sa peine à Bruxelles et à Mons, et c'est au cours de son
emprisonnement qu'il écrivit ses *Romances sans paroles* (1874) et qu'il ébaucha *Sagesse*, publié en 1882.
De retour en France, Verlaine fut un moment titulaire d'une chaire au collège de Rethel; revenu enfin à
Paris, après diverses péripéties, Verlaine mena une vie errante, tour à tour misérable ou malade. Le beau
talent de Verlaine le faisait admirer de ses confrères, et après la mort de Leconte de Lisle, il fut élu par
eux « prince des poètes ».

Verlaine — a dit J.-K. Huysmans, dans *Certains* — est évidemment allé aux confins de la poésie,
là où elle s'évapore complètement et où l'art du musicien commence.

———

Pour le tirage relatif à l'édition du PAN, du portrait de *Verlaine*, voir la note concernant cette
publication, au Nᵒ 66 (Mᵐᵉ Simon, 2ᵉ planche).

Cuivre détruit.

2ᵉ planche

(H. 240 millim. L. 159)

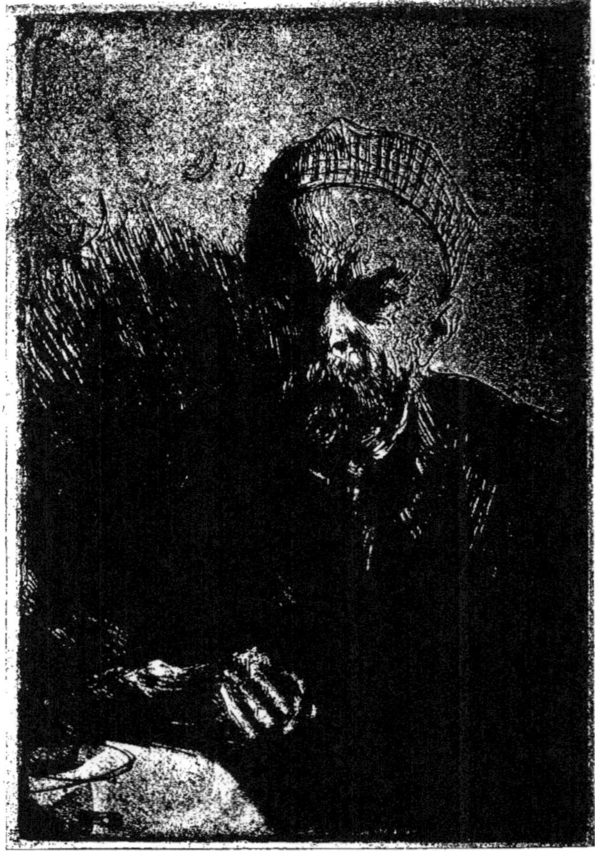

(1895) — *2ᵉ état.*   (Cat. F. de Schubert, nᵒ 71 — 2 états décrits).

Très rare. Tiré à 12 épreuves.

1ᵉʳ État. Avant un certain nombre de travaux, dans l'ombre portée, à gauche. Fort rare. Collection de
      M. et Mᵐᵉ A. Curtis, M. Ch. Bermond.

2ᵉ   — L'état reproduit. Très rare. Cabinet des Estampes de Dresde, MM. Ch. Deering, A. Strölin.

Cuivre détruit.

(H. 238 millim. L. 160)

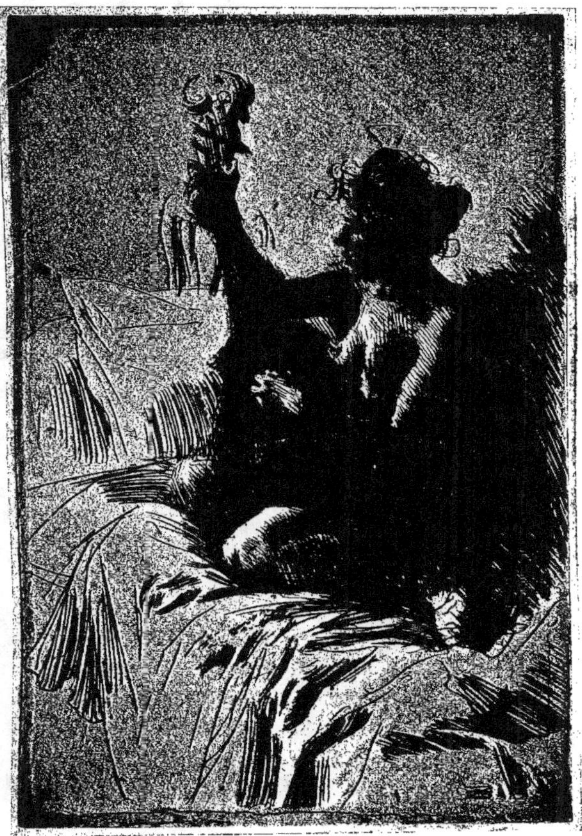

1895   (Cat. F. de Schubert, n° 72 — 1 seul état décrit).

Musée de Stockholm, Bibliothèque Nationale, S. A. R. le Pᶜᵉ Eugène de Suède, M. et Mᵐᵉ A. Curtis, MM. Ch. Deering, G. Haviland, Th. Laurin, G. Teyssier, etc.

VENTES : Anonyme (16 mai 1903), sous le titre : Souvenir, 41 fr.; J. Gerbeau (1908), 185 fr. et 150 fr.

Le cuivre existe.

(H. 238 millim. L. 158)

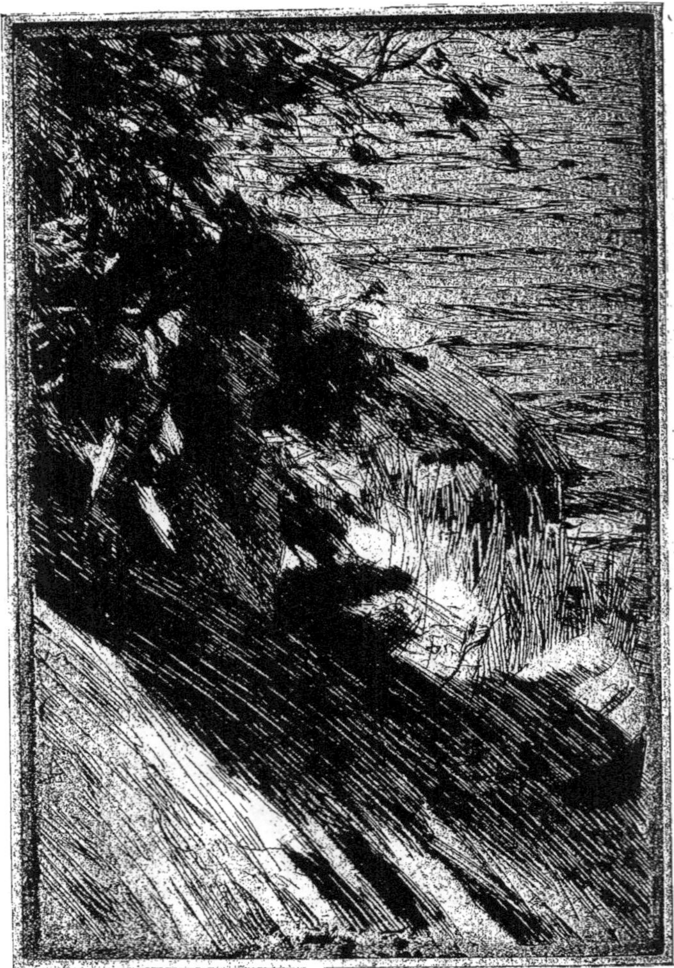

(1895) (Cat. F. de Schubert, n° 73 — 1 seul état décrit).

De toute rareté. Tiré à 5 épreuves.

Nous n'avons rencontré de cette belle eau-forte, connue aussi sous le titre : *Jeune fille se baignant*, que trois exemplaires, dont l'un est conservé par Anders Zorn dans sa collection privée. M. Ch. Deering, à Chicago, en possède également une épreuve.

Cuivre détruit.

96. — M. ET Mme PONTUS FURSTENBERG
(L. 277 millim. H. 197)

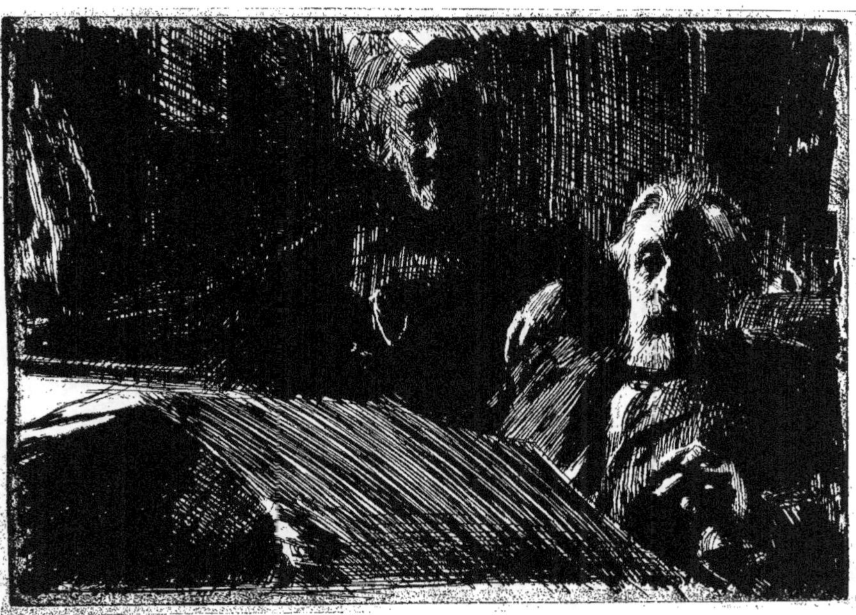

1895 — 1er état.   (Cat. F. de Schubert, n° 74 — 3 états décrits).

1er État. **Celui reproduit.** Fort rare. Cabinet des Estampes de Berlin, M. et Mme A. Curtis, Mme H. Guérard, MM. Ch. Bermond, Ch. Deering, Loys Delteil.

2e — La partie basse de la fenêtre, dans le fond, vers la gauche, a été éclairée fortement au moyen
   du brunissoir. Rare. Collection de MM. Max Biach, Ch. Deering, H. Lamm, E. Thiel.

3e — Entre la fenêtre et la table, de nouveaux travaux ont été ajoutés, se subordonnant presque entièrement à ceux qui existaient dans les deux états précédents. État signalé par M. F. de
   Schulbert-Soldern. Rare.

Musées de Stockholm et de Göteborg, Bibliothèque Nationale, Cabinet des Estampes de Copenhague,
S. A. R. le P^ce Eugène de Suède, MM. Richard Bergh, Th. Laurin, G. Petitdidier, Bon R. F. von Willebrand.

VENTES : Anonyme (14 avril 1908), 3e état, 240 fr.

Pontus Furstenberg était un amateur de Göteborg, ville où il fonda la Galerie Furstenberg, englobée
après sa mort dans le Musée de la Ville dont il forme le noyau ; sa collection comprenait spécialement
des œuvres d'artistes suédois, norwégiens et danois modernes, pour lesquels il était un intelligent Mécène.
Né en 1827, P. Furstenberg est mort en 1902.

Cuivre détruit.

(H. 270 millim. L. 195)

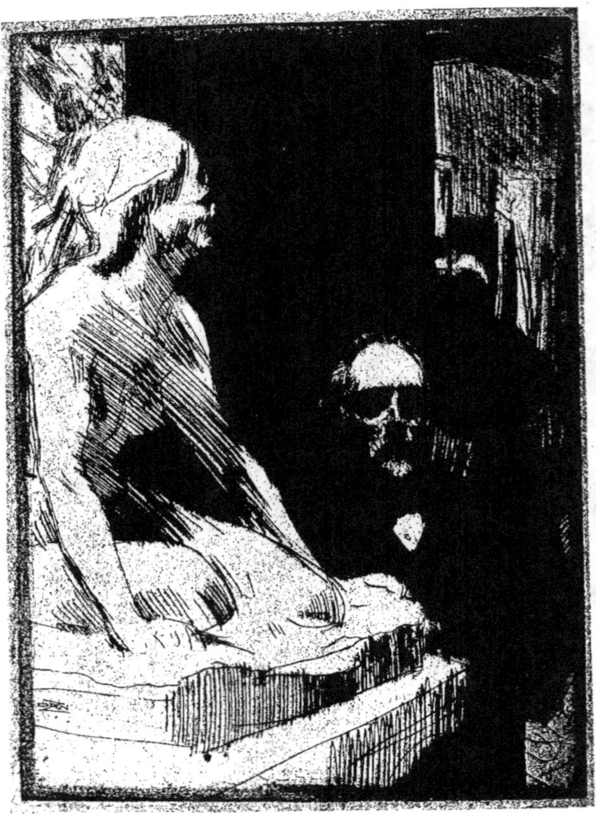

(1895) (Cat. F. de Schubert, n° 75 — 1 seul état décrit).

De toute rareté. Musée de Stockholm, Bibliothèque Nationale, MM. A. Strölin, G. Teyssier.

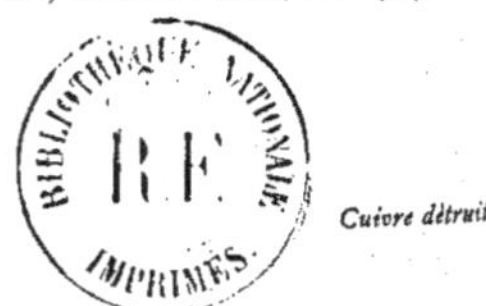

Cuivre détruit.

98. — Mᵐᵉ ANNA WALLENBERG (née von SYDOW)

(L. 273 millim. H. 196)

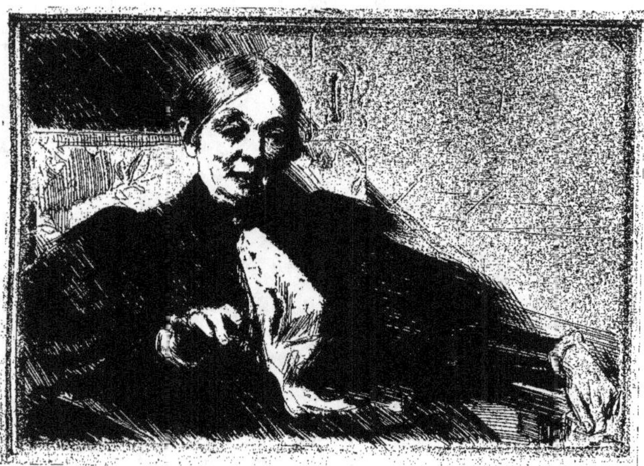

1895   (Cat. F. de Schubert, n° 76 — 1 seul état décrit).

De toute rareté.

Nous n'avons rencontré de cette eau-forte tirée à 4 ou 5 épreuves seulement, que deux exemplaires possédés par le Cabinet des Estampes de Berlin et M. Ch. Deering.

Cuivre détruit.

17

99. — EFFET DE NUIT

1ʳᵉ planche

(H. 274 millim. L. 198)

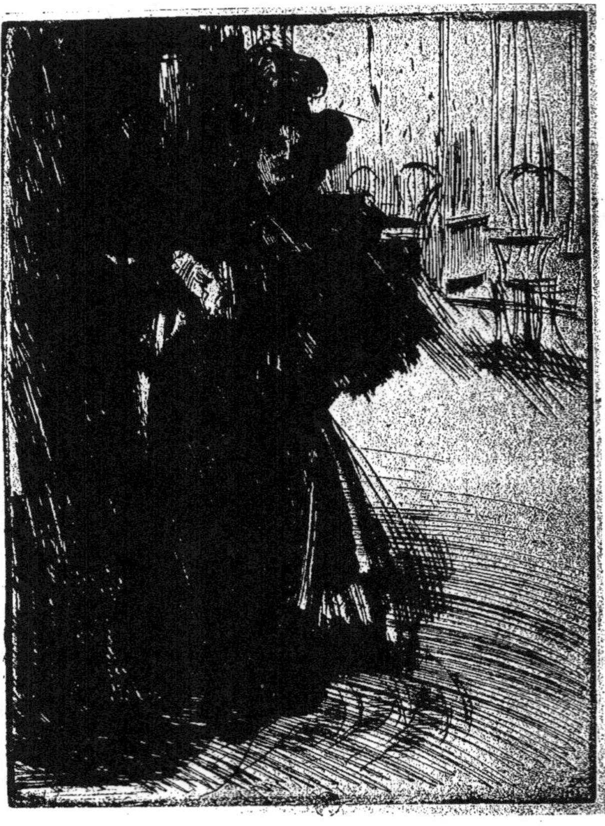

1895 — 2ᵉ état.   (Non cat. par F. de Schubert).

Fort rare.

1ᵉʳ État. Avant six tailles perpendiculaires obliquant à G., sur la partie claire du corsage de la femme.

2ᵉ — Avec les six tailles signalées ci-dessus. **L'état reproduit.** Bibliothèque Nationale, M. Th. Laurin.

———

Ce sujet, inspiré d'une peinture qui se trouve au Musée de Göteborg, a été regravé deux autres fois par Zorn (voir les nᵒˢ 109 et 140); les trois planches différentes figurèrent à une exposition d'ensemble d'eaux fortes de Zorn, organisée en 1899 à New-York, par M. F. Keppel.

1ʳᵉ planche   2ᵉ planche

(H. . . millim. L. . . .)   (H. 239 millim. L. 160)

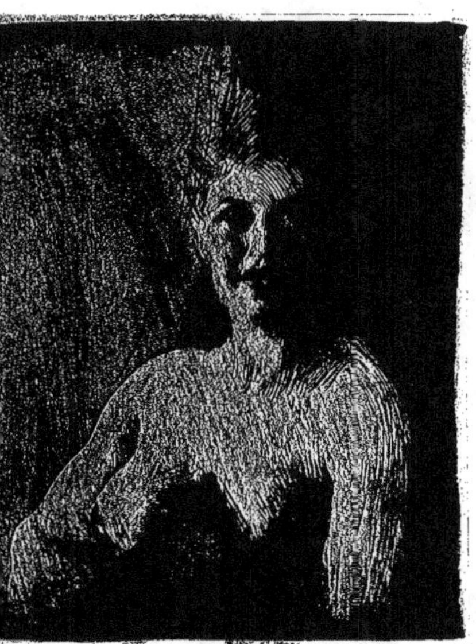

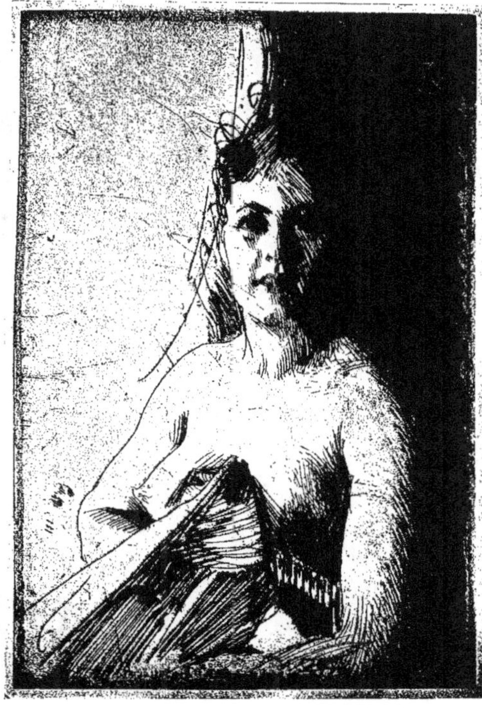

(Cat. F. de Schubert, nº 77 — 1 seul état décrit).

es deux planches sont fort rares ; une épreuve ce chaque planche
ie de la collection privée de l'artiste ; une épreuve de la 2ᵉ planche
e à la Bibliothèque Nationale.

(Non cat. par F. de Schubert).

Cuivres détruits.

102. — ACTE FÉMININ

3ᵉ planche

(H. 175 millim. L. 116 ?)

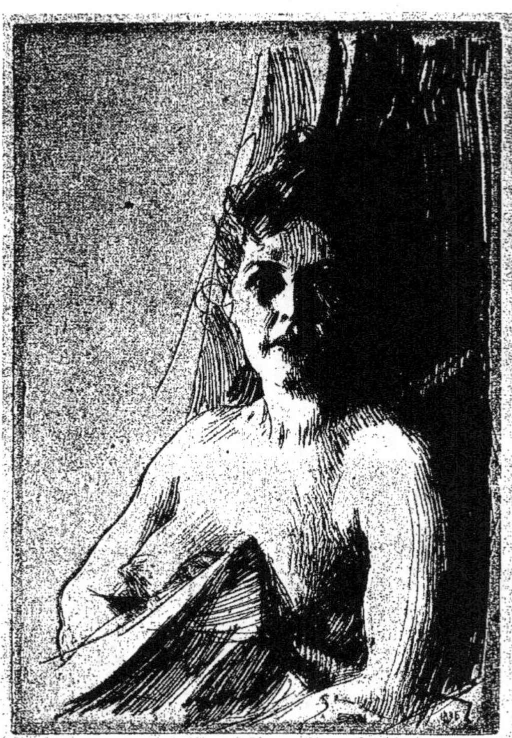

1896   (Non cat. par F. de Schubert).

Nous ne connaissons, de cette troisième planche de l'*Acte féminin*, que l'épreuve possédée par M. Ch. Deering, à Chicago.

Cuivre détruit?

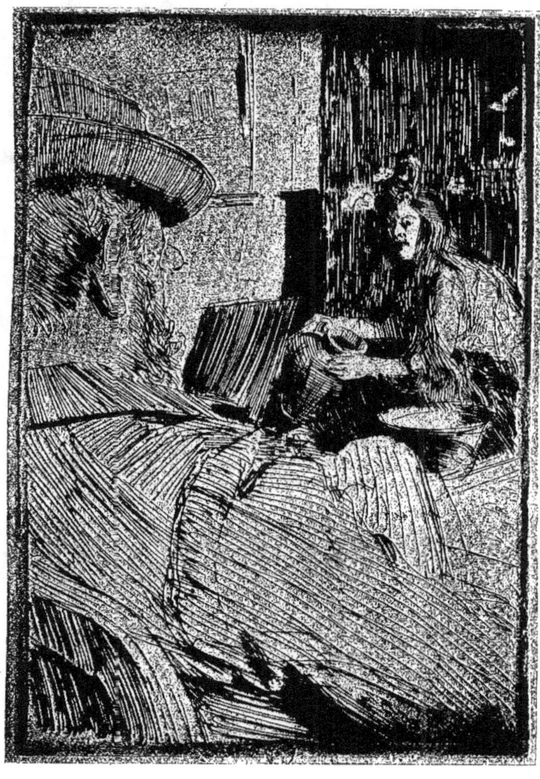

(1896)   (Cat. F. de Schubert, nº 78 — 1 seul état décrit).

Rare. Tiré à une vingtaine d'épreuves.

Musées de Stockholm et de Budapest, Bibliothèque Nationale, Cabinet des Estampes de Copenhague, MM. Ch. Bermond, Ch. Deering, G. Haviland, Th. Laurin, G. Petitdidier, A. Strölin, E. Thiel.

VENTE : J. Gerbeau (1908), 135 fr.

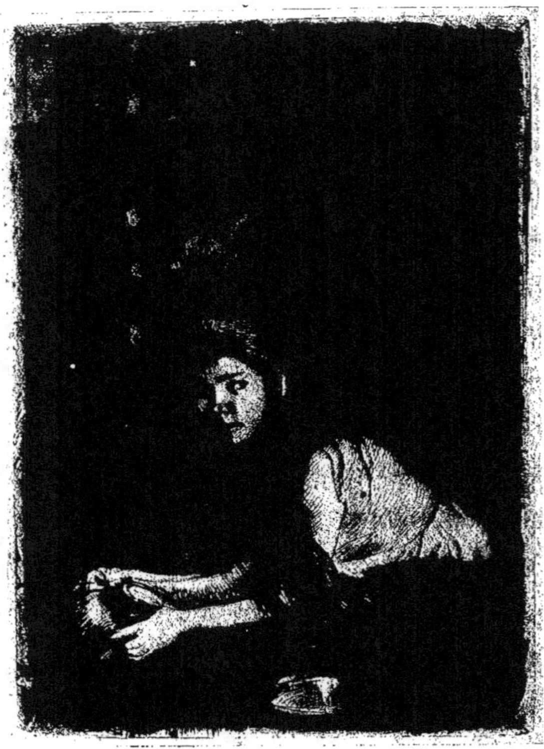

(Eau-forte gravée par Besnard, pendant que Zorn était occupé à le graver.)

Paul-Albert Besnard, peintre, graveur à l'eau-forte et lithographe, est né à Paris, le 2 juin 1849. Elève de Cabanel, Albert Besnard, prix de Rome en 1874, a débuté au Salon de 1868 et a, depuis, continué d'exposer à peu près tous les ans au Salon des Champs-Elysées d'abord, puis, après la scission des artistes, à la Société Nationale.

Une exposition d'ensemble de ses œuvres — peintures, aquarelles, pastels, dessins, eaux-fortes — a eu lieu chez Georges Petit, au mois de juin 1905.

Les principales œuvres d'Albert Besnard sont ses décorations du vestibule de l'Ecole de Pharmacie, de la Salle des Mariages du Ier Arrondissement de Paris, de la nouvelle Sorbonne. A. Besnard a peint de nombreux portraits ainsi que des têtes de fantaisie dans lesquels il a excellé à rendre les reflets les plus imprévus. Albert Besnard excelle également dans le pastel et dans ce genre il a produit des œuvres d'un sens très délicat.

Parmi ses eaux-fortes, on cite : *Dans les Cendres, Apparition, La Mère malade* et l'eau-forte ci-dessus reproduite.

Cuivre détruit.

104. — Mme GERDA HAGBORG

(H. 240 millim. L. 161)

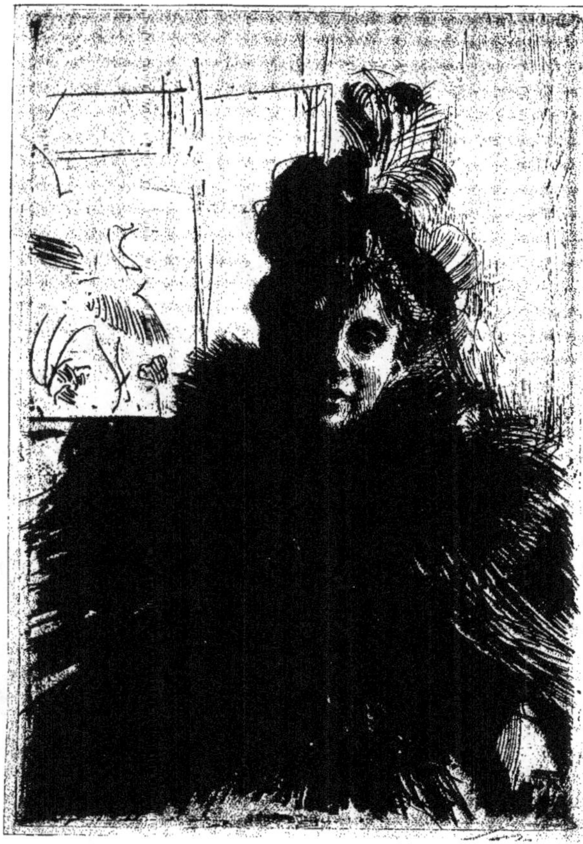

1896 — 2ᵉ *état.*   (Cat. F. de Schubert, n° 79 — 1 seul état décrit).

1ᵉʳ État. Avec de fortes tailles perpendiculaires formant ombre à droite. Fort rare.

2ᵉ — L'ombre à droite, est effacée au brunissoir. Rare. **L'état reproduit.** Musée de Stockholm, Biblio-thèque Nationale, Kunsthalle de Brême, Musée des Arts Graphiques de Leipzig, Cabinet des Estampes de Copenhague, M. et Mᵐᵉ A. Curtis, Mᵐᵉ H. Guérard, MM. Ch. Deering, Loÿs Delteil, G. Haviland, Th. Laurin, G. Petitdidier, G. Teyssier (épr. de Gerbeau).

VENTES : Anonyme (16 mai 1903), 2ᵉ état, 56 fr.; J. Gerbeau (1908), 2ᵉ état, 360 fr.

Cette eau-forte, exposée au **Salon de la Société Nationale** (année 1896), n'a été tirée qu'à 25 ou 30 épreuves

Mᵐᵉ Gerda Hagborg, est a femme du peintre suédois Auguste Hagborg, né à Göteborg en 1852, et habitant Paris depuis de longues années.

Cuivre détruit.

105. — Mme POTTER PALMER

(H. 237 millim. L. 158)

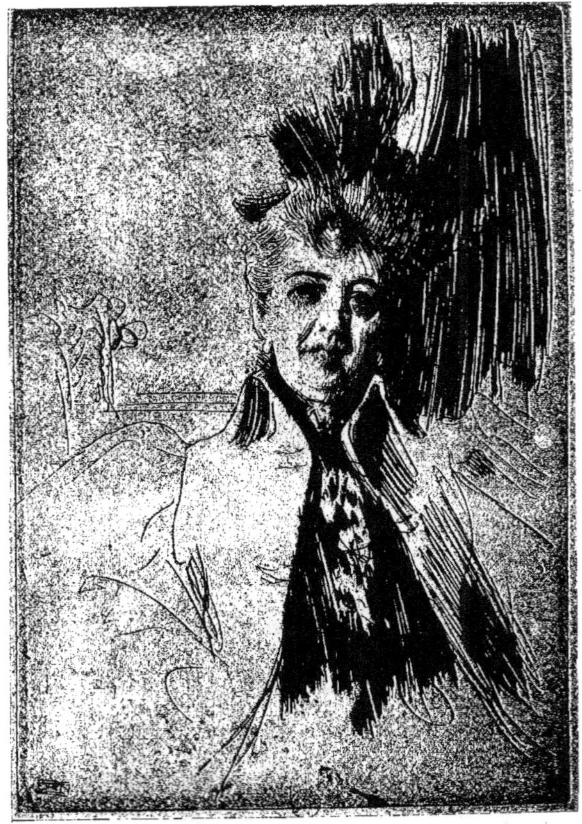

(1896)　　　　　　　　(Cat. F. de Schubert, n° 80 — 1 seul état décrit).

Musée de Stockholm, Bibliothèque Nationale, Cabinet des Estampes de Berlin, M. et Mme A. Curtis, MM. A. Beurdeley, Ch. Deering, Carl Larsson, Th. Laurin, Percy Tamm, E. Thiel, etc.

———

VENTE : J. Gerbeau (1908), 135 fr.

———

Le portrait peint de *Mme Potter Palmer* est en sa possession.

Le cuivre existe.

106. — BAIGNEUSE DE DOS

1re planche

(H. 148 millim. L. 098)

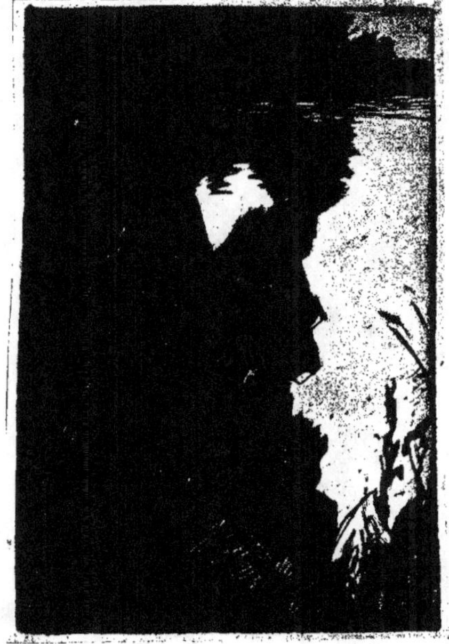

(1896).   (Non cat. par F. de Schubert).

On ne connaît que deux épreuves de cette planche; l'une d'elles qui appartenait à M. et Mme A. Curtis, a été offerte tout dernièrement par ces amateurs, à la Bibliothèque Nationale; la seconde appartient à M. Ch. Deering.

Une épreuve de cette première planche a été exposée chez M. F. Keppel, en *1907*, sous le titre : *Evening* (Soir).

Cuivre détruit.

107. — BAIGNEUSE DE DOS
2ᵉ planche
(H. 240 millim. L. 173)

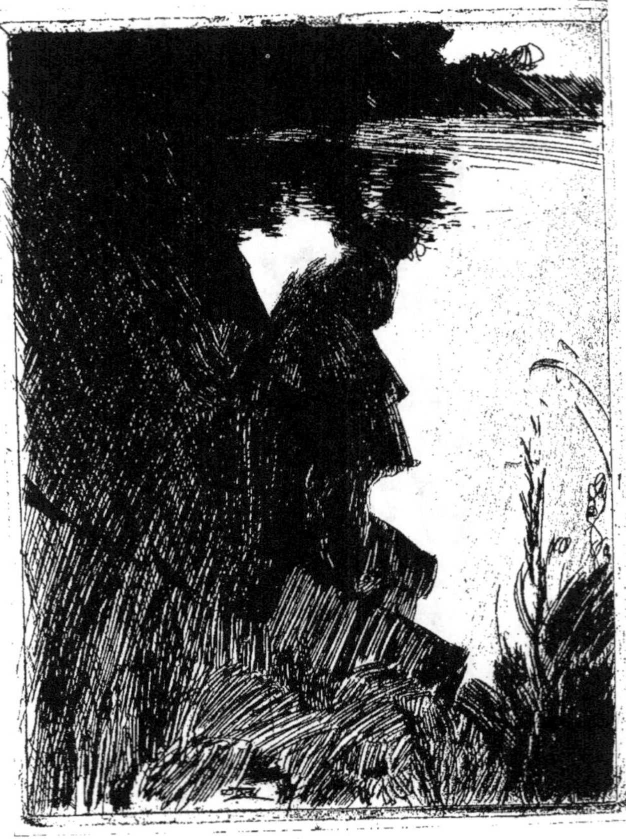

(1896) — 2ᵉ *état*.   (Cat. F. de Schubert, n° 81 — 1 seul état décrit).

De toute rareté. Tiré à 4 ou 5 épreuves.

1ᵉʳ État. Avec la marque de l'étau très apparente, dans le milieu du Haut. Collection de M. Ch. Deering.

2° — Quelques nouveaux travaux ont été ajoutés, à l'endroit où l'étau avait laissé un espace presque blanc. Musée de Stockholm, M. Th. Laurin.

———

Cette planche, ainsi que la précédente et la suivante, sont parfois dénommées : *Sur les Rochers* ou encore *Soir* (Evening).

Cuivre détruit.

108. — BAIGNEUSE DE DOS

3ᵉ planche

(H. 246 millim. L. 157)

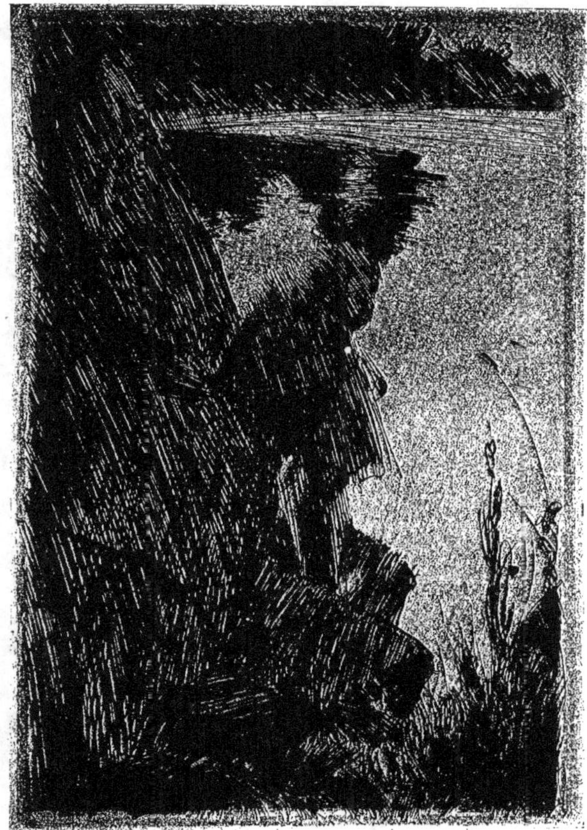

1896 — 1ᵉʳ *état*.　　　　(Cat. F. de Schubert, nº 82 — 1 seul état décrit).

1ᵉʳ État. Avec une partie blanche sur le mollet gauche de la baigneuse. De toute rareté. **L'état reproduit.** Musée de Stockholm.

2ᵉ — La partie lumineuse du mollet gauche de la baigneuse, contre le rocher, est teintée par 4 ou 5 légères tailles obliques. Fort rare. Bibliothèque Nationale, Cabinet des Estampes de Berlin et de Dresde, MM. Ch. Deering, H. Lamm, Th. Laurin, G. Petitdidier, A. Strölin (épr. avec dédicace), A. Zorn.

Cette très belle planche n'a tiré qu'à 11 ou 12 épreuves.

Cuivre détruit.

109. — EFFET DE NUIT

2ᵉ planche

(H. 301 millim. L. 200).

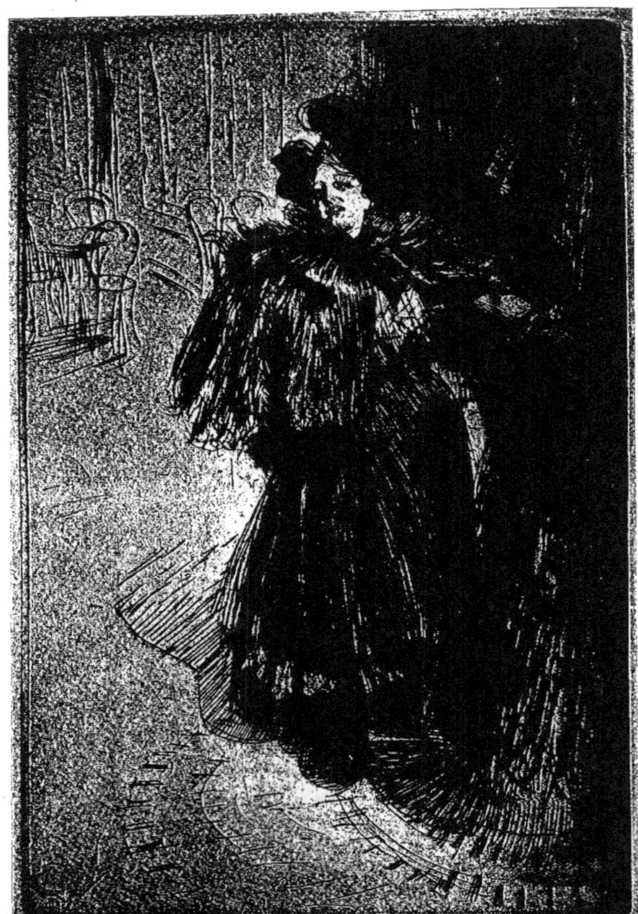

1897 — 2ᵉ état.   (Cat. F. de Schubert, nᵒ 83 — 1 seul état décrit).

Tiré à 35 épreuves.

1er État. Avant les biseaux autour du cuivre. Très rare. Collection de M. et Mme A. Curtis, M. Ch. Doering.

2e — Les bords du cuivre sont biseautés ; par suite de cette opération, les derniers travaux dans le H. à D. ont disparu. L'état reproduit.

Musée de Stockholm, Bibliothèque Nationale, Cabinets des Estampes de Dresde et de Copenhague, Kunsthalle de Brême, Musée des Arts Graphiques de Leipzig, S. A. R. le P^{ce} Eugène de Suède, M. et Mme A. Curtis, MM. A. Beurdeley, O. Gerstenberg, J. Hammar, H. Lamm, Th. Laurin, F. Holmquist, Liljewalch, A. Lindström, C. M. Nisser, G. Petitdidier, G. Rystedt père, Sederholm, F. R. Martin.

VENTES : Anonyme (14 avril 1908), 205 fr.; Georges S. (G. Simon 1908), 250 fr.; ‑. Gerbeau (1908), 320 fr.

Une photogravure de l'*Effet de nuit* a été publiée dans le **Graphischen Kunste** (1905) ; le cuivre mesure : 310 millim. de H. sur 210 de L.

Cuivre détruit.

110. — Mme NAGEL

(H. 238 millim. L. 157)

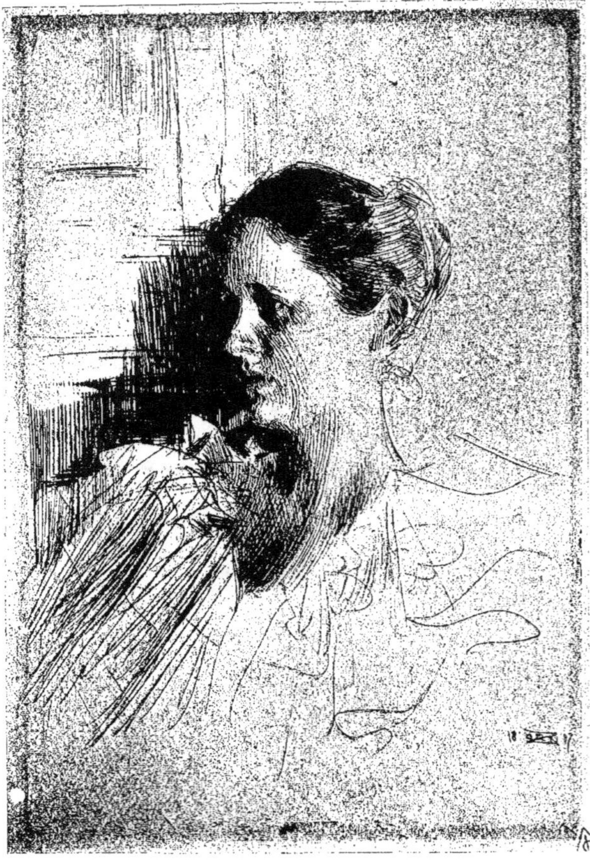

1897   (Cat. F. de Schubert, n° 84 — 1 seul état décrit).

Rare. Tiré à 30 épreuves environ.

Musée de Stockholm, Bibliothèque Nationale, Cabinets des Estampes de Berlin, de Copenhague et de Dresde, Kunsthalle de Brême, M. et Mme A. Curtis, MM. G. Haviland, L. Delteil (épr. de J. Gerbeau), Dr W. von Dietel, Th. Laurin, Pr Helferich, G. Petitdidier, G. Rystedt père, A. Strölin, Ern. Thiel, G. Teyssier.

VENTES : Anonyme (14 avril 1908), 230 fr. ; J. Gerbeau (1908), 240 fr.

Cuivre détruit.

111. — SAINT-GAUDENS ET SON MODÈLE

(L. 199 millim. H. 135)

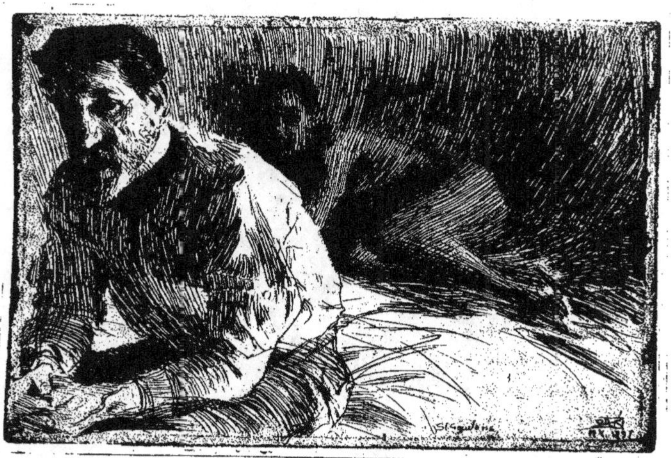

1897   (Cat. F. de Schubert, nᵒ 85 — 1 seul état décrit).

Augustus Saint-Gaudens, sculpteur américain fort réputé, naquit à Dublin le 1ᵉʳ mars 1848 ; il est mort à Cornish (New-Hampshire), en 1907. On cite parmi ses principales œuvres : Adoration de la Croix (Église St-Thomas, New-York) ; Diane (Madison Square, New-York) ; les statues d'Abraham Lincoln et J. A. Logan, à Chicago ; le l'amiral Farragut, à New-York ; du relief commémoratif du colonel R. G. Shaw, à Boston ; enfin le monument du général Sherman, à New-York. Saint-Gaudens, marié en 1877 à Miss Augusta F. Homer, était membre correspondant de l'Institut de France et reçut une médaille d'honneur à l'Exposition Universelle de 1900. Il était également officier de la Légion d'Honneur.

VENTES : Anonyme (14 avril 1908), 80 fr ; J. Gerbeau (1908), 165 fr.

Le cuivre existe.

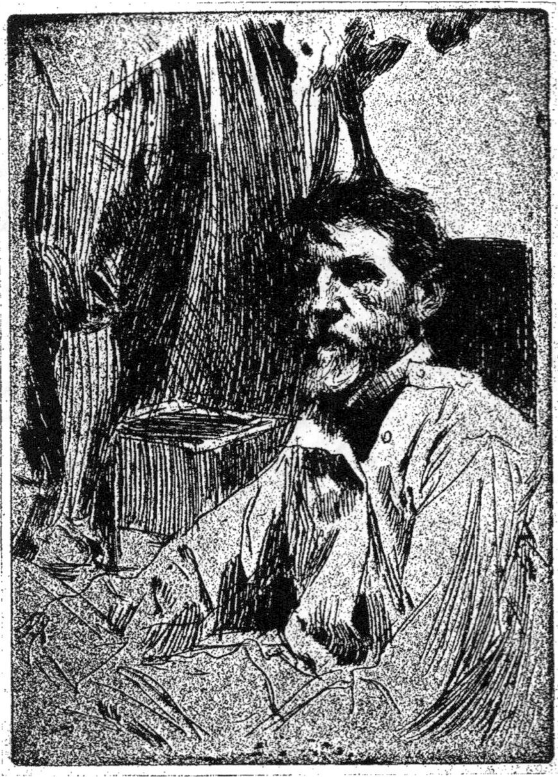

(1897) — *2ᵉ état.*   (Cat. F. de Schubert, nᵒ 86 — 1 seul état décrit.

1ᵉʳ État. Avant les contre-tailles obliques sur le manteau du personnage sculpté, avant divers travaux sur la joue gauche et l'oreille du personnage ; la mèche de cheveux avance moins sur le front du sculpteur. Fort rare.

2ᵉ   —   L'état reproduit.

VENTE : J. Gerbeau (1908), 2ᵉ état, 125 fr.

Le cuivre existe.

113. — M. S. LOEB

(H. 237 millim. L. 157)

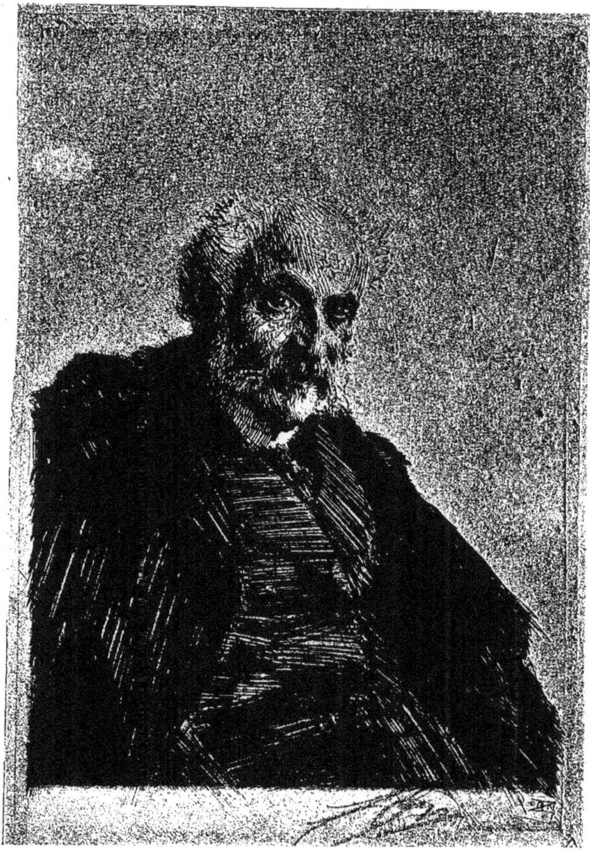

(1897) — *3ᵉ état.*   (Cat. F. de Schubert, nᵒ 87 — 3 états décrits).

1ᵉʳ État. Le front du personnage n'est pas modelé sur le dessus de la tête, dans la partie lumineuse;
également avant quelques travaux sur la pommette droite du personnage. Très rare. Musées
de Stockholm et de Budapest, Bibliothèque Nationale, MM. Ch. Deering, Th. Laurin.

2° État. Avec quelques nouveaux travaux sur le visage. Très rare. Musée des Arts Graphiques de
Leipzig, M. Ern. Thiel.

.3° — Le dessus de la tête est modelé par quelques traits obliques. **L'état reproduit.** Rare. Collection
de M. et Mme A. Curtis, MM. Ch. Deering, A. Strölin.

VENTE : J. Gerbeau (1908), 200 fr.

Le portrait de *M. S. Loeb* a été tiré à une vingtaine d'épreuves.

Le cuivre appartient à M. Jacob Schiff, à New-York.

114. — EDWARD R. BACON

(H. 239 millim. L. 157)

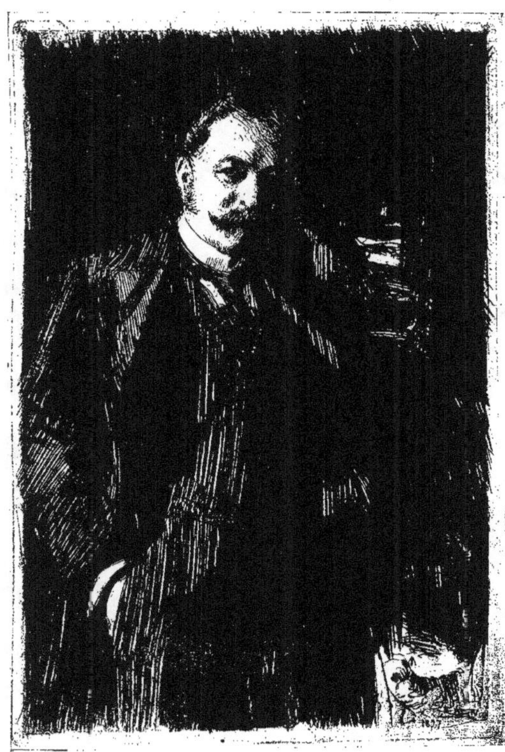

1897 — 2ᵉ *état*.   (Cat. F. de Schubert, nº 88 — 1 seul état décrit).

1er État. Avant quelques travaux à la pointe, sur la partie lumineuse de la figure. Fort rare.

2ᵉ — L'état reproduit. Rare. Bibliothèque Nationale, M. et Mᵐᵉ A. Curtis, MM. Ch. Deering, G. Petitdidier.

3° — Avec des travaux à la roulette ajoutés sur le gilet du personnage, puis sur les endroits clairs du fond, et au B. à D.

VENTE : J. Gerbeau (1908), 2ᵉ état, 140 fr.

La peinture exposée à Paris, au **Salon de la Société Nationale** (année 1897), est en la possession de M. Bacon.

M. Edward Rathbone Bacon, jurisconsulte, le *roi des Chemins de fer* du Nouveau-Monde, est né à New-York, le 22 novembre 1846; après avoir été pendant 18 ans, le conseil de différentes compagnies de chemins de fer, Edw. Bacon est devenu directeur de la *Baltimore & Ohio Cy* et deux autres sociétés fort importantes.

Le cuivre appartient à M. Edw. R. Bacon.

115. — LE MODÈLE FERMANT UNE PORTE

(H. 196 millim. L. 149)

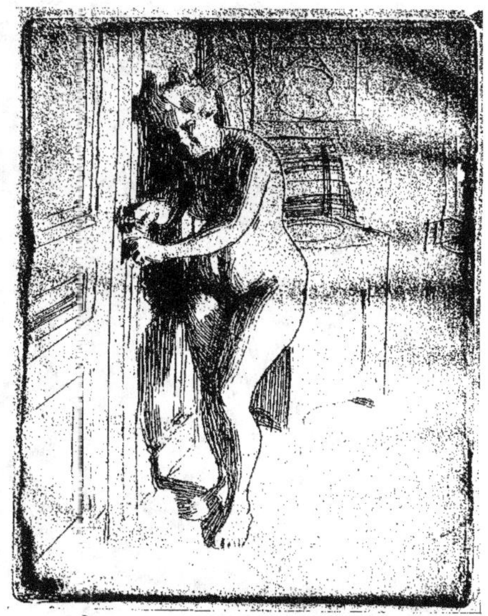

(1897)   (Cat. F. de Schubert, n° 89 — 1 seul état décrit).

Fort rare. Tiré à 8 ou 10 épreuves.

Collection de MM. Th. Laurin, H. Lundbohm, à Kiruna.

Cuivre détruit.

116. — PAYSAN DE MORA

(H. 158 millim. L. 119)

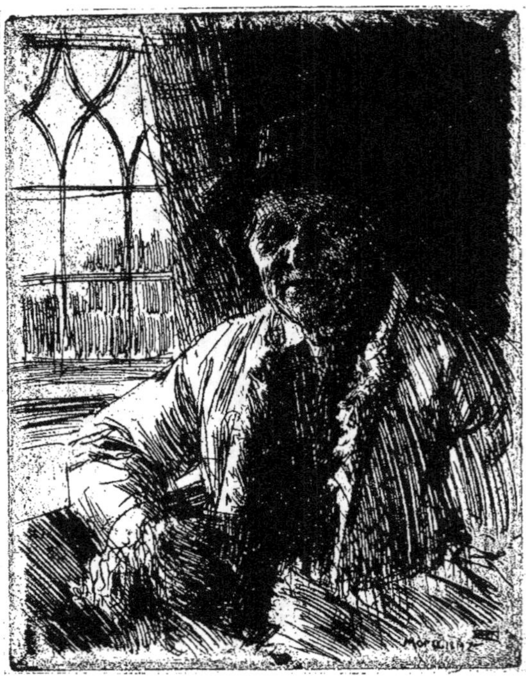

1897   (Cat. F. de Schubert, n° 90 — 1 seul état décrit).

Fort rare. Tiré à une dizaine d'épreuves.
Musée de Stockholm, Bibliothèque Nationale, MM. Th. Laurin, Liljewalch, G. Teyssier.

Cuivre détruit.

(H. 225 millim. L. 147)

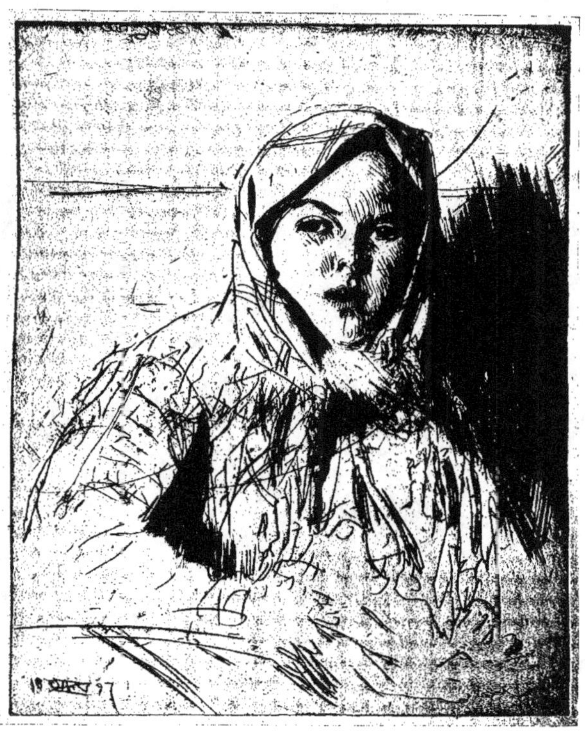

1897   (Cat. F. de Schubert, n° 91 — 1 seul état décrit).

Fort rare. Tiré à une quinzaine d'épreuves.

Musée de Stockholm, Bibliothèque Nationale, Cabinet des Estampes de Copenhague, MM. Ch. Deering, Th. Laurin, Liljewalch, H. Lundbohm, G. Rystedt père, A. Strölin, G. Teyssier, E. Thiel.

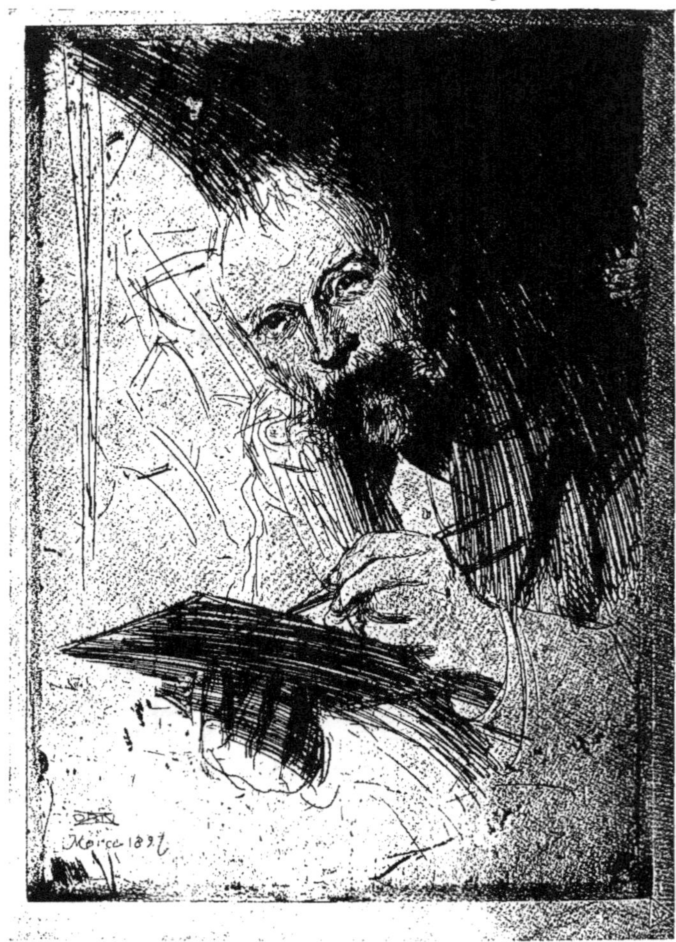

118. — CARL LARSSON

(H. 276 millim. L. 197)

1897   (Cat. F. de Schubert, n° 92 — 1 seul état décrit).

Rare. Tiré à une vingtaine d'épreuves.

Musée de Stockholm, Bibliothèque Nationale, MM. Ch. Deering, Loys Delteil (épr. de Gerbeau), Hallgren, Carl Larsson, Th. Laurin, G. Rystedt père, G. Teyssier, Ern. Thiel.

Carl Larsson, né le 28 mai 1853, est l'un des meilleurs peintres-graveurs que possède la Suède, et il est à la fois très apprécié et aimé par ses compatriotes, en raison de son talent et de l'aménité de son caractère. Fils de parents pauvres, simples ouvriers, il entrait à 16 ans comme élève à l'Académie des Beaux-Arts de Stockholm; tout en étudiant les principes de son art, Carl Larsson exécutait pour vivre des dessins dans un journal amusant. « *Kasper* » et composait des illustrations pour les livres.

En 1876 et 1877, l'artiste suédois séjourna à Paris puis revint en France de 1880 à 1885, et se confina à Grez où il fit des peintures et des aquarelles qui eurent alors beaucoup de succès aux Salons ; l'une d'elles fut achetée pour le Musée du Luxembourg, par l'entreprise d'Antonin Proust.

Marié en 1883 à une femme peintre, Karin Bergöö, C. Larsson fut chargé de 1886 à 1891 de diriger l'Ecole de peinture de Göteborg. A cette époque, il commençait son célèbre triptyque pour la Galerie Furstenberg (Renaissance, Rococo, Art moderne) qui, exposé à Paris en 1889, y obtint une médaille.

De 1891 à 1896, il exécutait à Stockholm, les fresques du Musée national de cette ville, regardées par tous comme son chef-d'œuvre dans le domaine de la peinture décorative, où excelle d'ailleurs Carl Larsson.

L'œuvre peint de Carl Larsson est important, et comme son compatriote et ami Anders Zorn, il a exécuté de forts belles aquarelles. Nous mentionnerons parmi ses peintures et aquarelles : *Ma Maison* (Musée de Stockholm), *Ma Famille* (collection de M. Th. Laurin), les portraits de Strindberg, Selma Lagerlöf, O. Levertin, etc.

Son œuvre gravé et lithographié qui comprend environ 60 pièces, est fort intéressant aussi, et nous devons signaler les œuvres suivantes : *Graziella* (Fillette nue debout, de profil, 1888). *Teresa Vitti* (modèle assis sur une échelle) 1889. *Lisbeth* (la fille de l'artiste, mangeant, 1894), eau-forte en couleurs; diverses *études de femmes* exécutées au vernis mou (1896), le *portrait de M. G. Upcmark*, 1900, *Karni et Kesti*, *M*^{me} *Larsson peignant sa fille Kesti*, *St-Georges et le Dragon*.

Enfin nous ne saurions oublier de dire que Carl Larsson est un délicieux illustrateur et qu'il sait rendre à merveille la grâce enfantine.

Cuivre détruit.

20

119. — ANDERS ZORN

(H . 060 millim. L . 051)

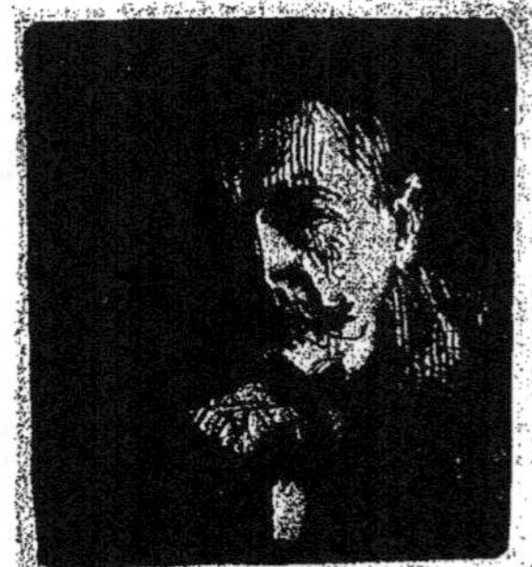

1897
(Cat. F. de Schubert, n° 93 — 1 seul état décrit).

Très rare. Tiré à 9 ou 10 épreuves.

Musées de Stockholm et de Budapest, Bibliothèque Nationale, M. et Mme A. Curtis, MM. Ch. Deering, G. Eissler, Ern. Thiel.

Anders Zorn s'est gravé plusieurs fois (voir les n°s 31, 37, 148, 179, 180 et 184).

Cuivre détruit.

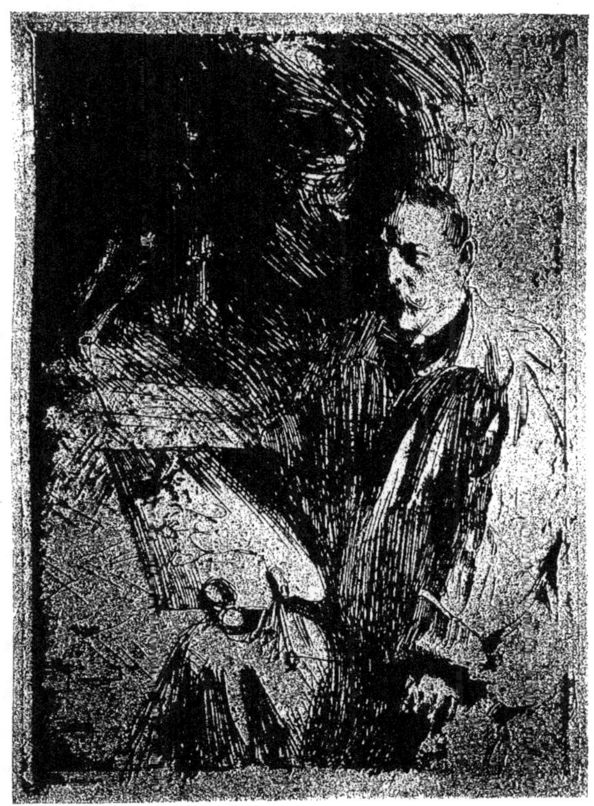

1897.   (Non cat. par F. de Schubert).

Nous ne connaissons qu'une seule épreuve de la première planche de *Zorn et son Modèle*; elle fait partie de la collection de M. Ch. Deering, à Chicago.

Cuivre détruit.

(H. 100 millim. L. 074)

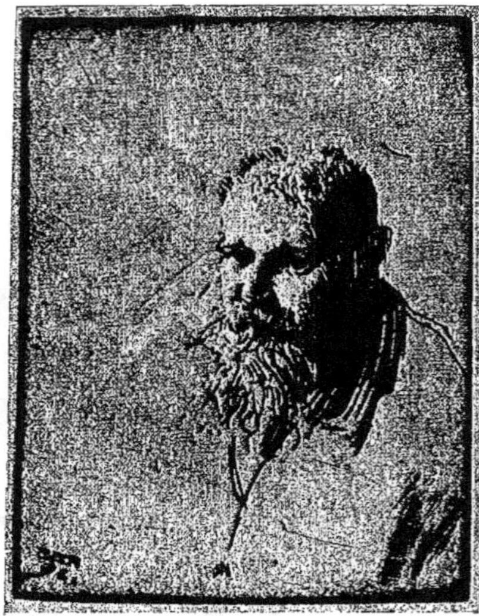

1898   (Cat. F. de Schubert, n° 94 — 1 seul état décrit).

Fort rare. Tiré à 8 ou 10 épreuves.

Musée de Stockholm, Bibliothèque Nationale, M. et Mme A. Curtis, MM. Helferich, Th. Laurin, Ern. Thiel.

———————

Le peintre Nils Edvard Kreuger, est né à Kalmar (Suède), le 11 octobre 1858; après avoir étudié à Paris, cet artiste, l'un des meilleurs peintres suédois, est retourné dans sa patrie où son talent bien personnel est très apprécié.

La plus belle réunion d'œuvres de N. Kreuger, se trouve à la galerie de M. Ern. Thiel, à Djurgarden (Stockholm). Le Musée National de Stockholm renferme aussi plusieurs de ses productions, et l'on regarde comme son chef-d'œuvre : *Jour d'été au port de Stockholm*, peinture murale d'une école primaire de cette ville.

Cuivre détruit.

(H. 130 millim. L. 100)

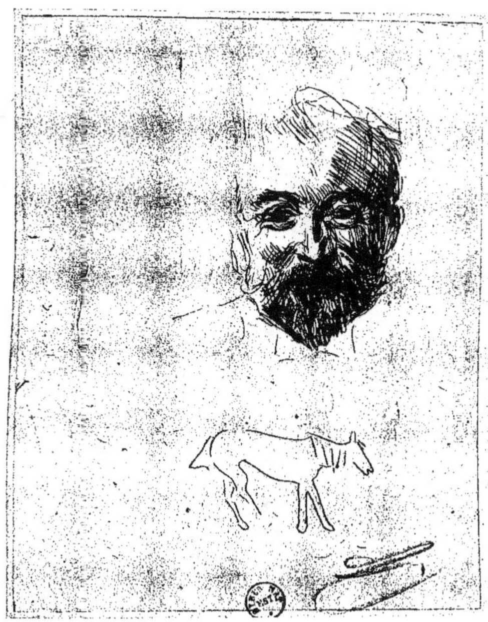

(1898 ?)   (Non cat. par F. de Schubert).

Fort rare. Tiré à 5 ou 6 épreuves.

Bibliothèque Nationale, M. Ch. Deering.

———

Georges Arsenius, peintre et illustrateur, est né à Orebro, dans la province de Nerike (Suède), le 8 juillet 1855; venu en France en 1880, il étudia sous la direction de J.-P. Laurens; après un séjour à Chantilly, G. Arsenius, qui a collaboré comme dessinateur animalier à diverses revues sportives, au *Sport* notamment, est mort à Vineuil, le 14 septembre 1908, à la suite d'une longue malad e. G. Arsenius qui comme la plupart de ses compatriotes, appartenait à la religion protestante, s'était converti au catholicisme à la suite d'un pélerinage à Lourdes.

———

Une épreuve de cette très rare pièce dont la date exacte d'exécution nous est inconnue, a été exposée chez M. F. Keppel, à New-York, en 1899, lors d'une exposition d'ensemble d'eaux-fortes de Zorn,

123. — JEUNE FILLE DE MORA, A LA FENÊTRE

(H. 128 millim. L. 089)

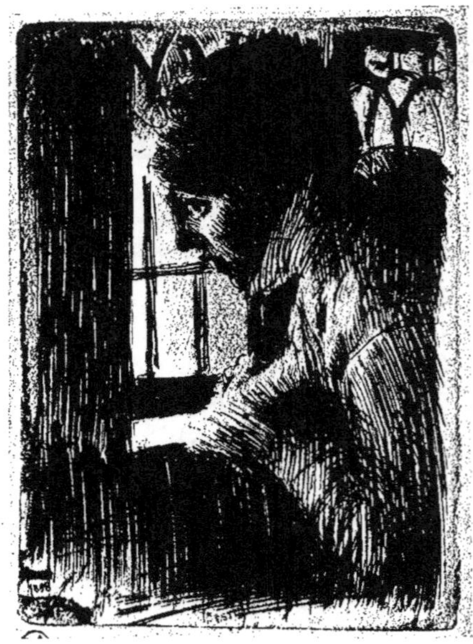

1898   (Cat. F. de Schubert, n° 95 — 1 seul état décrit).

Fort rare. Tiré à 8 ou 10 épreuves.

Musées de Stockholm et de Göteborg, Bibliothèque Nationale, MM. Ch. Deering, Th. Laurin, Liljewalch.

Cuivre détruit.

124. — TÊTE DE JEUNE FILLE

(L. 071 millim. H. 052)

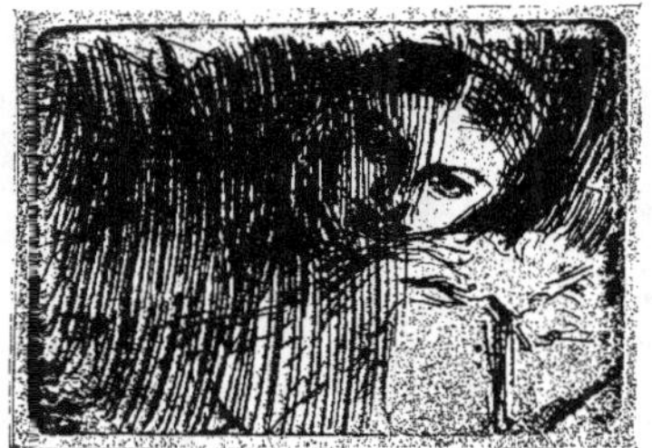

(1891)   (Cat. F. de Schubert, n° 96 — 1 seul état décrit).

De toute rareté. Tiré à 3 ou 4 épreuves.

Musée de Stockholm. M. Ch. Deering.

Cuivre détruit.

125. — VIEILLE BALLADE
1ʳᵉ planche

(H. 130 millim. L. 090)

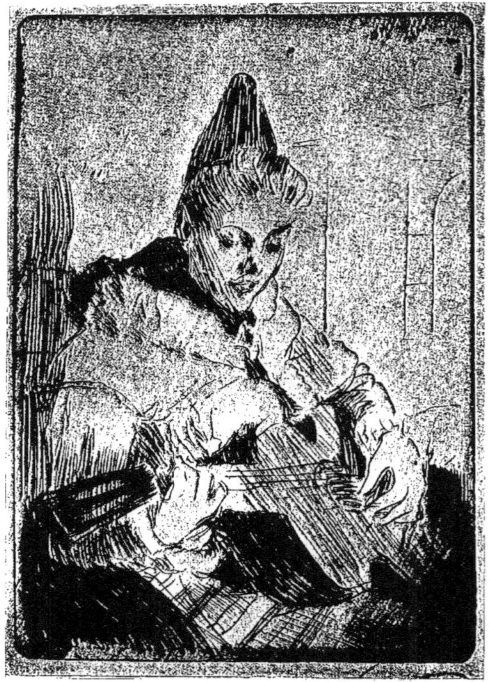

1898   (Cat. F. de Schubert, n° 98 — 1 seul état décrit).

Fort rare. Tiré à quelques épreuves.

Musée de Stockholm, Kunstsammlung de Stuttgart, M. et Mᵐᵉ A. Curtis.

———

Première pensée de la planche précédente, cataloguée par M. F. de Schubert sous la dénomination : *Jeune Fille de Ráttvick.*

Cuivre détruit.

126. — VIEILLE BALLADE

2ᵉ planche

(H. 178 millim. L. 129)

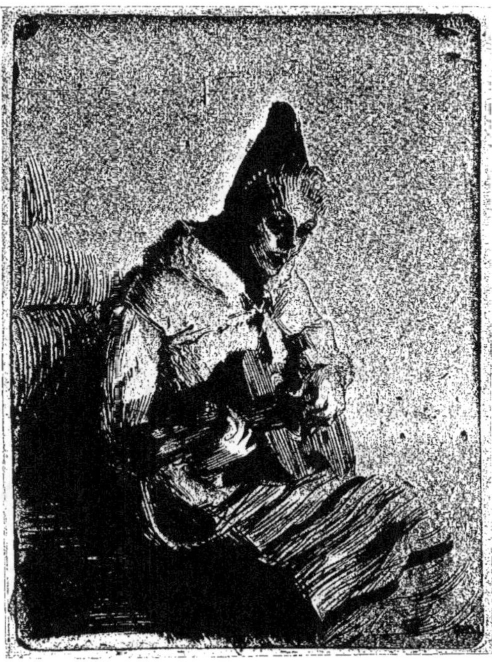

(1898)   (Cat. F. de Schubert, n° 97 — 1 seul état décrit).

Tiré à une trentaine d'épreuves.

Musée de Stockholm, Bibliothèque Nationale, Cabinets des Estampes de Dresde et de Copenhague, Mᵐᵉ Maja Ljunglöf, MM. A. Beurdeley, Ch. Deering, Dʳ W. von Dietel, Th. Laurin, Ossbahr, G. Teyssier (épr. de Gerbeau), E. Thiel, Dʳ D. Weber.

VENTE : J. Gerbeau (1908), 280 fr.

Cuivre détruit.

(H. 158 millim. L. 120)

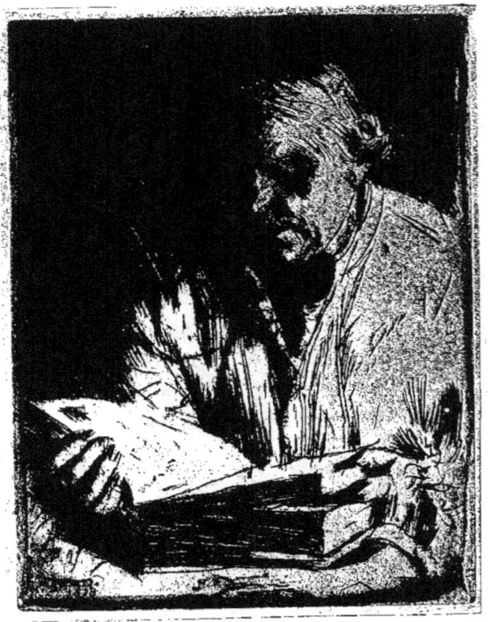

1898   (Cat. F. de Schubert, n° 99 — 1 seul état décrit).

Fort rare. Tiré à 8 ou 10 épreuves.

Musée de Stockholm, Bibliothèque Nationale, MM. Th. Laurin, Liljewalch.

Cuivre détruit.

(H. 129 millim. L. 090)

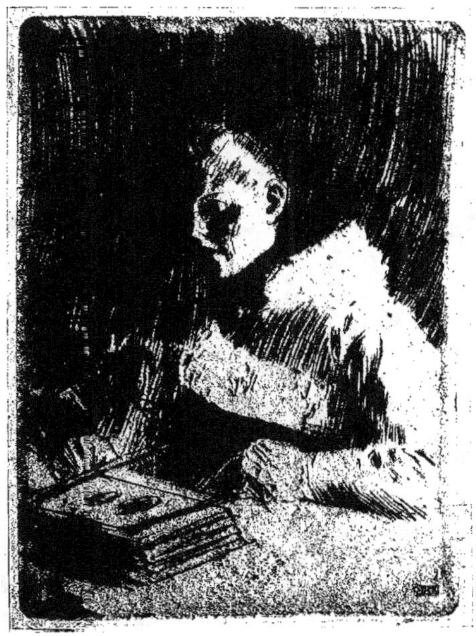

1898   (Cat. F. de Schubert, n° 100 — 1 seul état décrit)

Fort rare. Tiré à 7 ou 8 épreuves.

Musées de Stockholm et de Budapest, Bibliothèque Nationale, MM. A. Strœlin, G. Teyssier, Dr D. Weber.

Cuivre détruit.

1ᵉ planche

(H. 247 millim. L. 188)

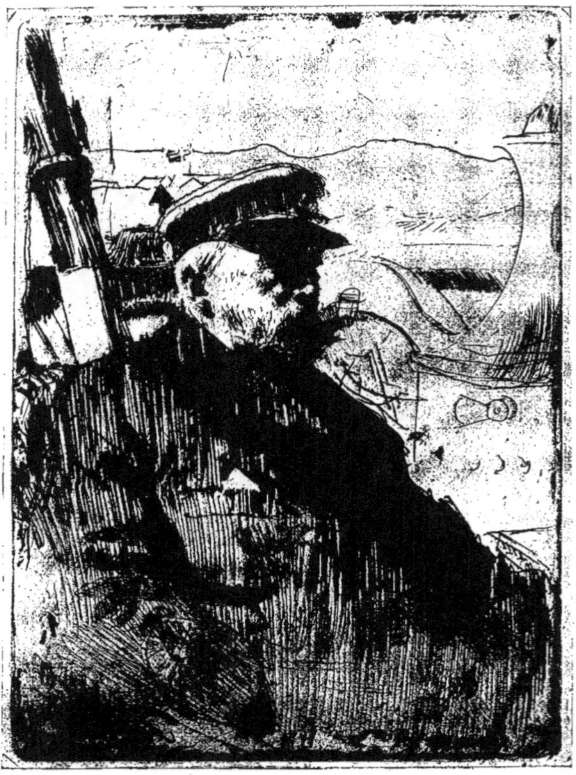

(1898)   (Cat. F. de Schubert, n° 101 — 1 seul état décrit).

Collection privée de Zorn. Seul exemplaire connu.

Oscar II, roi de Suède et de Norvège, de 1872 à 1907, était né à Stockholm en 1829, d'Oscar Iᵉʳ et de Joséphine de Leuchtenberg. Après quelques années passées à l'Université d'Upsala (1846-1849), le roi Oscar, — alors duc d'Oestergötland, — qui montrait un goût très vif pour la marine, fut nommé contre-amiral en 1856; l'année suivante, il épousa la Pˢˢᵉ Sophie de Nassau. Devenu prince-héritier à l'avènement de Charles XV, il succéda en 1872 à son frère, au trône alors impartagé de Suède et de Norvège. En dépit des difficultés qui marquèrent le début de son règne, le roi Oscar sut à la fois se faire aimer et se faire respecter, non seulement de ses sujets, mais encore par les souverains des autres nations qui le prirent, en plusieurs circonstances difficiles, comme médiateur. Homme de goût, le roi Oscar a écrit des poésies et des ouvrages historiques et militaires; ce monarque a été aussi un grand protecteur des arts et il a eu la joie de voir la renaissance de la peinture en Scandinavie. Le roi Oscar est mort à Stockholm, le 8 décembre 1907.

Cuivre détruit.

130. — OSCAR II, DE SUÈDE
2ᵉ planche
(H. 246 millim. L. 177)

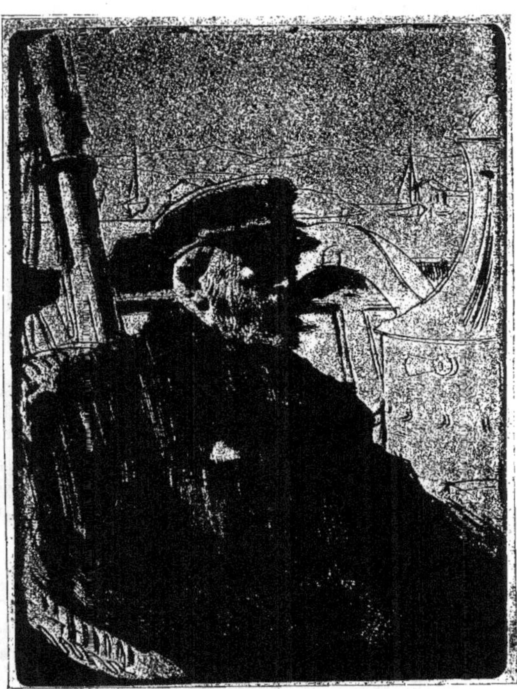

1898 — 2ᵉ état.   (Cat. F. de Schubert, nᵒ 102 — 2 états décrits).

1ᵉʳ Etat. Avant le grain d'aqua-teinte sur le vêtement. Fort rare.

2ᵉ   —   Le bas du vêtement est teinté d'aqua-teinte. L'état reproduit.

Des épreuves de cette planche sont exposées dans différentes écoles supérieures ou primaires de Stockholm. Musée de Stockholm, S. A. I. le Sultan de Turquie, Mᵐᵉ Olga Bratt, Mˡˡᵉ d'Elestam, M. et Mᵐᵉ A. Curtis, MM. J. Bötiger, Dʳ Akerlund, O. Granberg, H. Lamm, Th. Laurin, J. Sachs, Schollin à Mora, G. Teyssier, etc.

VENTES : Anonyme (16 mai 1903), 2ᵉ état, 42 fr.; A. Ragault (1907), 2ᵉ état, 260 fr.; Georges S. (G. Simon, 1908), 200 fr.

Le cuivre existe.

(H. 240 millim. L. 168)

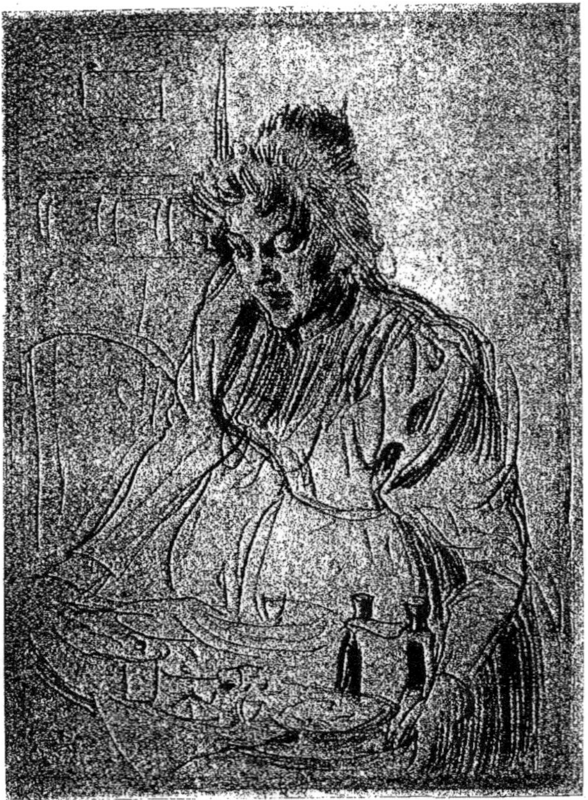

1898   (Cat. F. de Schubert, n° 103 — 1 seul état décrit).

Vernis mou. Tiré à 10 ou 12 épreuves.

Musées de Stockholm, de Göteborg et de Budapest, Bibliothèque Nationale, Cabinet des Estampes de Copenhague, MM. Ch. Deering, Th. Laurin, Ern. Thiel.

Cuivre détruit.

132. — SURPRISE

(H. 246 millim. L. 179)

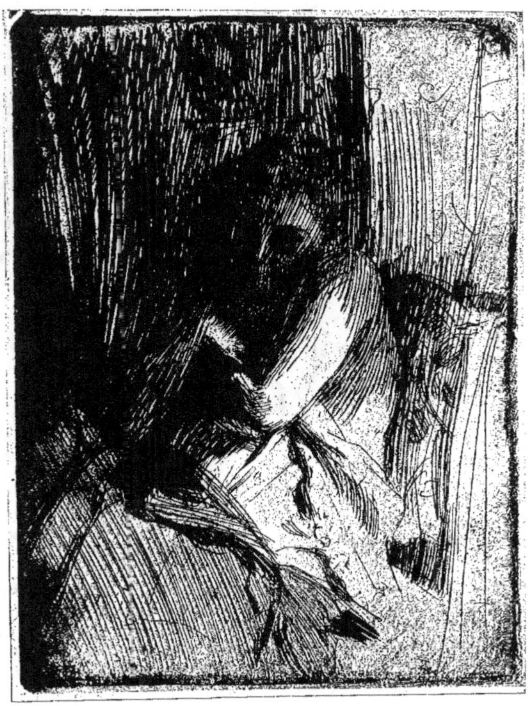

(1898) — 1er état.   (Cat. F. de Schubert, n° 104 — 1 seul état décrit)

1er État. Celui reproduit. Très rare. Bibliothèque Nationale.

2e — Avec de nouveaux travaux sur la figure, notamment sur l'œil et la joue gauche, puis sur la partie inférieure du bras gauche, et dans le fond. Musées de Stockholm et de Budapest, Bibliothèque Nationale, MM. Th. Laurin, C. M. Nisser, A. Strölin, etc.

Cuivre détruit.

(H. 135 millim. L. 109)

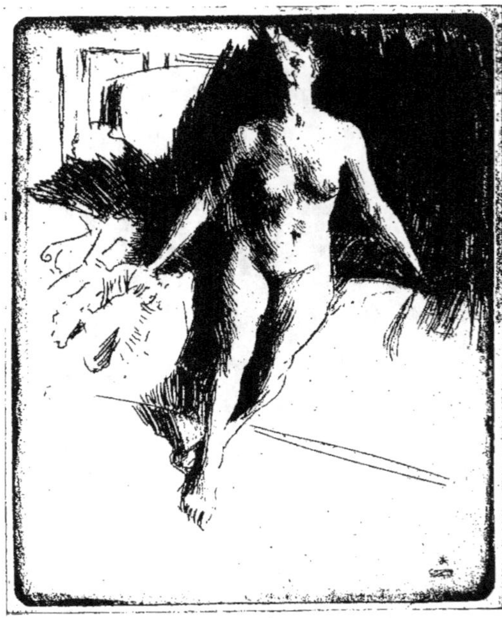

(1898) — *3ᵉ état.*   (Cat. F. de Schubert, ᴸ° 105 — 4 états décrits).

Très rare. Tiré à une quinzaine d'épreuves.

1ᵉʳ État. Avant un certain nombre de travaux sur la figure du modèle et dans ses cheveux. Bibliothèque
Nationale, M. Ch. Deering.

2ᵉ — Le front est modelé à droite par de fines tailles verticales à la pointe sèche.

3ᵉ — **L'état reproduit.** Collection de M. G. Petitdidier.

4ᵉ — Plusieurs fortes tailles partant du bord inférieur de la planche, sur le devant, rejoignent le
pied du modèle. Collection de MM. G. Haviland, Pʳ Sondèn, G. Teyssier (épr. de Gerbeau).

———

VENTE : J. Gerbeau (1905), 4ᵉ état, 260 fr.

Cuivre détruit.

134. — MODÈLE EN BUSTE, RIANT
1re planche

(H. 128 millim. L. 089)

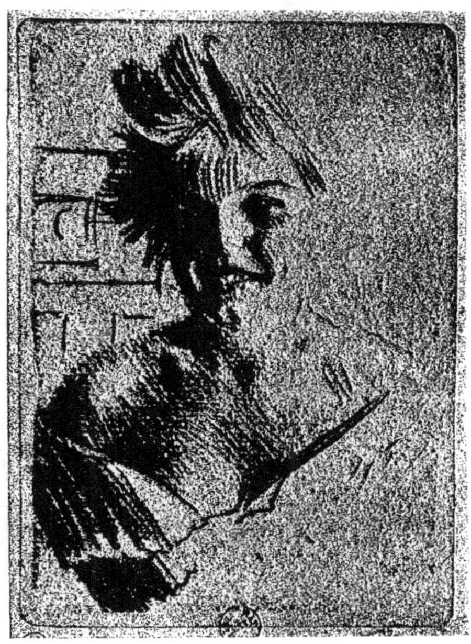

1898 — *1er état.*   (Cat. F. de Schubert, n.º 106 — 2 états décrits).

Tiré à 25 ou 30 épreuves.

1er État. Avant la date, la signature et quelques travaux. Fort rare. L'état reproduit. Musée de Stockholm, Bibliothèque Nationale, Cabinet des Estampes de Berlin, M. Ch. Dee-ing.

2e — Terminé. On lit au B à D : *1898 Zorn.* Très rare. Musées de Stockholm et de Budapest, S. A. R.
le P^{ce} Eugène, Pr Sondèn, A. Strölin, G. Teyssier, Ern. Thiel.

Cuivre détruit.

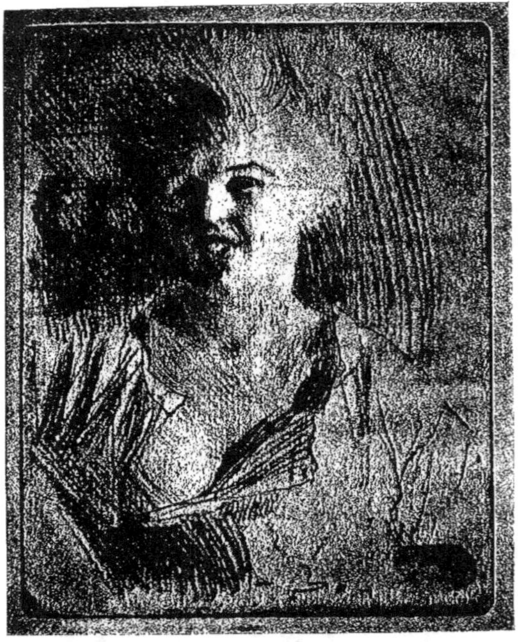

1898   (Cat. F. de Schubert, nº 107 — 1 seul état décrit).

Fort rare. Tiré à 5 ou 6 épreuves.
Essai de vernis mou.
Collection de M. A. Strölin.

Cuivre détruit.

136. — JOUEUSE DE BILLARD

(H. 179 millim. L. 127)

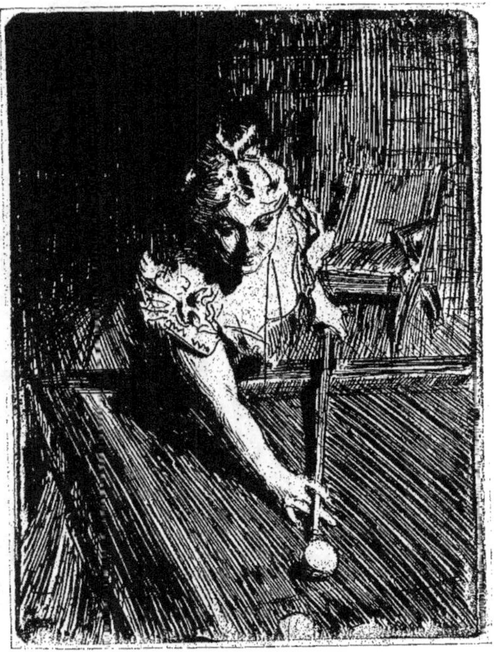

1898   (Cat. F. de Schubert, n° 108 — 1 seul état décrit)

La personne représentée jouant au billard est M⁰ Emily Bartlett, femme divorcée du sculpteur américain Paul Bartlett.

VENTES : Anonyme (nov. 1906), 245 fr.; J. Gerbeau (1908), 150 fr.

Musées de Stockholm et de Budapest, Bibliothèque Nationale, MM. le Bᵒⁿ de Beck-Friis, Ch. Deering, G. Haviland, Th. Laurin, etc.

Le cuivre existe.

(H. 175 millim. L. 128)

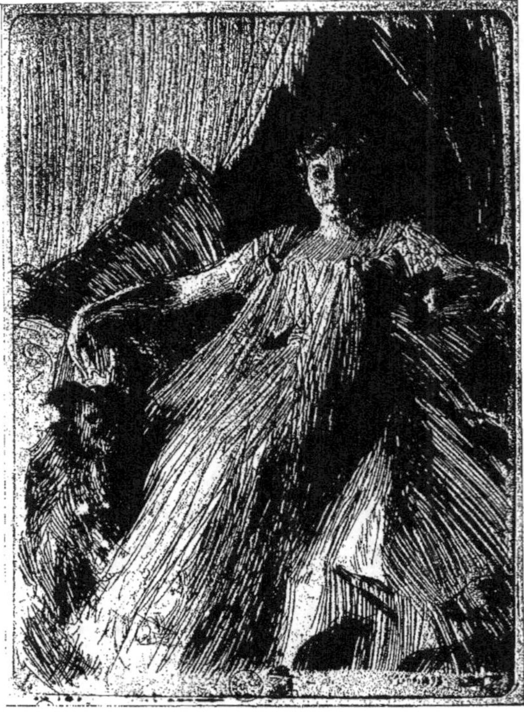

1898 — *2ᵉ état.*   (Cat. F. de Schubert, nᵒ 109 — 1 seul état décrit).

Très rare. Tiré à 18 ou 20 épreuves.

1ᵉʳ État. Le rideau à gauche, est blanc. Très rare. Collection de MM. Ch. Deering, A. Ragault, A. Strölin.

2ᵉ   — Le rideau à gauche est ombré. **L'état reproduit.** Rare. Musée de Stockholm, Bibliothèque Nationale, M. et Mᵐᵉ A. Curtis, MM. Ernst Cassel, Ch. Deering, G. Haviland, Th. Laurin, Liljewalch, Dʳ Martin, G. Petitdidier, Ern. Thiel.

Cette pièce est parfois dénommée la *Femme au Chien* ; c'est sous ce titre que la mentionne
M. G. Bourcard, dans son ouvrage : **A Travers Cinq Siècles de Gravures.**

La peinture se trouve chez sir Ernest Cassel, banquier, père de Miss Maud Cassel.

Cuivre détruit.

138. — SUR LA GLACE

(L. 179 millim. H. 127)

1898 — *1er état.*   (Cat. F. de Schubert, n° 110 — 1 seul état décrit).

1er État. Avec une place restée blanche à gauche, à mi-hauteur. **L'état reproduit.** Très rare. Collection de M. Ch. Deering.

2e — La place restée blanche, à gauche, est ombrée par l'addition de traits obliques. Très rare. Musées de Stockholm et de Budapest, Bibliothèque Nationale, M. Th. Laurin.

Cette petite pièce a été tirée à une quinzaine d'épreuves.

Cuivre détruit.

(H. 370 millim. L. 285)

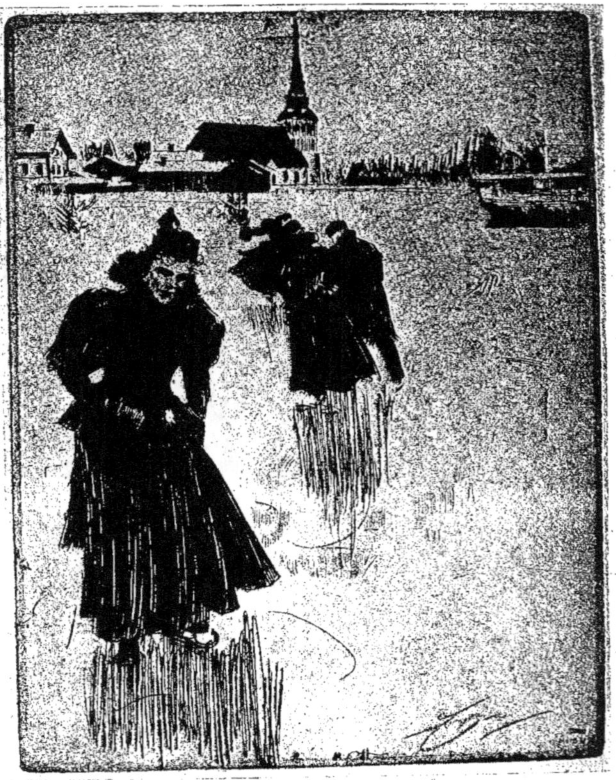

1898 — *1ᵉʳ état*   (Cat. F. de Schubert, n° 111 — 2 états décrits).

1ᵉʳ État. **Celui reproduit.** Fort rare. Musée de Stockholm, Bibliothèque Nationale.

2ᵉ   — La glace est ombrée par de longues tailles obliques, et le ciel est couvert de travaux. Fort rare. Musée de Stockholm, M. E. Thiel.

140. — PARIS, EFFET DE NUIT
(3ᵉ planche)

(H. 240 millim. L. 162)

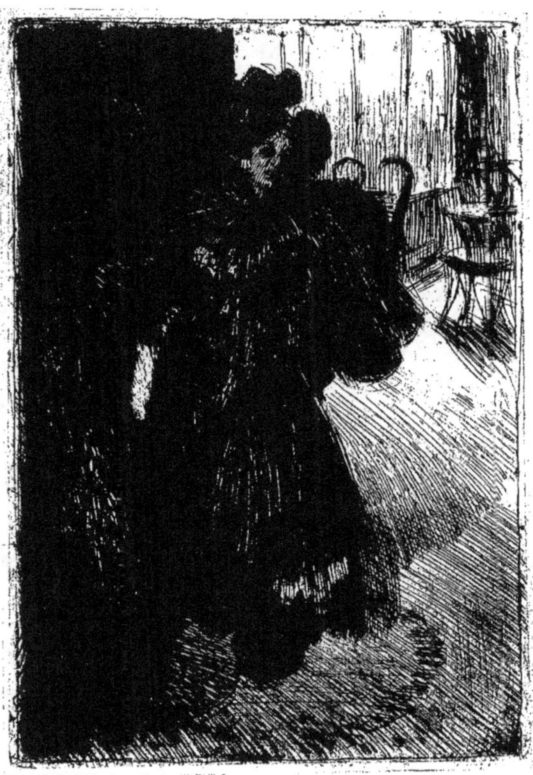

(1898) — *1ᵉʳ état*.   (Cat. F. de Schubert, nᵒ 112 — 2 états décrits).

Très rare. Tiré à 15 ou 16 épreuves.

1ᵉʳ État. **Celui reproduit.** Fort rare. Cabinet des Estampes de Dresde, M. et Mᵐᵉ A. Curtis, M. Ch. Bermond.

2ᵒ — La devanture du café au fond à droite, ainsi que les sièges sont à demi-effacés. Très rare. Cabinet des Estampes de Copenhague, M. et Mᵐᵉ A. Curtis, Mᵐᵉ H. Guérard, MM.Ch. Deering Th. Laurin, Sparre, G. Teyssier (épr. de Gerbeau), E. Thiel.

VENTE : J. Gerbeau (1908), 270 fr.

Sous les nᵒˢ 99 et 109, ont été cataloguées deux variantes du même sujet.

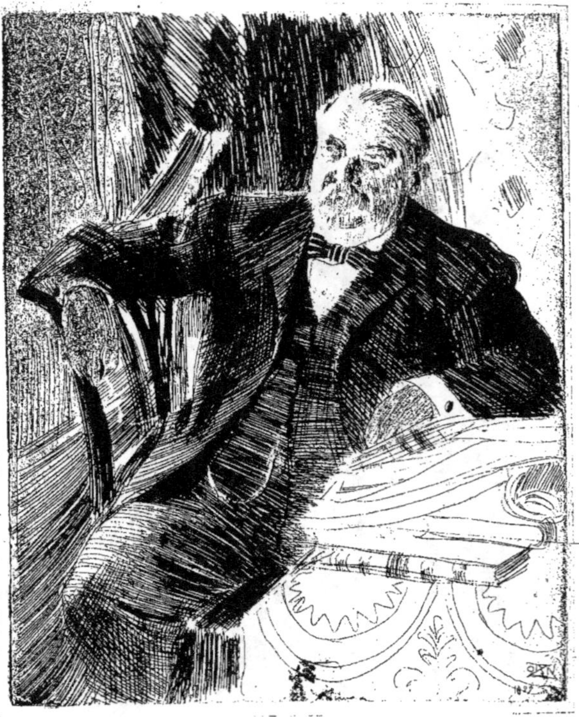

1899 — *1er état.*   (Cat. F. de Schubert, n° 113 — 1 seul état décrit).

1er État. A l'eau forte pure. **Etat reproduit.** Une épreuve connue, collection de M. Ch. Deering.

2e — Terminé. **Etat reproduit.** Très rare. Musée de Göteborg, Kunstsammlung de Stuttgart, Bibliothèque Nationale, MM. Ch. Deering, Th. Laurin, Lamm, Liljewalch, Schollin (Mora), Pr Sondèn, A. Strölin, Ern. Thiel.

Cette planche a été tirée à une vingtaine d'épreuves.

Le tableau se trouve chez Mrs Daniel S. Lamont.

VENTE : J. Gerbean (1908), 2e état, 120 fr.

Cuivre détruit.

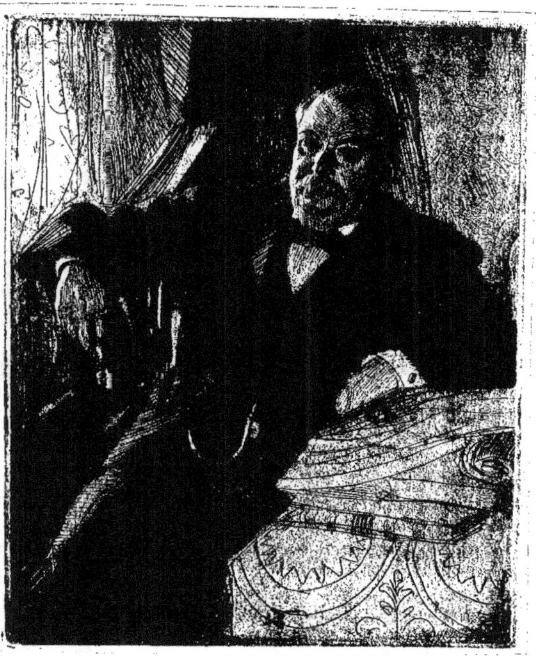

Le président Grover Cleveland, né à Caldwell (État de New-York), en 1837, était le fils d'un ministre presbythérien. D'abord professeur à l'Ecole des aveugles de New-York, avocat ensuite, attorney enfin, Grover Cleveland se lança alors dans la politique en se faisant élire maire de Buffalo, puis président d'Etat (1882); les solides qualités qu'il déploya dans ces deux postes, le désignèrent bientôt à l'attention de ses concitoyens, et en 1884 il était élu Président des États-Unis; après un interrègne, à la suite de la nomination de Harrisson comme son successeur, Grover Cleveland fut une seconde fois appelé à la tête de son pays, en 1892; toutefois en 1896, grâce à l'opposition du Sénat et des protectionnistes, Cleveland échouait contre Mac Kinley.

Grover Cleveland est mort en juin 1908.

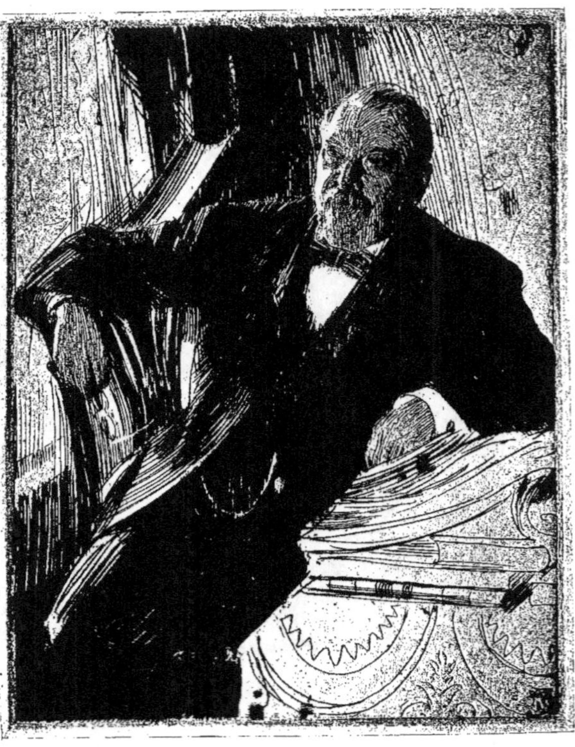

142. — LE PRÉSIDENT GROVER CLEVELAND
(2ᵉ planche)
(H. 222 millim. L. 173)

1ᵉʳ État. Avant un certain nombre de travaux, dans le fond à G. Fort rare. Collection de M. Ch. Deering.

2ᵉ — Avec des tailles verticales ajoutées dans le fond à G., mais le cuivre n'est pas biseauté; les travaux atteignent alors les bords du cuivre. Fort rare. Collection de M. Ch. Deering.

3ᵉ - - Le cuivre est biseauté; les travaux extrêmes sont très légèrement rognés. Rare. Musée de Stockholm, Cabinets des Estampes de Berlin et de Dresde, M. et Mᵐᵉ A. Curtis, M. G. Eissler.

4ᵉ - - - Les ombres sous le revers du col de l'habit, et dans les plis du vêtement, sont renforcées au burin. **L'état reproduit.**

VENTE : Anonyme (20 mars 1908), 3ᵉ état, 170 fr.

Le cuivre existe.

(1ʳᵉ planche)

(H. 248 millim. L. 177)

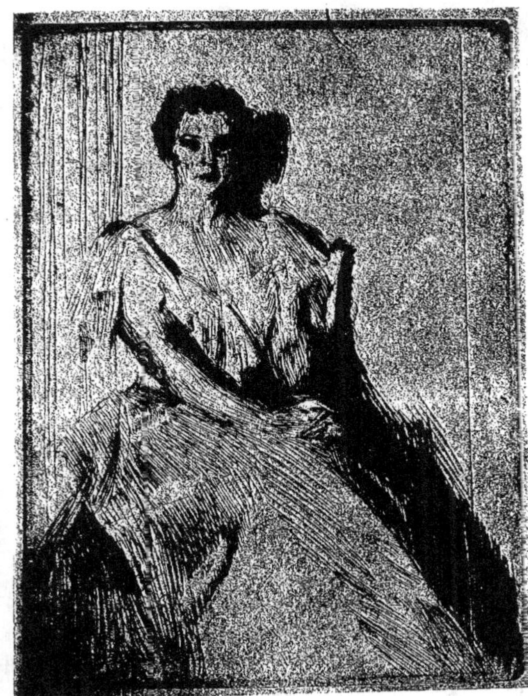

1899   (Non cat. par F. de Schubert).

Fort rare.

Musée de Stockholm, Bibliothèque Nationale, Collection privée de Zorn.

Cuivre détruit

144. — Mrs GROVER CLEVELAND
(2e planche)
(H. 247 millim. L. 158)

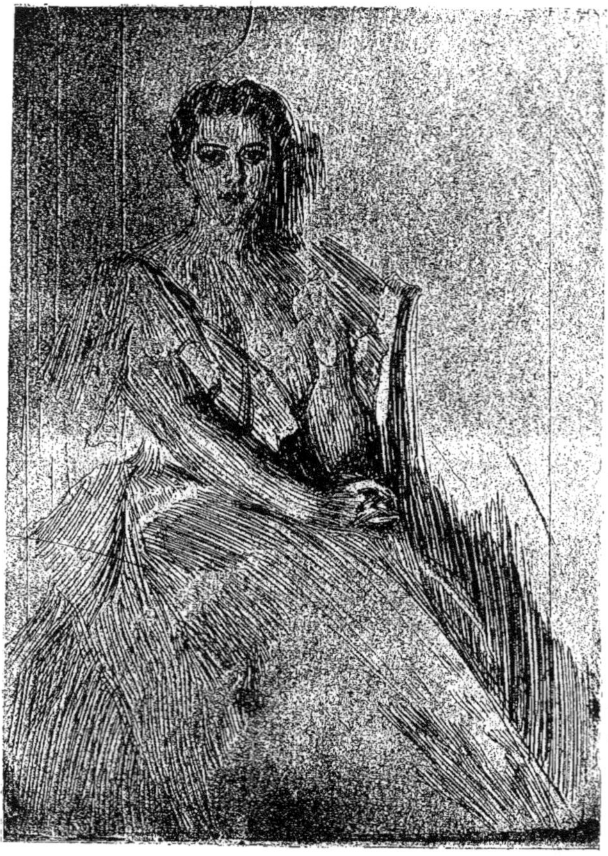

1899 — 1er état.   (Cat. F. de Schubert, n° 115 — 6 états décrits).

1er État. **Celui reproduit.** Le cuivre plus grand, mesure 247 millim. sur 178. De toute rareté.

2e   —   Quelques travaux ont été brunis. Le cuivre encore diminué, mesure 247 millim. sur 164. De toute rareté. Collection de M. E. Thiel.

3ᵉ État. Le cuivre encore diminué dans sa largeur, ne mesure plus que 157 millim. de L. La ligne par-
ralèle à la marge, à droite, a disparue. De toute rareté. Collection de M. H. Lamm, épr. avec
la mention : *unicht försoksprof.*

4ᵉ — Avec de nombreux travaux verticaux dans le fond, à gauche, donnant l'aspect d'un rideau. De
toute rareté. Collection de MM. Th. Laurin, Lundbohm.

5ᵉ — Avec de nouveaux travaux sur la robe, où dans la partie lumineuse, dix nouvelles tailles courtes,
ont été ajoutées au burin, avec quelques nouvelles tailles sur les épaules. Rare. Musée de
Stockholm, Bibliothèque Nationale, MM. Ch. Deering, le Pʳ Helferich.

6ᵉ — Avec une boucle en sorte de huit, surmontant la chevelure de Mᵐᵉ Cleveland.

———

Le tableau se trouve chez Mʳˢ Grover Cleveland.

———

VENTES : A. Barrion (1904), 5ᵉ état, 206 fr. ; Anonyme (14 avril 1908), 5ᵉ état, 140 fr.

Le cuivre existe.

145. — SUR L'OCÉAN ATLANTIQUE

(H. 276 millim. L. 127)

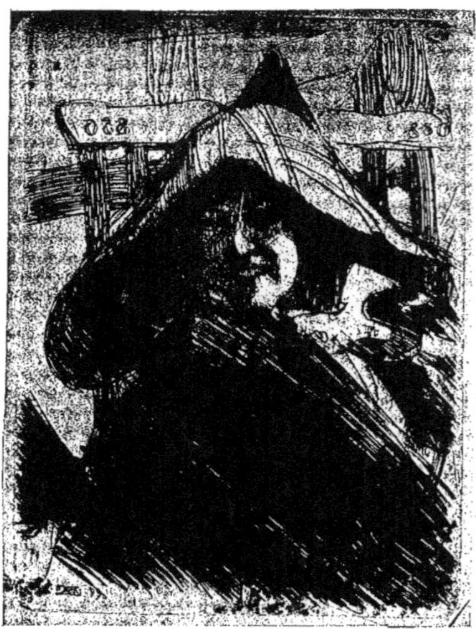

1899   (Cat. F. de Schubert, n° 116 — 1 seul état décrit).

Très rare. Tiré à une douzaine d'épreuves.

Bibliothèque Nationale, M. et Mme A. Curtis, MM. Ch. Deering, Th. Laurin, Pr Sondèn, G. Teyssier (épr. de Gerbeau), E. Thiel, Zorn.

———————

VENTE : J. Gerbeau (1908), 210 fr.

———————

Cette planche a été gravée sur le bateau, lors d'une traversée de l'artiste en Amérique; sous le n° 181, on trouvera une autre planche exécutée alors en chemin de fer.

Cuivre détruit.

146-147. — FREDERICK KEPPEL

<table>
<tr><td>1re planche</td><td>2e planche</td></tr>
</table>

1re planche   2e planche

(H. ... millim. L. ...)   (H. 128 millim. L. 087)

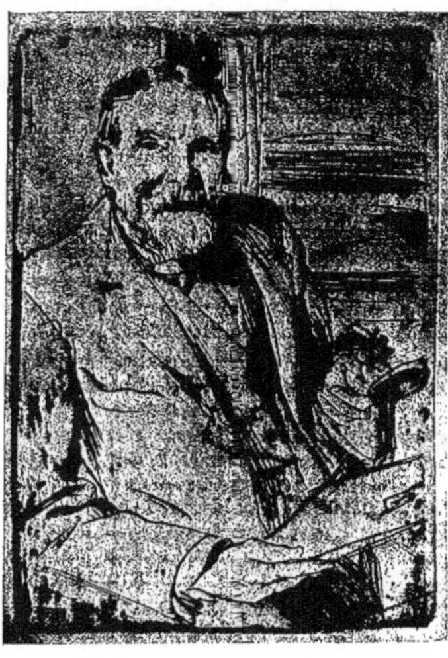 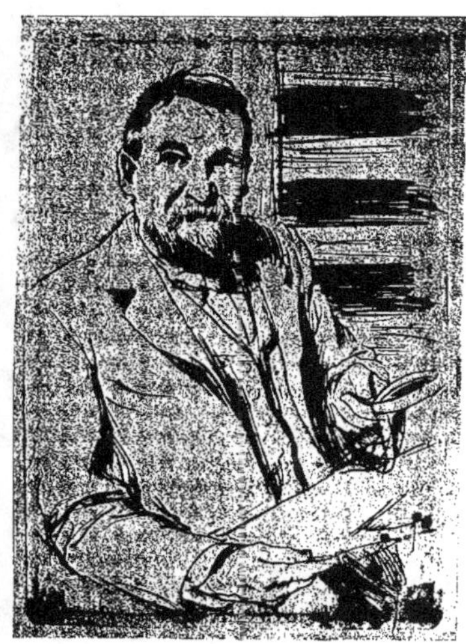

1899   (Cat. F. de Schubert, n°s 117-118 — 1 seul état décrit).

Ces deux planches sont fort rares. La première est détruite, la seconde appartient à M. F. Keppel.

Au Musée de Stockholm, se trouve une épreuve de la 2e planche.

M. Ch. Deering, à Chicago, possède une épreuve de la 1re planche.

M. Frederick Keppel, marchand d'estampes et éditeur américain, est l'une des figures les plus répandues dans le monde des amateurs d'estampes des deux Continents. Il débuta dans le commerce de l'estampe à l'âge de 20 ars, en 1863.

D'une activité exceptionnelle, M. F. Keppel, qui vient passer tous les ans, 3 ou 4 mois en France et en Angleterre, a organisé dans ses galeries de New-York, plus de 80 expositions, dont la moitié, consacrées à la gravure originale. Depuis nombre d'années déjà, M. F. Keppel a pour associé M. Fitz Roy Carrington qui le seconde activement, puis son fils, M. Daniel Keppel.

M. Keppel a édité notamment des œuvres de Millet, Corot, Whistler, Haden, dont il avait acquis à diverses reprises, les cuivres existants.

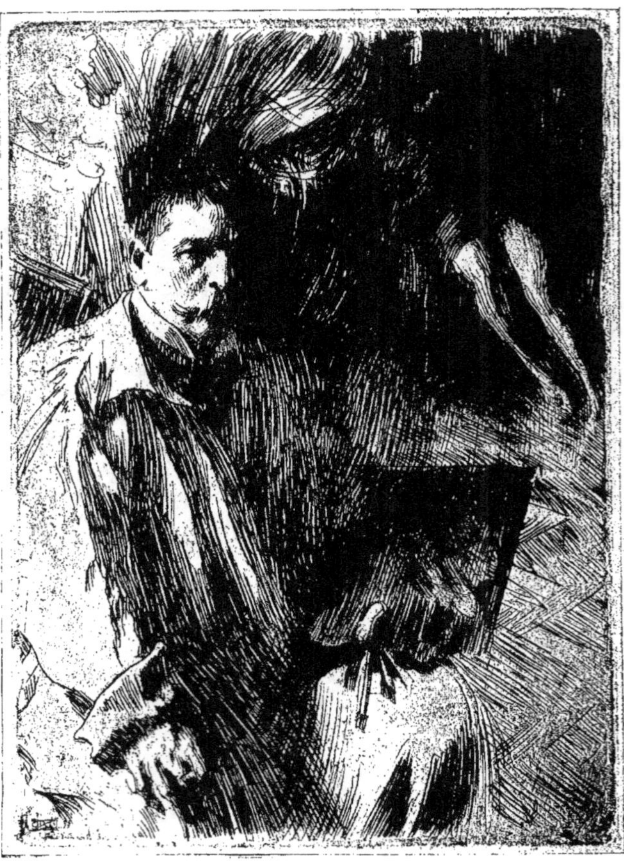

1899 — *1ᵉʳ état*.   (Cat. F. de Schubert, nº 119 — 5 états décrits).

1ᵉʳ État. **Celui reproduit.** Fort rare. Collection de M. G. Teyssier.

2ᵉ — Les espaces blancs dans le fond en haut, à droite de la tête de Zorn, sont couverts par des traits presque verticaux, obliquant à gauche. Très rare. Collection de M. Aug. Hagborg.

3ᵉ — Sous le genou de l'artiste, une douzaine de traits obliques ont été ajoutés et contournent la blouse. Très rare. Collection de M. G. Eissler.

4ᵉ État. Le masque de l'artiste, est nettoyé des taches d'eau forte qui s'y voyaient précédemment. Très rare. Collection de M. Schollin (Mora).

5ᵉ   — Quatre fines tailles ont été ajoutées à la pointe, sur la partie éclairée de la cuisse gauche du modèle. Rare. Bibliothèque Nationale, Cabinets des Estampes de Dresde et de Copenhague, M. et Mᵐᵉ A. Curtis, MM. Ch. Bermond, Loys Delteil, O. Granberg, F. Holmquist, Th. Laurin, H. Lundbohm, F. Martin, Dʳ Schieffer, A. Strölin.

6ᵉ   — La moustache de l'artiste est retouchée. Cabinet des Estampes de Berlin, M. G. Petitdidier.

Cette belle planche n'a été tirée qu'à une trentaine d'épreuves.

La peinture représentant *Zorn et son modèle* est au Musée de Stockholm ; c'est un des chefs-d'œuvre de Zorn, et l'une des plus belles toiles renfermées dans la capitale suédoise ; une reproduction de ce portrait est donnée en tête de notre ouvrage.

VENTES : Anonyme (14 avril 1908), 5ᵉ état, 200 fr. ; J. Gerbeau (1908), 5ᵉ état, 280 fr.

Cuivre détruit.

149. — Mlle MAYA von HEÏJNE (Mme Ljunglôf)

(H. 243 millim. L. 199)

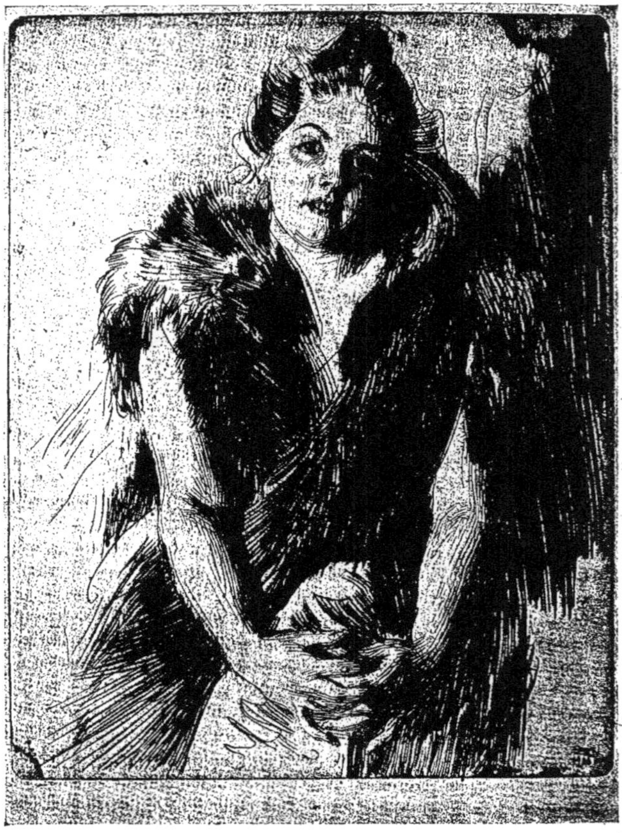

1900 — 2e *état*.   (Cat. F. de Schubert, n° 120 — 1 seul état décrit).

Tirage : 50 à 60 épreuves.

1er État. Avant 4 tailles sur la poitrine de la personne, à l'endroit où se croise la fourrure. Très rare. Bibliothèque Nationale, M. et Mme A. Curtis, M. Th. Laurin.

2e — Avec les tailles mentionnées ci-dessus. **L'état reproduit.**

Musée de Stockholm, Cabinets des Estampes de Dresde et de Copenhague, P^{ce} Eugène de Suède, Mme la B^{nne} von Heijne, M. et Mme A. Curtis, MM. A. Beurdeley, Bergin, Max Biach, L. Delteil, G. Eissler, C. Gebühr, O. Gerstenberg, H. Gober, O. Granberg, G. Haviland, F. Holmquist, Pr Helferich, Carl G. et Th. Laürin, P. Helm, F. Martin, E. Mutiaux, G. Petitdidier, G. Teyssier, H. S. Theobald, Dr D. Weber, etc.

VENTES : A. Ragault (1907), 2e état, 170 fr. ; Anonyme (janv. 1908), 2e état, 350 fr. ; J. Gerbeau (1908), 2e état, 310 fr. et 295 fr.

Le portrait peint de Mlle Maya von Heijne se trouve au Musée de Berlin.

Cuivre détruit.

150. — LA MÈRE DÉNOMMÉE LA MADONE

(H. 248 millim. L. 197)

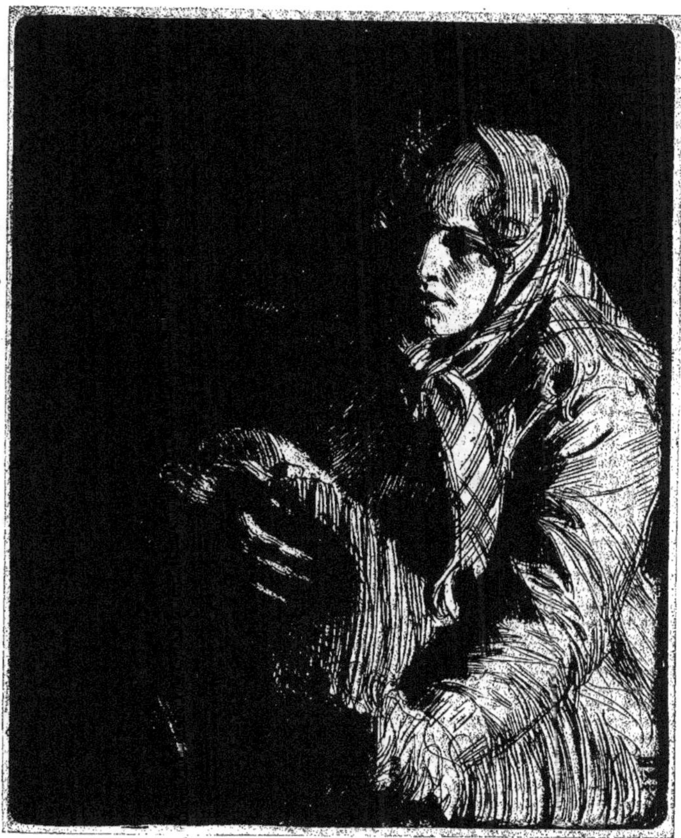

1900 — 2ᵉ état.   (Cat. F. de Schubert, nº 121 — 1 seul état décrit).

1ᵉʳ État. La manche extérieure du bras gauche de la mère, est exprimée par un seul contour; avant quelques traits obliques sur le haut du bras. Rare.

2ᵉ — Un second trait borde la manche extérieure de la femme. L'état reproduit. Bibliothèque Nationale, M. et Madame A. Curtis, M. G. Petitdidier.

3ᵉ — Avec un trait assez fort ajouté entre les deux contours de la manche. Collection de M. G. Teyssier.

Musée de Stockholm, Cabinet des Estampes de Copenhague, Pᶜᵉ Eugène de Suède, Mᵐᵉ Max Lehrs, Mᵐᵉ Olga Bratt, MM. H. Bildt, Campbell Dodgson, Judson S. Dutcher, A. Edelstam, A. Engström, G. Haviland, Th. Laurin, H. Lundbohm, G. Rystedt père, Ern. Thiel, Dʳ D. Weber, etc.

VENTES : Georges S. (Simon, 1908), 210 fr. ; Anonyme (14 avril 1908), 140 fr. ; J. Gerbeau (1908) 145 fr.

La peinture de la *Madone*, est au Musée de Budapest.

Le cuivre existe.

(H. 129 millim. L. 088)

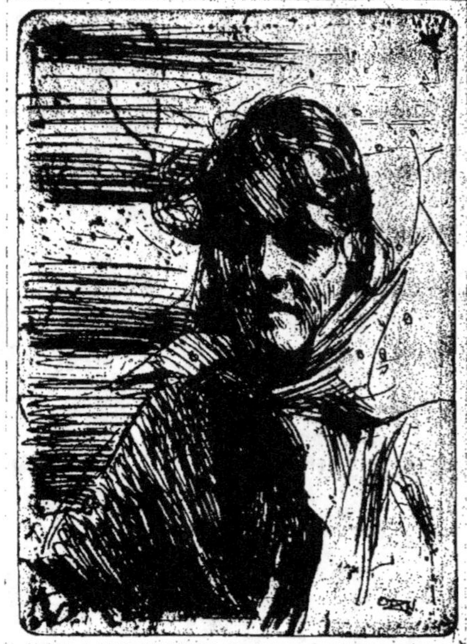

(1900)   (Cat. F. de Schubert, n° 122 — 1 seul état décrit).

Rare. Tiré à 30 épreuves. Cabinet des Estampes de Copenhague, Musée de Stockholm, Bibliothèque Nationale, S. A. R. le Pce Eugène, Mme Olga Bratt, M. et Mme A. Curtis, MM. A. Beurdeley, G. Haviland, Pr Helferich, F. Holmquist, Th. Laurin, G. Petitdidier, A. Strölin, E. Thiel.

VENTE : J. Gerbeau (1908), 100 fr.

Cuivre détruit.

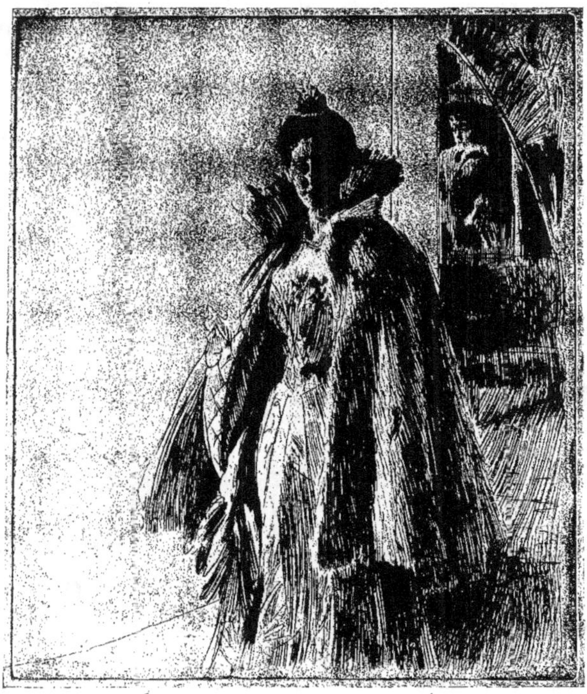

1900 — 2e *état*.   (Cat. F. de Schubert, n° 123 — 2 états décrits).

Tirage : 15 à 18 épreuves.

1er État. La robe de la princesse est blanche, dans la partie lumineuse ; avant les tailles sur la poitrine du prince, dans le fond à D. Fort rare. Musée de Budapest, M. Th. Laurin.

2e — La poitrine du prince est ombrée de tailles perpendiculaires. **L'état reproduit**. Très rare. Bibliothèque Nationale. M. et Mme A. Curtis, MM. G. Eissler, Max Biach, A. Strölin.

3e — La robe de la princesse est teintée de tailles obliques tracées très légèrement à la pointe ; quelques travaux ont été ajoutés au coin droit de la bouche et sur la gorge de la princesse. Très rare. M. et Mme A. Curtis, MM. O. Granberg, G. Petitdidier.

La princesse Ingeborg, est la seconde fille de Frédérick VIII, roi de Danemarck ; née en 1878, elle a épousé en 1897, le prince Charles de Suède, frère du roi régent et du P^{ce} Eugène. Très populaire en Suède pour sa franche gaîete, la P^{se} Ingeborg est une grande admiratrice du talent de Zorn. On conte qu'un jour, au cours d'une pose devant l'artiste, elle lui dit : Monsieur Zorn, vous êtes un grand artiste ! — Qui vous l'a dit, répliquait alors le maître. — Mais vous-même, souligna spirituellement la princesse, en laissant comprendre combien ses œuvres proclamaient son génie.

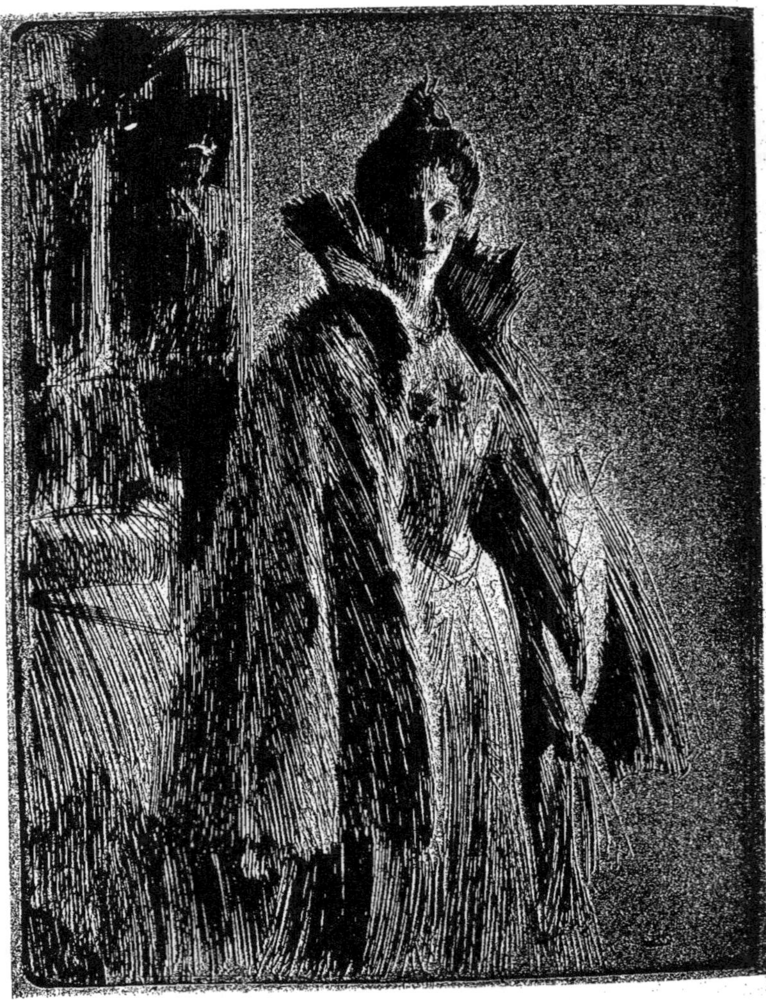

(1900) — *3ᵉ état.*   (Cat. F. de Schubert, n° 124 — 3 états décrits)

1ᵉʳ État. Le cuivre mesure 230 millim. de L. Très-rare. Le nom de Zorn est répété 2 fois. Cabinet des Estampes de Dresde, MM. Helferich, Laurin, A Strölin.

2ᵉ — Le cuivre diminué, ne mesure plus que 213 millim. de L. Le battant, dans le fond à gauche, près de la figure du prince, est blanc. Bibliothèque Nationale, MM. le Dʳ D. Weber, G. Teyssier.

3ᵉ — Le battant est ombré de tailles verticales. **L'état reproduit.** Collection de S. A. R. le Pᶜᵉ Eugène de Suède, Mᵐᵉ Blumenthal, M. et Mᵐᵉ A. Curtis, MM. A. Beurdeley, F. Holmquist, Th. Laurin, Cᵗᵉ de Rosen, etc.

Le cuivre existe.

154. — Mme RUNEBERG

(H. 199 millim. L. 140)

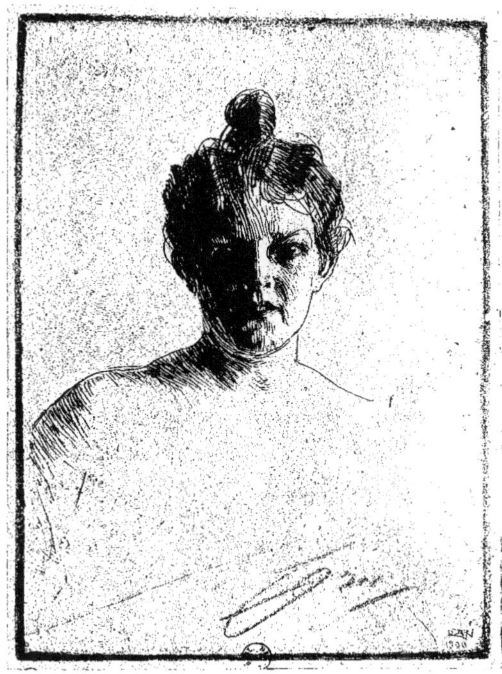

<table>
<tr><td>1900 — 2e état.</td><td>(Cat. F. de Schubert, n° 125 — 2 états décrits).</td></tr>
</table>

Tirage : 20 épreuves environ.

1er État. Avant quelques travaux sur le cou, près du contour. Cabinet des Estampes de Dresde, Kunsthalle de Brême.

2e — **L'état reproduit.** Bibliothèque Nationale, M. et Mme A. Curtis, MM. Bouasse-Lebel (épr. de Gerbeau), G. Haviland, Th. Laurin, G. Rystedt père, A. Strölin.

Mme Runeberg, dont Zorn a gravé le portrait, est la femme de l'ingénieur finlandais Runeberg, à Helsingfors, fils du poëte J. L. Runeberg.

Cuivre détruit.

(H. 238 millim. L. 150)

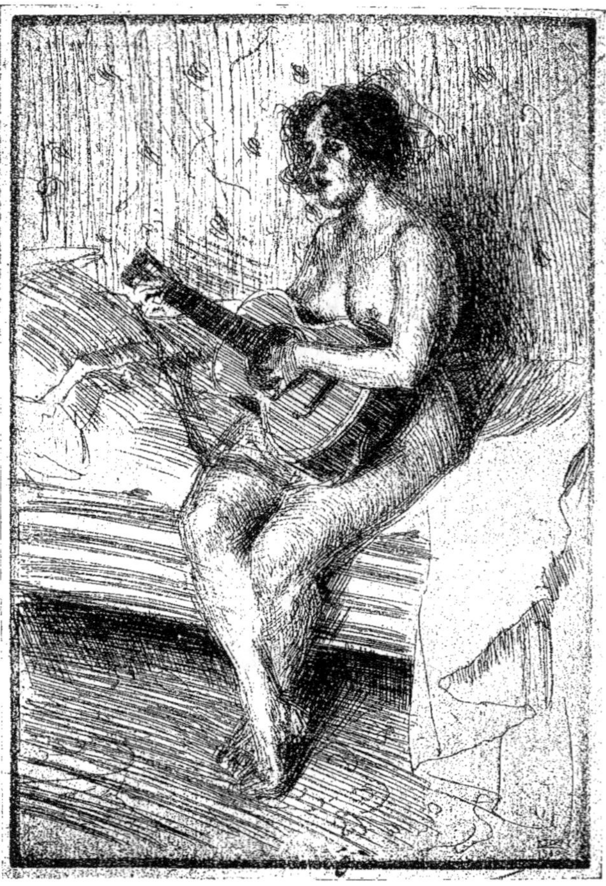

1900 — *4ᵉ état.*   (Cat. F. de Schubert, nᵒ 126 — 4 états décrits).

1ᵉʳ État. Le chignon de la femme est élevé ; l'œil gauche est moins modelé et la paupière n'est pas exprimée. Fort rare. Cabinet des Estampes de Dresde.

2ᵉ — Encore avec le chignon élevé ; la paupière est formée et l'œil gauche modelé ; avant les tailles obliques au-dessus de la guitare. Très rare. Hofbibliotheck de Vienne, M. Ch. Deering.

3ᵉ — La mèche de cheveux s'avançant sur le front de la femme, est modifiée et amplifiée, et touche le sourcil.

4ᵉ — Le chignon est effacé. **L'état reproduit.**

VENTES : A. Ragault (1907), 170 fr. ; Anonyme (14 avril 1908), 4ᵉ état, 170 fr. ; J. Gerbeau (1908), 150 fr. et 195 fr.

Le cuivre existe.

156. — Mme EMMA ZORN

(H. 202 millim. L. 150)

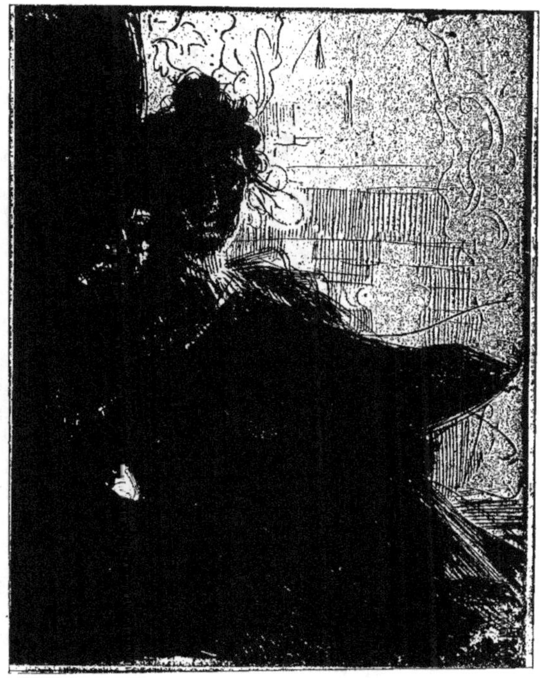

1900 — 2e état.   (Cat. F. de Schubert, n° 127 — 2 états décrits).

1er État. Sur le journal tenu par Mme Zorn, on aperçoit une téte renversée. Fort rare.

2e — Le journal tenu par Mme Zorn, est couvert de nouveaux travaux; la figure renversée ne s'y voit plus. Très rare. **L'état reproduit.** Musées de Stockholm et de Göteborg, Bibliothèque Nationale, Cabinet des Estampes de Dresde, M. et Mme A. Curtis, MM. G. Eissler, Th. Laurin, Liljewalch, G. Teyssier, Ern. Thiel.

Le cuivre existe.

25

(H. 224 millim. L. 150)

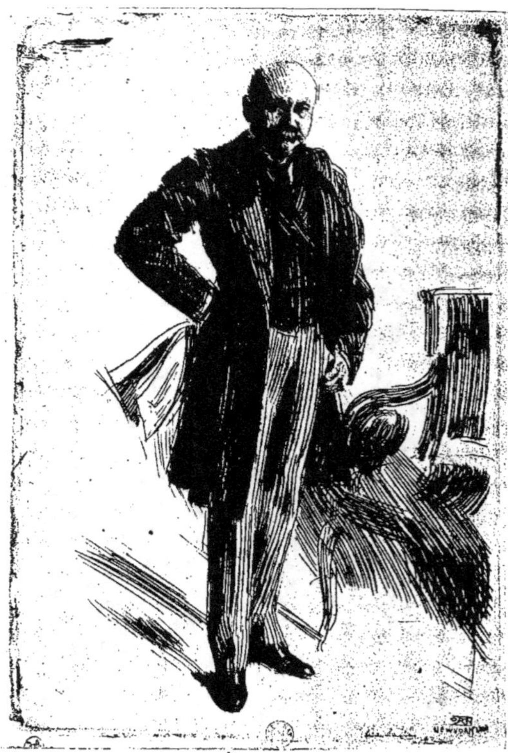

1900 — 2ᵉ *état*.   (Cat. F. de Schubert, n.º 128 — 1 seul état décrit).

1ᵉʳ État. Avant les traits obliques, traversant le siège du fauteuil, à droite. Fort rare. Collection de M. Ch. Deering.

2ᵉ   —   Avec 16 ou 18 fortes obliques sur le devant du siège du fauteuil. **L'état reproduit.**

Musée de Stockholm, Bibliothèque Nationale, M. et Mᵐᵉ A. Curtis, MM. F. Boberg, Th. Laurin, G. Petitdidier, Percy Tamm, etc.

VENTE : J. Gerbeau (1908), 2ᵉ état, 100 fr.

.Daniel Scott Lamont, né à Cortlandville, N. Y., le 9 février 1851, mort en 1905, s'adonna d'abord au journalisme : de 1885 à 1889, il devint secrétaire particulier de Grover Cleveland, puis secrétaire à la Guerre, aux Etats-Unis, sous la présidence de Cleveland, de mars 1893 à mars 1897. Enfin, en 1898, il était vice-président de la *North Pacific Railway Cᵒ*.

Le portrait peint du Colonel Lamont, est chez Mʳˢ Lamont, à New-York.

Le cuivre existe.

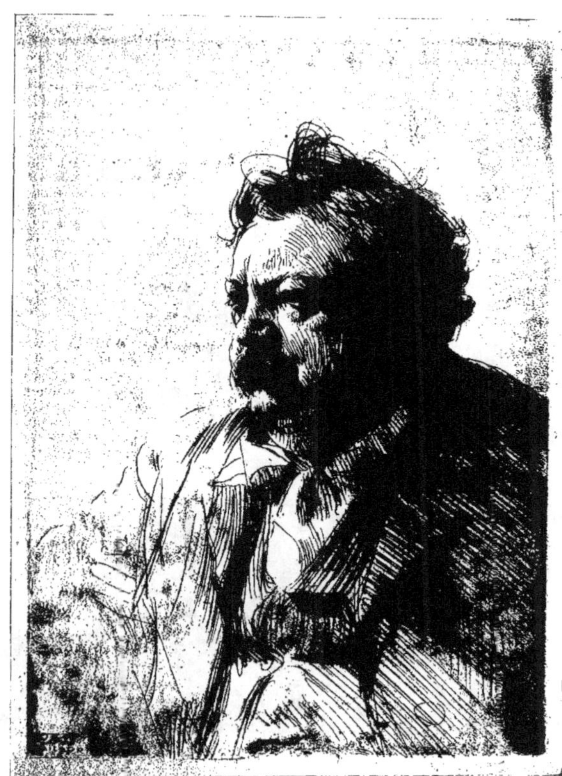

1900 — *1er état.*   (Cat. F. de Schubert, n° 129 — 1 seul état décrit).

1er État. Avant la lettre. **Celui reproduit.** Cet état a été tiré à une quarantaine d'épreuves, *signées au crayon*, puis à 30 épreuves sur japon pour les exemplaires de luxe du **Tome IV** du **Peintre-Graveur illustré**. Musée de Stockholm, Bibliothèque Nationale, Cabinet des Estampes de Berlin, M. et Mme A. Curtis, Mme Max Lehrs, MM. Bouasse-Lebel, Ch. Deering, Dr W. von Dietel, G. Haviland, Pr Helferich, Th. Laurin, G. Petitdidier, Sederholm, etc.

2e   — Avec la lettre. État tiré à 350 épreuves pour les exemplaires intermédiaires du **Tome IV** du **Peintre-Graveur illustré**.

VENTES : Anonyme (14 avril 1908), 1er état, 250 fr. ; J. Gerbeau (1908), 1er état, 185 fr.

William Ernest Mason jurisconsulte, né à Franklinville, N. Y., le 7 juillet 1850, fut admis au barreau de l'Illinois en 1872; Membre de l'Assemblée générale de l'Illinois en 1879. Mason était élu sénateur 2 ans après, puis de nouveau de 1897 à 1903.

Le cuivre existe.

159. — AU PIANO (Miss Anna Burnett)

(H. 199 millim. L. 150)

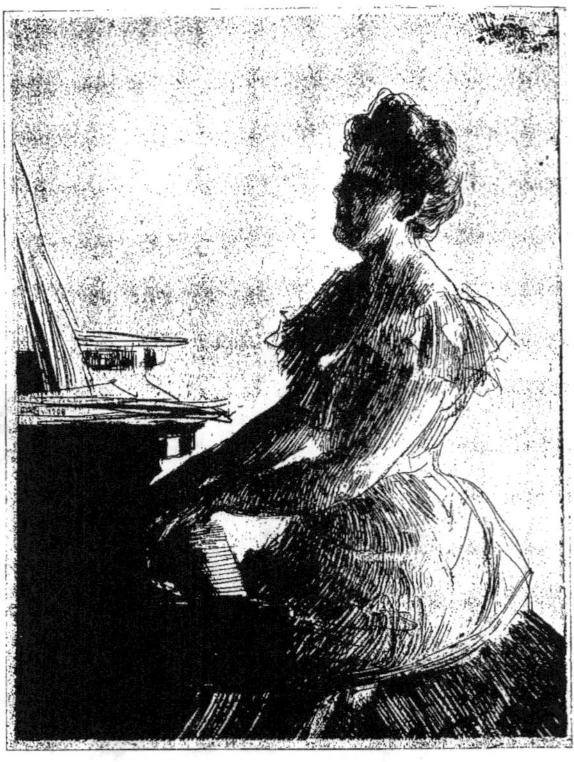

1900 — 2ᵉ *état.*   (Cat. F. de Schubert, nᵒ 130 — 1 seul état décrit).

Tirage : 60 à 70 épreuves.

1ᵉʳ État. L'épaule droite de Miss Burnett, interrompue, n'est pas ombrée jusqu'à la rencontre du cou du personnage ; également avant quelques travaux à la pointe sèche, sur les clairs de la robe. Fort rare. Collection de M. Ch. Deering.

2ᵉ — L'état reproduit.

Musées de Stockholm et de Göteborg, Bibliothèque Nationale, Kunsthalle de Brème, Pᶜᵉ Eugène de Suède, Mᵐᵉˢ Olga Bratt, Max Lehrs, M. et Mᵐᵉ A. Curtis, MM. R. Bergh, Bela Backer, G. Haviland, Capitaine Hegard, Th. Laurin, E. Mutiaux, G. Petitdidier, H. S. Theobald, etc.

VENTES : A. Ragault (1907), 2ᵉ état, 220 fr.; Anonyme (20 mars 1908), 2ᵉ état, 295 fr.; J. Gerbeau (1908), 2ᵉ état, 280 fr.

Cuivre détruit.

160. — BUSTE DE FEMME

(H. 223 millim. L. 150)

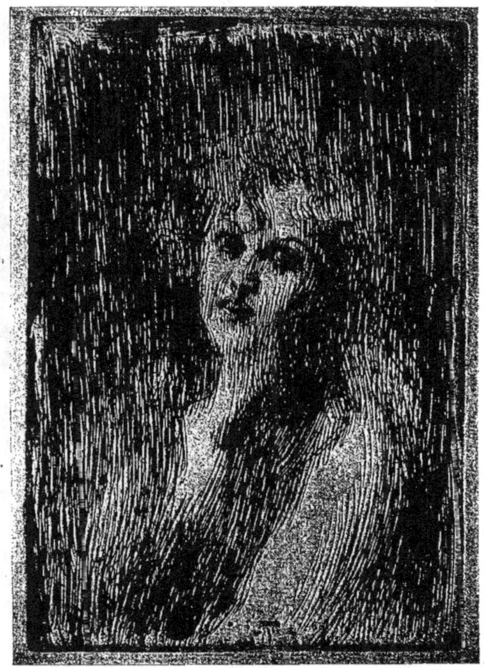

1901 — 1er état.   (Cat. F. de Schubert, n° 131 — 1 seul état décrit).

Très rare. Tiré à une quinzaine d'épreuves.

1er État. **Celui reproduit.** Epreuve chez Zorn.

2e — Des travaux à la pointe ont été ajoutés sur le bras, dans la partie lumineuse, au-dessus du nom du maître. Bibliothèque Nationale, MM. Th. Laurin, G. Teyssier.

Une épreuve de cette planche au Musée de Stockholm.

Cuivre détruit.

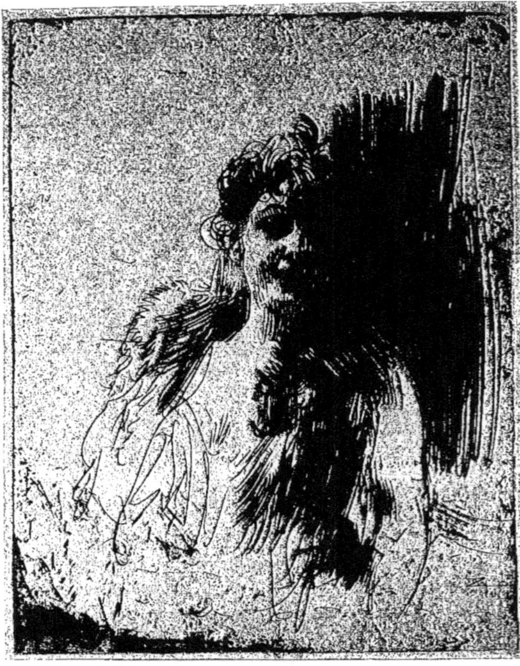

(1901)   (Cat. F. de Schubert, n° 132 — 1 seul état décrit).

Très rare. Tiré à une quinzaine d'épreuves.

Musée de Stockholm, Bibliothèque Nationale, Cabinet des Estampes de Dresde, MM. Ch. Deering, Th. Laurin, G. Petitdidier, Mme Roux, A. Strölin, G. Teyssier.

VENTES : A. Ragault (1907), 95 fr. ; J. Gerbeau (1908), 125 fr.

Cuivre détruit.

(H. 200 millim. L. 149)

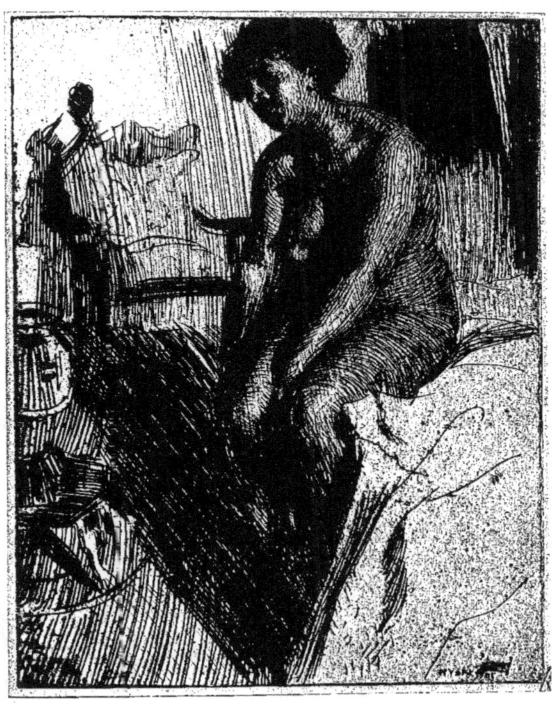

1901

(Cat. F. de Schubert, n° 133 — 1 seul état décrit).

Tirage : 20 à 25 épreuves.

Musée de Stockholm, Bibliothèque Nationale, MM. Ch. Deering, G. Haviland, Th. Laurin, H. Lundbohm, G. Rystedt fils, G. Teyssier (2 épr. de J. Gerbeau), etc.

VENTES : J. Gerbeau (1908), 100 fr., 190 fr. et 305 fr.

Cuivre détruit.

163. — MISS HENOP (Mrs Robert de P. Tytus)

(H. 225 millim. L. 150)

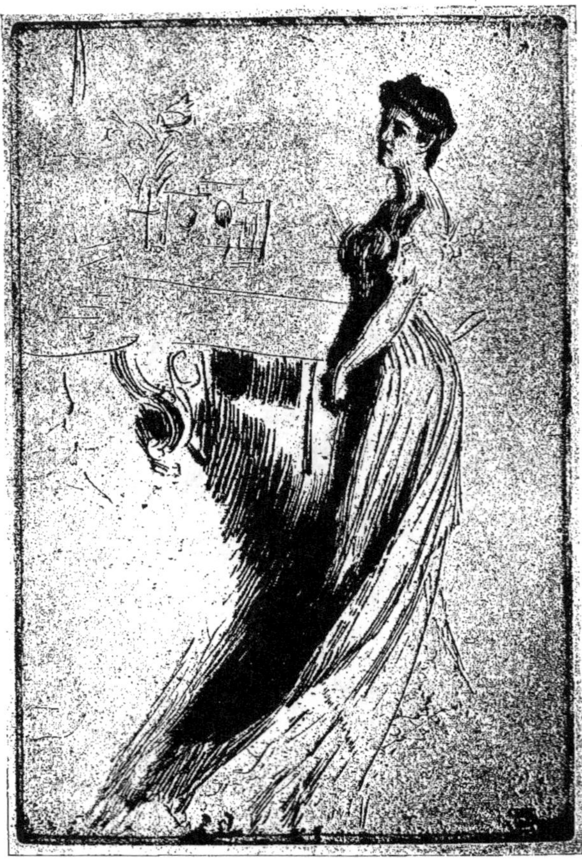

1901   (Cat. F. de Schubert, nº 134 — 1 seul état décrit).

Tirage : 20 à 25 épreuves.

Musée de Stockholm, Bibliothèque Nationale, Cabinet des Estampes de Dresde, M. et Mme A. Curtis, MM. G. Haviland, Th. Laurin, Liljewalch, G. Teyssier.

Cuivre détruit.

(H. 224 millim. L. 149)

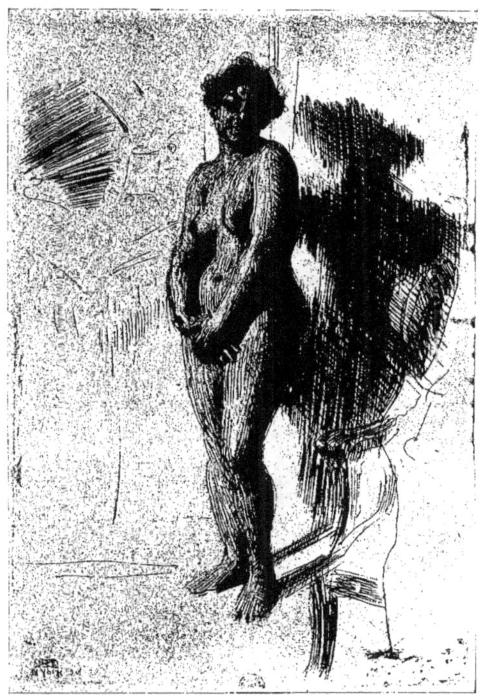

1901   (Cat. F. de Schubert, n° 135 — 1 seul état décrit).

Tiré à 15 ou 20 épreuves.

Musée de Stockholm, Bibliothèque Nationale, Cabinet des Estampes de Dresde, MM. Ch. Deering
G. Haviland, Pr Helferich. Th. Laurin, H. Lundbohm, G. Teyssier (épr. de Gerbeau), Ern. Thiel.

VENTE : J. Gerbeau (1908), 325 fr. et 160 fr.

Cuivre détruit.

165. — MISS LUDMAN

(H. 225 millim. L. 149)

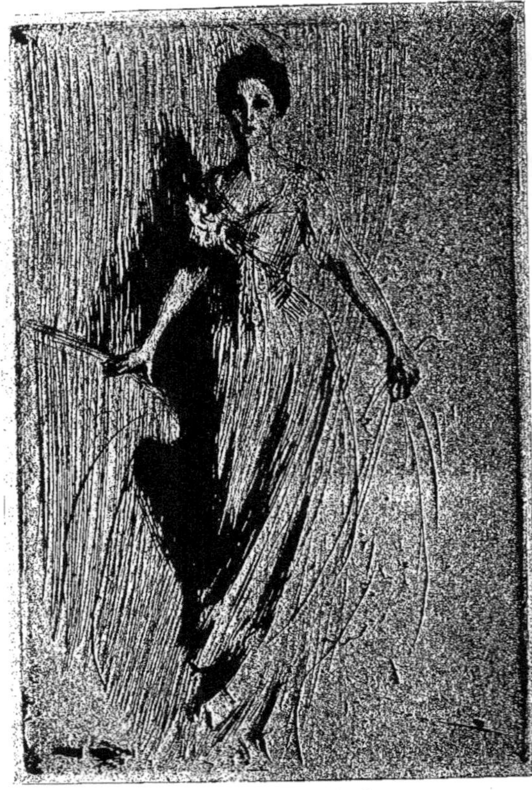

1901 — 2ᵉ *état.*   (Cat. F. de Schubert, n° 136 — 3 états décrits).

1ᵉʳ État. Avant le changement dans la coiffure, et avant quelques nouveaux travaux dans l'ombre portée à gauche, Collections de M. et Mᵐᵉ A. Curtis, M. Max Biach.

2ᵉ   —   L'état reproduit.

VENTES : A. Ragault (1907), 115 fr. ; J. Gerbeau, 2ᵉ état (1908), 185 fr.

Le cuivre existe.

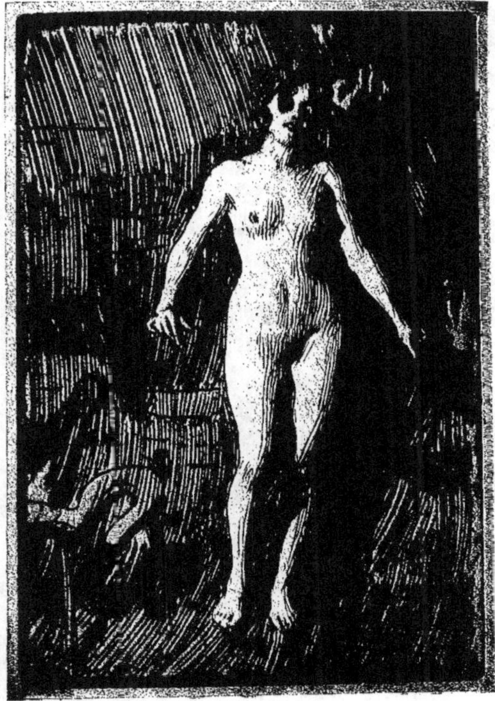

166. — MODÈLE NU DEBOUT

(H. 225 millim. L. 149)

1901 — 1ᵉʳ *état*.   (Cat. F. de Schubert, nº 137 — 2 états décrits).

1ᵉʳ **État. Celui reproduit.** Rare. Musée de Budapest.

2ᵉ — Quelques tailles sont ajoutées sur la jambe et le pied droits du modèle.

VENTES : Anonyme (5 nov. 1907), 1ᵉʳ état, 150 fr.; Anonyme (14 avril 1908), 2ᵉ état, 90 fr.; J. Gerbeau
(1908), 2ᵉ état, 180 fr.

Le cuivre existe.

167. — M\ SETON TOMPSON

(H. 225 millim. L. 150)

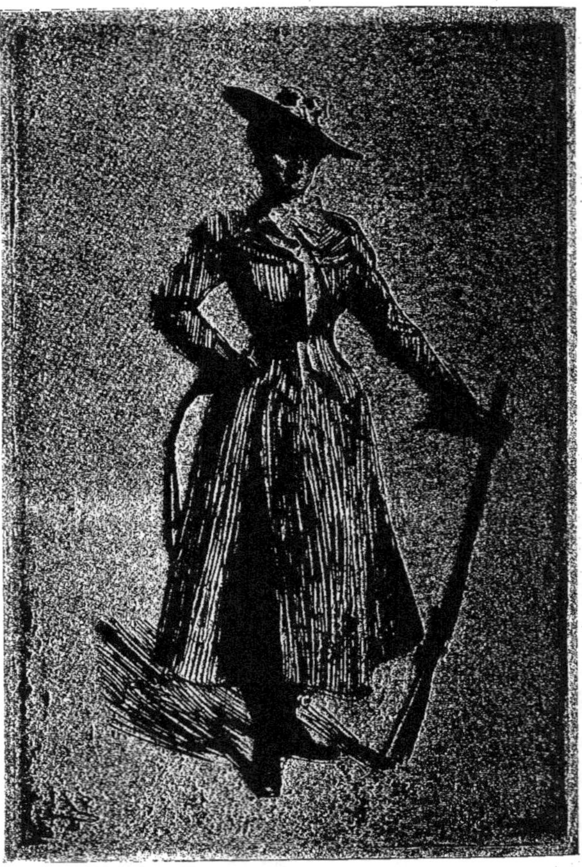

1901   (Cat. F. de Schubert, n° 138 — 1 seul état décrit).

Tirage : 40 épreuves environ.

Musée de Stockholm, Bibliothèque Nationale, Cabinet des Estampes de Dresde, P^ce Eugène de
Suède, M. et Mme A. Curtis, MM. Ch. Deering, le Dr W. von Dietel, Th. Laurin, Liljewalch, G. Petitdidier, A. Strölin, G. Teyssier.

Cuivre détruit.

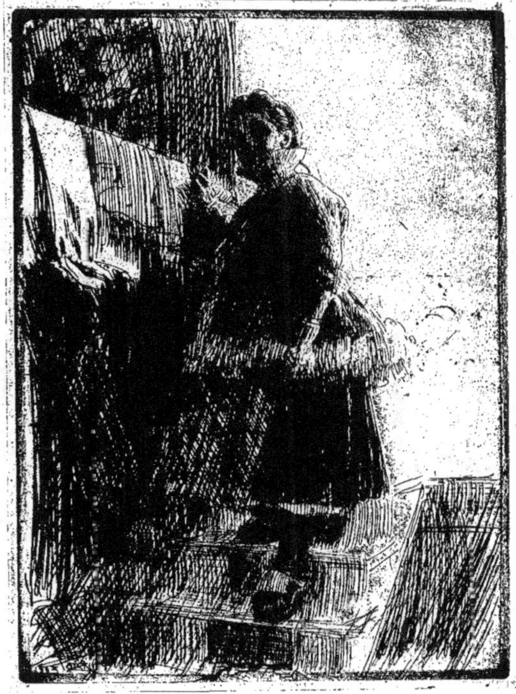

1903 — 2ᵉ état.   (Cat. F. de Schubert, nᵒ 139 — 2 états décrits).

1ᵉʳ **État.** Le haut du col n'est pas terminé derrière l'oreille. Fort rare. Collection de MM. G. Eissler, Pʳ Helferich.

2ᵉ — Le haut du col est terminé. **L'état reproduit.**

VENTE : Anonyme (14 avril 1908), 2ᵉ état, 150 fr.

Le cuivre existe.

169. — NOUVELLE CHANSON

(H. 226 millim. L. 150)

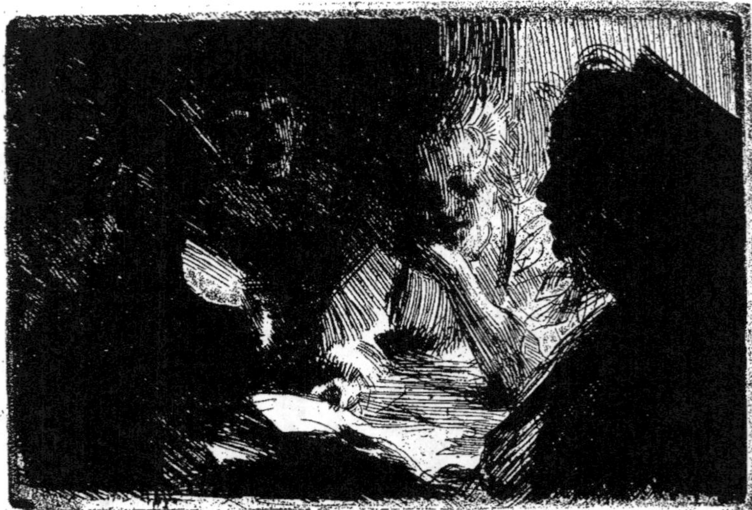

1903

(Cat. F. de Schubert, n° 140 — 1 seul état décrit).

Musée de Stockholm, Bibliothèque Nationale, Mmes Bergin, Carlsund, Mlle d'Edelstam, P^{ce} Eugène de Suède, MM. Bela Backer, Axel Claëson, Judson S. Dutcher, G. Haviland, Pr Helferich, Th. Laurin, G. Lundquist, G. Petitdidier, G. Rystedt fils, Ern. Thiel, etc.

VENTES : A. Ragault (1907), 190 fr. ; J. Gerbeau (1908), 140 fr.

Le cuivre existe.

170. — ANNA, JEUNE FILLE DE MORA

(H. 158 millim. L. 118)

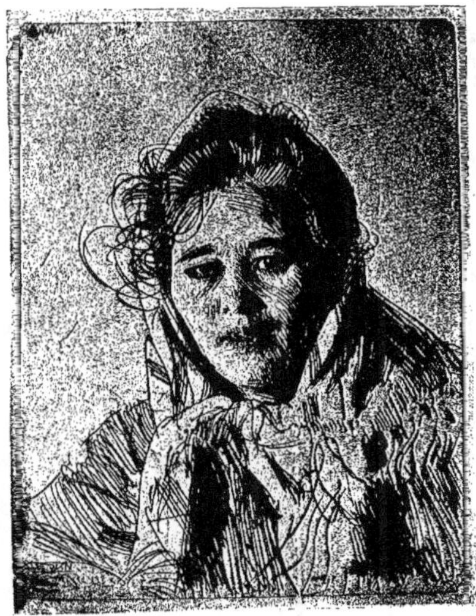

1903 — *1er état*. (Cat. F. de Schubert, n° 141 — 1 seul état décrit).

1er État. Avec trois tailles presque horizontales dessinant la lèvre inférieure. L'état reproduit. Fort rare.

2e — Les trois tailles, mentionnées ci-dessus, sont effacées et la bouche est retouchée.

VENTES : A. Ragault (1907), 2e état, 60 fr.; J. Gerbeau (1908), 2e état, 150 fr.

Cette œuvre bien typique, sera publiée prochainement dans un ouvrage relatif à la gravure à l'eau-forte, par Herman Struck, à Berlin.

Le cuivre existe.

(H. 177 millim. L. 118)

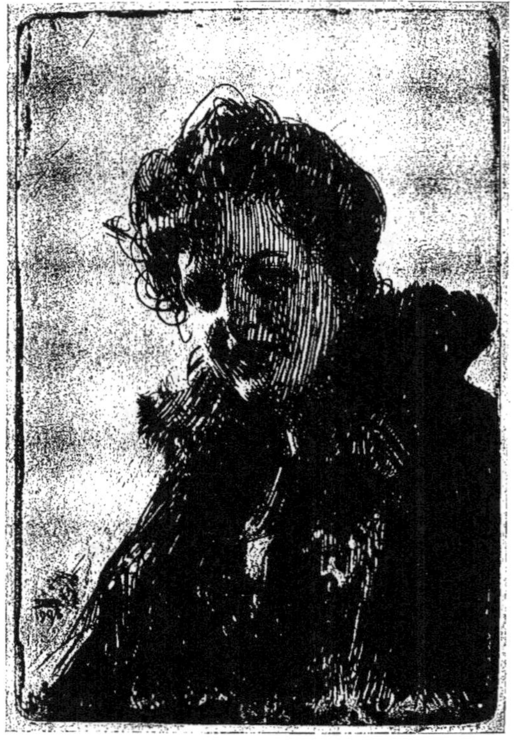

1903 — 2ᵉ *état.*   (Cat. F. de Schubert, nᵒ 142 — 1 seul état décrit).

1ᵉʳ État. Le collet de fourrure monte moins haut, sur la joue gauche de Mme Granberg, et le dessous de ce collet, est d'une forme un peu différente. De toute rareté.

2ᵉ   — Le collet de fourrure monte plus haut, sur la joue gauche de Mme Granberg, mais avant quelques travaux. Très rare. **L'état reproduit.** Collection de M. Loys Delteil.

3ᵉ   — Trois traits presque verticaux, sont ajoutés devant le collet de fourrure, à gauche; le vêtement est élargi dans le bas, près du nom de l'artiste, par de nouveaux travaux; quelques additions sont également faites dans les cheveux. État tiré à 20 épreuves, *signées manuscritement*, puis à 30 épreuves avant la lettre, sur papier pâte.

4ᵉ État. Avec la lettre. On lit dans la marge, hors du cuivre, en caractères typographiques : A. L. ZORN, SC. — FÖREN F. GRAF. KONST 1902 GEN. STAB. LIT. ANST.— PORTRATTSTUDIE. État tiré à 470 exemplaires.

VENTES : A. Ragault (1907), 3ᵉ état, 150 fr.; Anonyme (5 nov. 1907), 3ᵉ état, épr. non signée, 30 fr.; 4ᵉ état, 21 fr.; J. Gerbeau (1908), 3ᵉ état, 150 fr.

Dans la collection de M. Einar Fröberg, une épreuve de cette pièce, porte l'annotation : *1 sta af tryck Zorn.*

Mᵐᵉ Granberg est la femme de M. Olof Granberg, historien d'art, bibliothécaire de l'Académie des Beaux-Arts de Stockholm, et secrétaire du Musée National de la même ville.

M. Granberg est l'auteur de plusieurs ouvrages estimés sur l'Art hollandais au XVIIᵉ siècle.

Le cuivre existe.

172. — DEVANT LE POËLE

(H. 177 millim. L. 117)

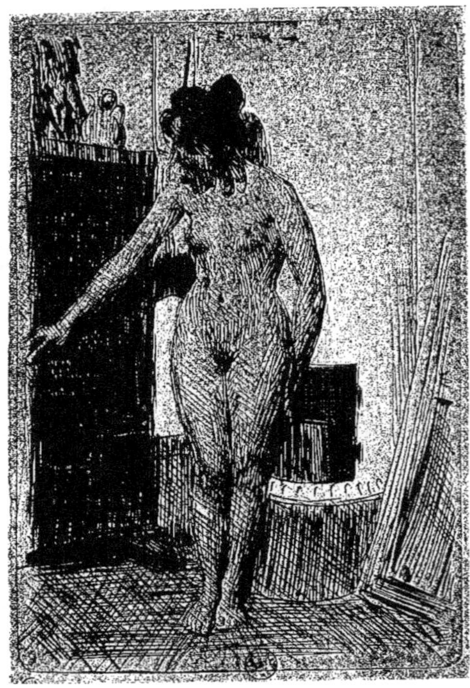

1903   (Cat. F. de Schubert, n° 143 — 3 états décrits).

1er État. Le vase sur le meuble à gauche, est blanc. Collection de MM. Th. Laurin, G. Teyssier.

2e   —   Le vase est teinté par des tailles verticales. Collection de M. et Mme A. Curtis, M. F. Martin.

3e   —   Avec des contre-tailles obliques sur le vase.

———

VENTES : A. Ragault (1907), 102 fr. ; J. Gerbeau (1908), 155 fr.

173. — NANETTE

(H. 200 millim. L. 150)

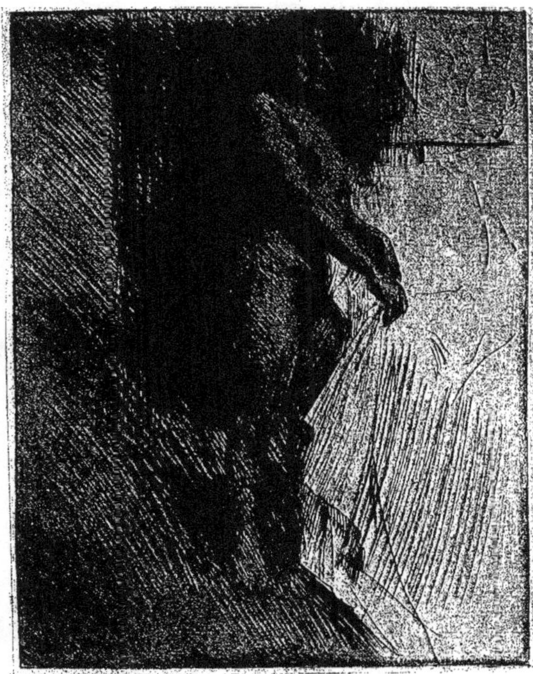

1903 — 2ᵉ état.   (Cat. F. de Schubert, n° 144 — 1 seul état décrit).

1ᵉʳ État. Avant un certain nombre de travaux sur la tête et le corps du modèle; le fond à gauche, est complètement blanc. Fort rare. Collection de M. Ch. Deering.

2ᵉ — Terminé. L'état reproduit.

———

Très rare. Tiré à 20 épreuves.

Musée de Stockholm, Bibliothèque Nationale, MM. A. Bourdeley, G. Haviland, Ch. Jacquin, Th. Laurin, P. Mathey, A. Strölin, G. Teyssier.

———

VENTES : Anonyme (janv. 1908), 2ᵉ état, 150 fr.; J. Gerbeau (1908), 2ᵉ état, 161 fr. et 150 fr.

Cuivre détruit.

174. — LES DEUX MODÈLES PRÈS DU LIT

(H. 200 millim. L. 150)

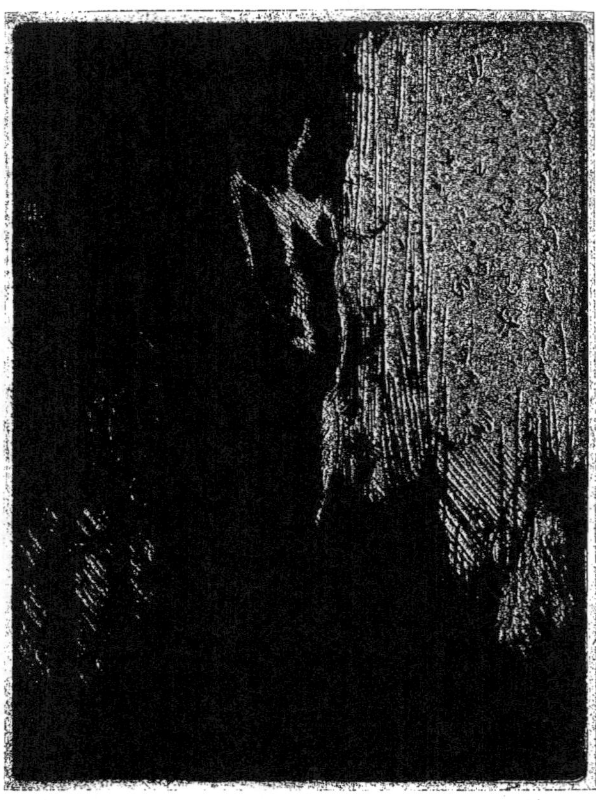

1903 — 2ᵉ *état*.   (Cat. F. de Schubert, nᵉ 145 — 1 seul état décrit).

1ᵉʳ État. Avant un certain nombre de contre-tailles sur le plancher, notamment dans le coin à droite, et
sous les pieds du modèle debout. Fort rare. Collection de M. Ch. Deering.

2ᵉ — L'état reproduit.

VENTES : A. Ragault (1907), 100 fr.; Anonyme (nov. 1907), 195 fr.; Anonyme (20 mars 1908), 175 fr.;
J. Gerbeau (1908), 150 fr. et 185 fr.

Le cuivre existe.

175. — OLANDINE

(H. 173 millim. L. 125)

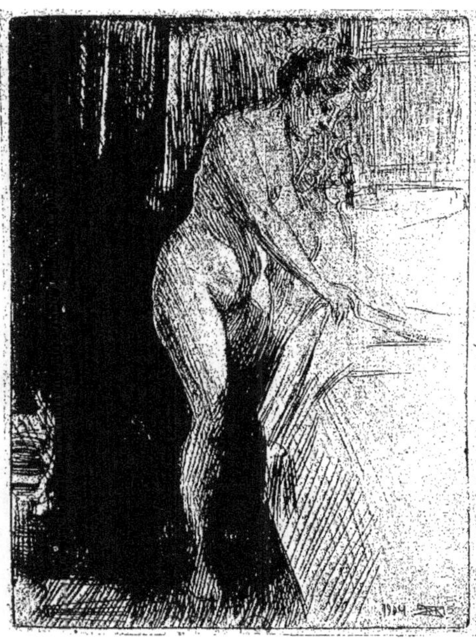

1904   (Cat. F. de Schubert, n° 146 — 1 seul état décrit).

Rare. Tiré à 20 épreuves.

Musée de Stockholm, Bibliothèque Nationale, MM. le Dr W. von Dietel, Ch. Deering, G. Haviland, Th. Laurin, G. Petitdidier, G. Rystedt, A. Strölin, G. Teyssier.

Cuivre détruit.

(1ᵉ planche)

(H. 200 millim. L. 150)

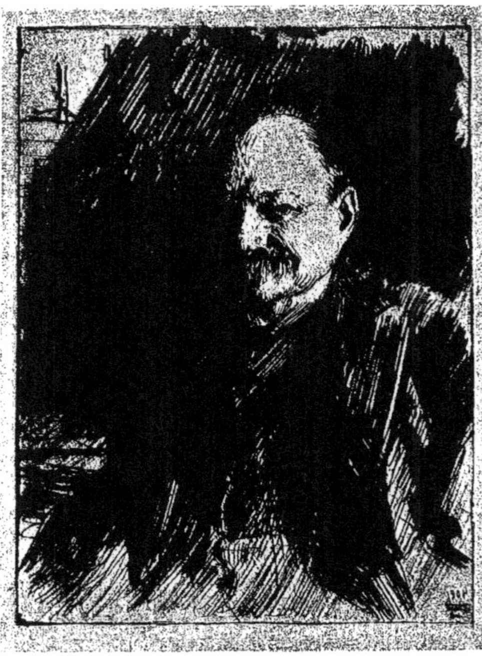

1904   (Cat. F. de Schubert, nº 147 — 1 seul état décrit).

Fort rare. Tiré à 4 ou 5 épreuves.

Cuivre détruit.

177. — COLONEL LAMONT, EN BUSTE

(2ᵉ planche)

(H. 200 millim. L. 150)

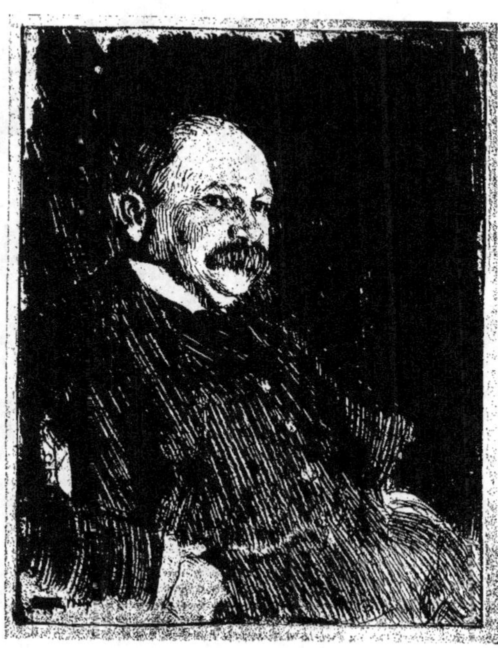

(1904) — 1ᵉʳ état.   (Cat. F. de Schubert, n° 148 — 1 seul état décrit).

1ᵉʳ État. **Celui reproduit.** De toute rareté. Épreuve dans la collection particulière de Zorn.

2ᵉ — Avec de nouveaux travaux à la pointe sèche sur le visage, mais avant les contre-tailles dans le fond, à gauche notamment. De toute rareté.

3ᵉ — Avec les contre-tailles dans le fond. Fort rare.

4ᵉ — Avec deux traits obliques ajoutés, contournant le front du personnage dans sa partie lumineuse ; quelques-uns des travaux à la pointe sèche de l'état précédent, ont été effacés. État tiré à 50 épreuves. Musée de Stockholm, Bibliothèque Nationale, M. et Mᵐᵉ A. Curtis, MM. A. Beurdeley, Ch. Deering, L. Delteil, G. Haviland, Th. Laurin, Liljewalch, F. R. Martin, G. Petitdidier, G. Teyssier, E. Thiel.

VENTES : Anonyme (janv. 1908), 4ᵉ état, 300 fr. ; Anonyme (20 mars 1908), 4ᵉ état, 290 fr. ; J. Gerbeau (1908), 4ᵉ état, 235 fr.

Cuivre détruit.

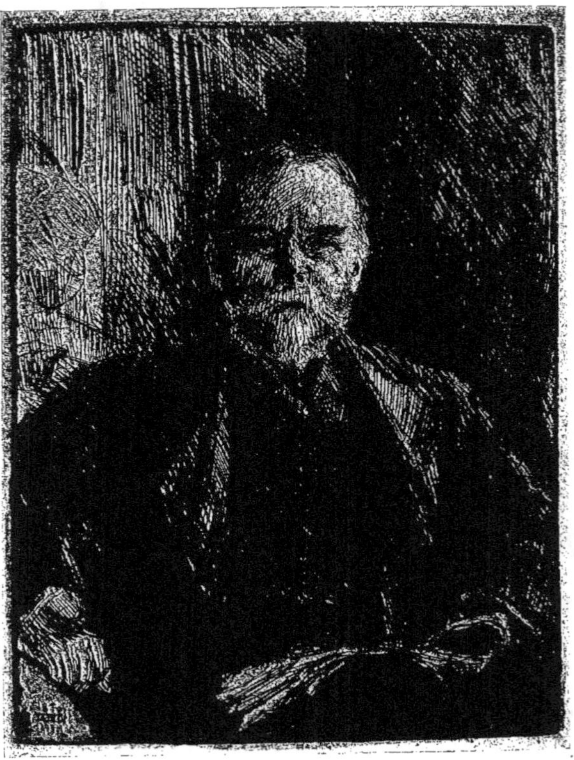

(1904) — 2ᵉ *état*.   (Cat. F. de Schubert, n° 149 — 1 seul état décrit).

1ᵉʳ **État.** Avec des travaux assez fortement mordus, sur les parties lumineuses du visage ; les angles du cuivre sont aigus. Fort rare.

2ᵉ — Les travaux dans les parties lumineuses du front, sont enlevés ; les angles du cuivre sont arrondis. **L'état reproduit.**

VENTES : A. Ragault (1907), 2ᵉ état, 75 fr. ; Anonyme (mai 1907), 2ᵉ état, 76 fr. ; Anonyme (20 mars 1908), 2 état, 110 fr.

John Hay, homme politique et écrivain, né à Salem-Indiana le 8 octobre 1838, mort en 1905, fut un des secrétaires particuliers du président Lincoln, puis secrétaire de légation à Paris, à Madrid et à Vienne, enfin 1ᵉʳ Sous-Secrétaire d'Etat de 1879 à 1881 et ambassadeur en Angleterre (1897-98).

Le cuivre existe.

1re planche

(H. 175 millim. L. 125)

2e planche

(H. 175 millim. L. 125).

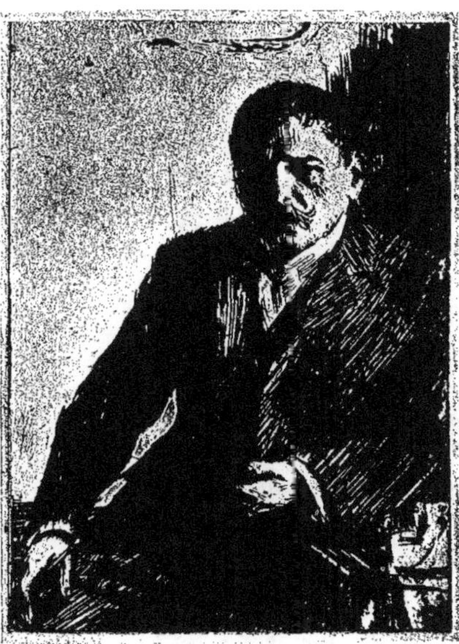

1904 — 2e état.

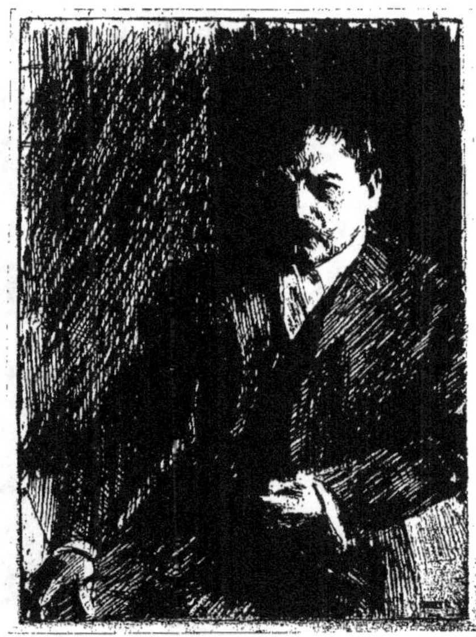

2e état.

(Cat. F. de Schubert, n°s 150-151 — 1 seul état décrit).

1re planche (179). Très rare.

1er État. Avant quelques tailles verticales, au-dessus de la tête de l'artiste, à droite. De toute rareté. Collection de M. Ch. Deering.

2e — L'état reproduit.

Une épreuve dans la collection de M. Gottfried Eissler, à Vienne.

———

2e planche (180).

1er État. Avant les contre-tailles obliques, dans le fond à gauche. De toute rareté. Collection de M. Ch. Deering.

2e — Avec les contre-tailles obliques. dans le fond à g., mais avant les derniers travaux. **Celui reproduit.** De toute rareté.

4e — Terminé. La cravate est ombrée, et des travaux ont été ajoutés sur diverses parties de la planche. Etat publié dans : **Die Graphischen Kunste,** 1905, en accompagnement d'un article de M. Fortunat de Schubert-Soldern.

Les cuivres existent !

181. — LE COMPAGNON DE VOYAGE

(M. Ch. Deering)

(H. 200 millim. L. 150)

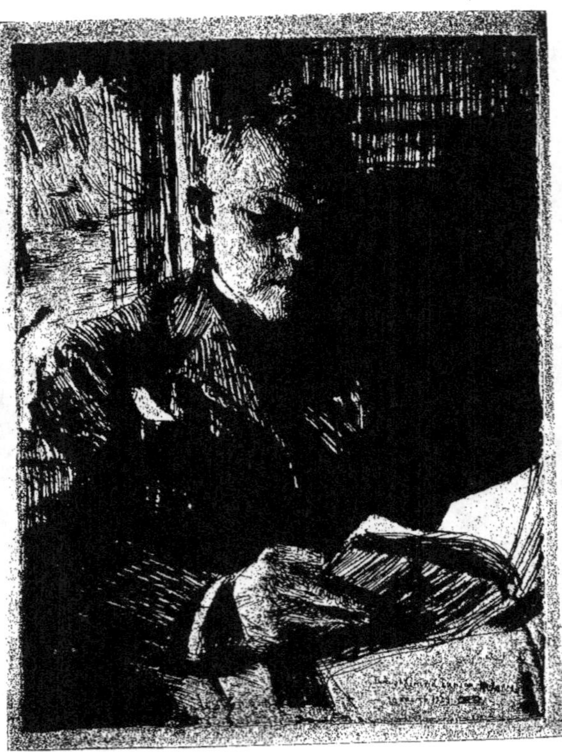

1904   (Cat. F. de Schubert, n° 152 — 1 seul état décrit).

Musées de Stockholm et de Göteborg, Bibliothèque Nationale, MM. Ch. Deering, Campbell Dodgson, Th. Laurin, G. Petitdidier, G. Teyssier, Ern. Thiel, Dr Weber, etc.

Le cuivre existe.

182. — Mlle EMMA RASSMUSSEN

(H. 190 millim. L. 150)

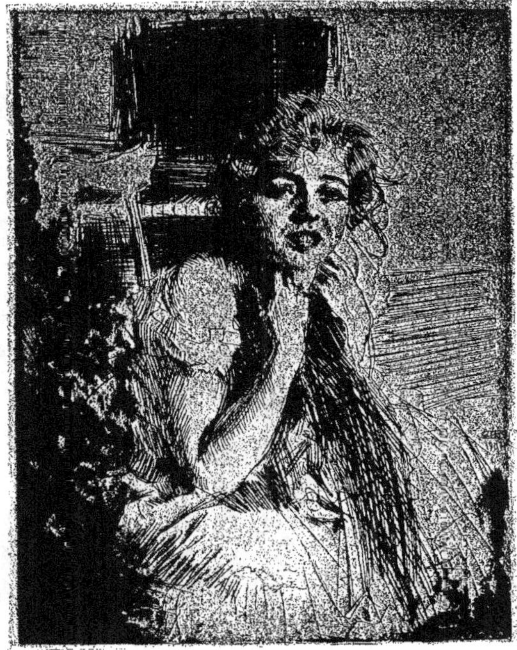

1904

(Cat. F. de Schubert, n° 153 — 1 seul état décrit).

Musées de Stockholm et de Göteborg, Bibliothèque Nationale, M. et Mme A. Curtis, Mme Carlsund,
MM. Bela Backer, Ch. Bermond, Max Biach, Campbell Dodgson, A. Edelstam, G. Haviland, Pr Helferich,
Jacobi, Ch. Jacquin, Th. Laurin, A. Lindström, G. Petitdidier, H. Sedorholm, Percy Tamm, H. S. Theobald,
Ern. Thiel, Dr Weber, etc.

VENTES : Anonyme (14 avril 1908), 300 fr. ; J. Gerbeau (1908), 195 fr. et 345 fr.

Le cuivre existe.

183. — Mrs SKIP

(H. 200 millim. L. 150)

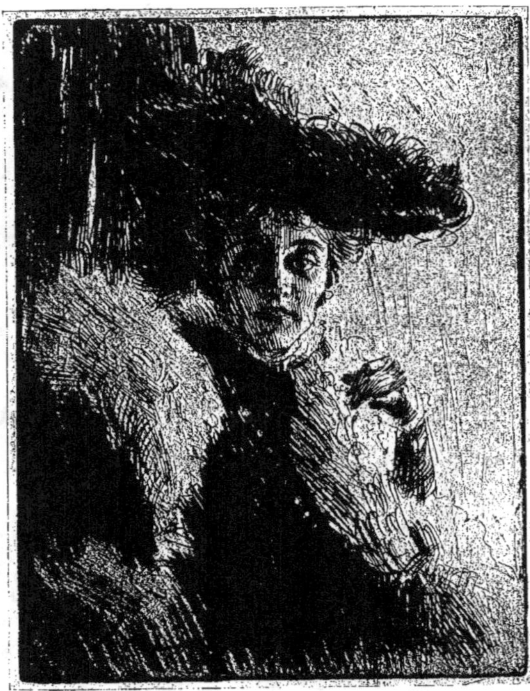

1904   (Cat. F. de Schubert, n° 154 — 1 seul état décrit).

Rare. Tiré à 35 épreuves.

Musées de Stockholm et de Göteborg, Bibliothèque Nationale, M. et Mme A. Curtis, MM. A. Beurdeley, Judson S. Dutcher, G. Haviland, Pr Helferich, C^l Lagrenée (épr. de Ragault), Th. Laurin, G. Petitdidier, J. Picot, A. Ragault, H. Sederholm, A. Strölin, G. Teyssier, Ern. Thiel.

VENTES : A. Ragault (1907), 540 fr.; Anonyme (20 mars 1908), 245 fr.; J. Gerbeau (1908), 210 fr.

Cuivre détruit.

184. — ANDERS ZORN

(H. 120 millim. L. 157)

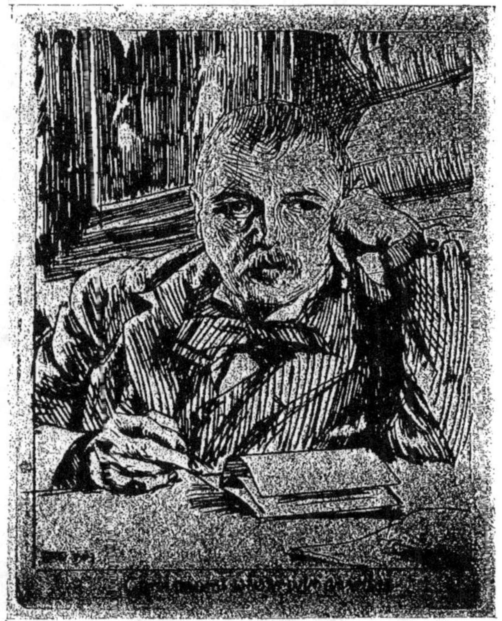

1904 — 2e état.   (Cat. F. de Schubert n° 155 — 1 seul état décrit).

1er État. Le contour de la figure, à droite, est formé par deux tailles. Très rare.

2e   — L'état reproduit. Publié dans : **Das radierte werke des Anders Zorn, bearbeitet von Fortunat von Schubert-Soldern, Mit einer originalradierung und zwanzig licht drucktafeln** — Dresde, Arnold, 1905. — Tiré à 200 exemplaires.

VENTES : Anonyme (nov. 1905), 2e état, 41 fr. ; J. Gerbeau (1908), 2e état, 120 fr.

Les mots : **Gardi onums...** etc., tracés au bas de ce portrait, sont écrits dans la langue de Mora, encore parlée par les paysans, et signifient : **Son œuvre montre ce qu'il a voulu (faire).**

Cette eau-forte est la dernière cataloguée par M. Fortunat de Schubert-Soldern.

Le cuivre existe.

185. — VIOLONISTE DE VILLAGE

(H. 155 millim. L. 116)

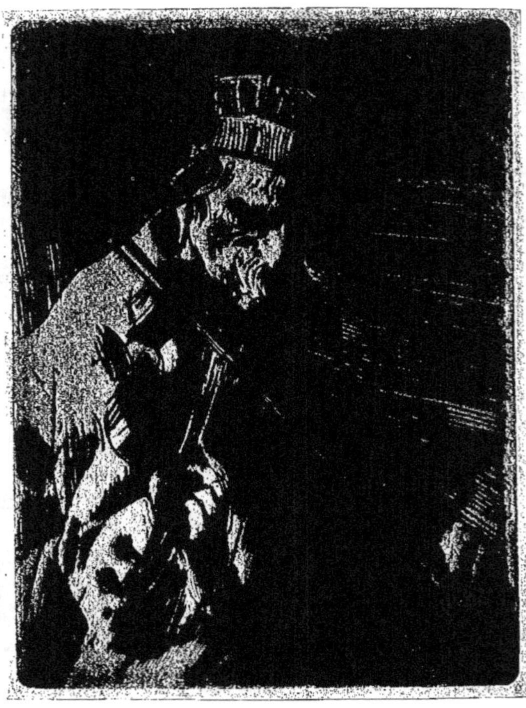

(1904)

Cette eau-forte a été publiée dans la **Gazette des Beaux-Arts** (n° de février 1907), puis dans une brochure de M. Edouard André, tirée à 100 exemplaires numérotés, et éditée chez M. G. Rapilly, 1907, sous ce titre : ZORN PEINTRE ET AQUA-FORTISTE, SA VIE, SON ŒUVRE.....

La peinture du *Violoniste de village* appartient à M. Thiel, à Djurgarden (Stockholm).

Le cuivre existe.

186. — UNO STADIUS

(H. 069 millim. L. 050)

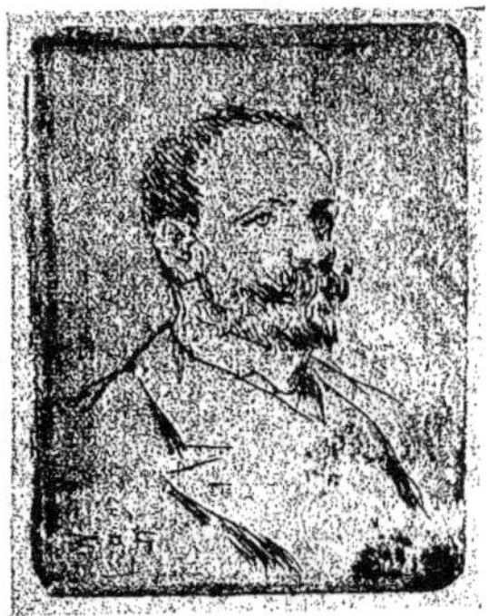

(1904)

Fort rare. Tiré à 5 épreuves.

Bibliothèque Nationale, MM. Ch. Deering, Th. Laurin.

Les lettres Z à G signifient : Zorn à Gopsmor.

Uno Stadius, pédagogue, né en Finlande en 1873, habite la Suède; Uno Stadius s'est donné pour mission de parcourir les villages et d'instruire les paysans; c'est au cours d'un passage à Mora où il enseignait aux adultes, que Zorn le connut.

Cuivre détruit.

187. — ALBERT ENGSTRÖM

(H. 200 millim. L. 150)

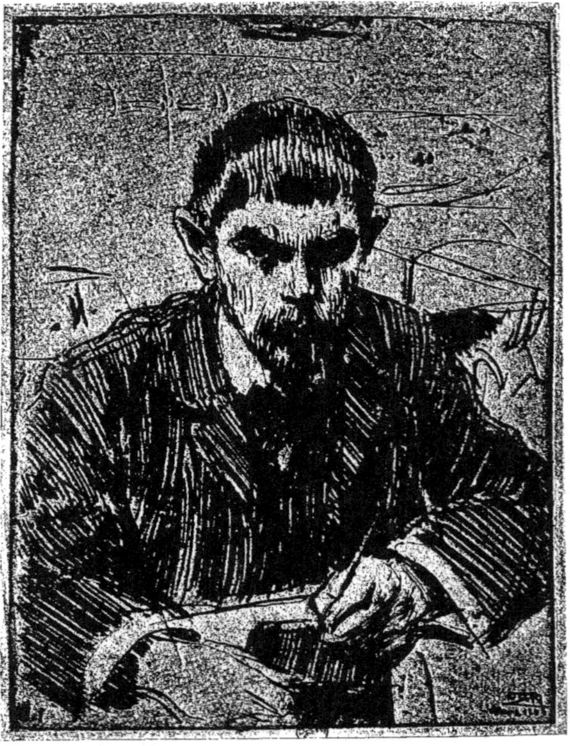

1905 — 2ᵉ état.

1ᵉʳ État. Avant 4 tailles obliques sous la manche gauche du personnage, formant ombre. Très rare.

2ᵉ — Avec l'addition de 4 tailles obliques sous la manche gauche du personnage. L'état reproduit.

Albert Engström, caricaturiste suédois et écrivain de talent, directeur du journal humoristique le *Strix*, est né à Småland (Suède), en 1869; une étude sur cet artiste, écrite par M. Carl G. Laurin, a été publiée en 1906, dans l'*Art et les Artistes*.

Le cuivre existe.

188. — THÉODORE ROOSEVELT

(H. 128 millim. L. 089)

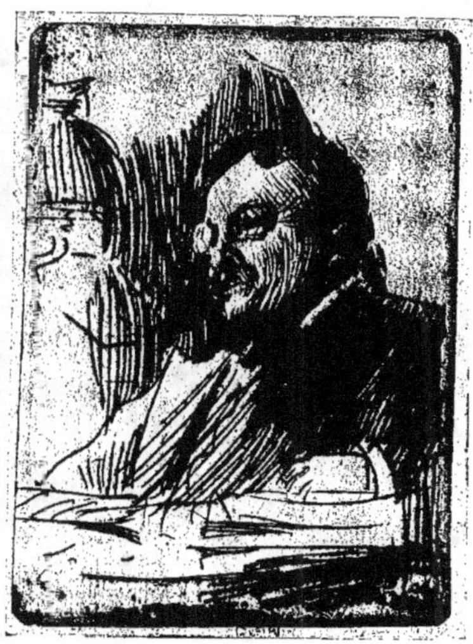

1905

Musée de Stockholm, Bibliothèque Nationale, M. et Mme A. Curtis, MM. Ch. Deering, Th. Laurin, G. Petitdidier, etc.

Théodore Roosevelt, président de la République des États-Unis, de 1901 à 1908, est né à New-York, en 1858. Élève de l'Université de Harward, « après un apprentissage de vie parlementaire où il a pris « contact avec les réalités de la lutte politique et orienté ses jeunes énergies de réformiste, à vingt-six « ans il partait dans l'Extrême-Ouest, pour y compléter ses « humanités » comme éleveur (1) ». En 1895, Roosevelt fut placé à la tête du comité de la police de la ville de New-York, peu de temps avant la guerre hispano-américaine; les grandes qualités qu'il déploya dans ce poste, le firent remarquer de Mac Kinley qui l'appela au Ministère de la Marine. En 1900, Th. Roosevelt était nommé vice-président de la République des États-Unis, et l'année suivante, à la mort tragique de Mac Kinley, Président; il mit alors au service de son pays, une énergie et une largeur de vues, qui lui ont valu l'admiration de ses adversaires même. Th. Roosevelt a également écrit divers livres, parmi lesquels on cite notamment : *Naval War of 1812* (1882), *New-York* (1891), *The Wilderness Hunter* (Le Chasseur des Solitudes, 1893), *The Winning of the West* (La Conquête de l'Ouest, 1889-1896), *Oliver Cromwell* (1900).

Le cuivre existe.

(1) L. Bazalgette, Théodore Roosevelt, 1905.

29

189. — BETTY NANSEN

(H. 250 millim. L. 179)

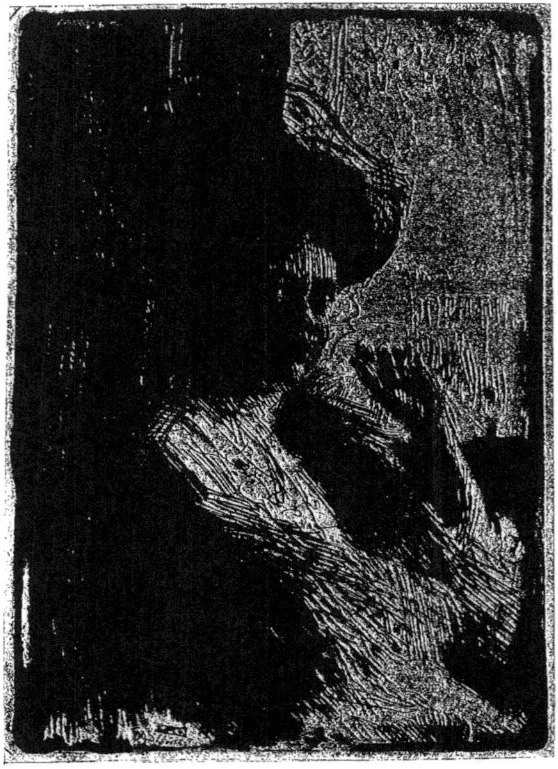

1905 — *1er état.*

1er État. Le corsage est blanc, et il n'y a pas de tailles perpendiculaires sous la main levée. **Etat reproduit.**
Fort rare.

2e — Le corsage est encore blanc, mais quelques tailles y sont ajoutées. Fort rare.

3e — Le corsage est ombré, mais le poignet et la main droite ne sont pas encore indiqués. Fort rare.
Collection de M. Th. Laurin.

4e — Terminé. **Etat reproduit.** Musée de Stockholm, Bibliothèque Nationale, M. et Mme A. Curtis,
MM. Alf. Beurdeley, Dr Bauer, Ch. Deering, Loys Delteil, Dickson, O. Granberg, T. Möller,
G. Petitdidier, A. Ragault, etc.

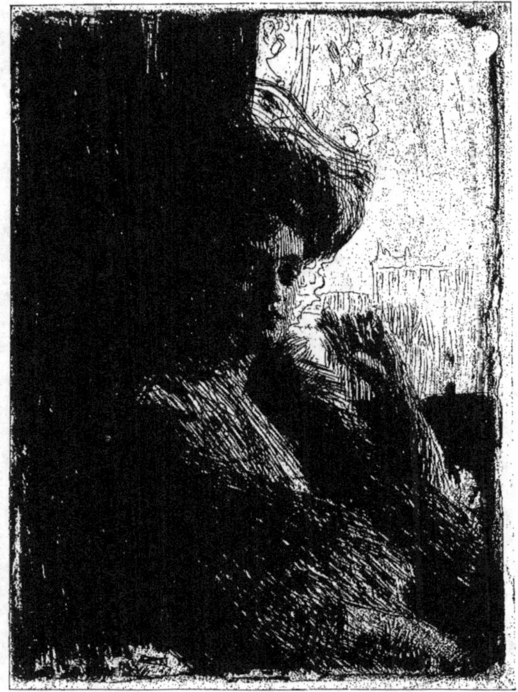

4e état.

Mme Betty Nansen, célèbre actrice danoise — tragédienne et comédienne — est née à Copenhague en
1873 ; elle est la femme du romancier Peter Nansen, directeur de la plus importante maison d'édition du
Danemarck.

Le cuivre existe.

(H. 247 millim. L. 180)

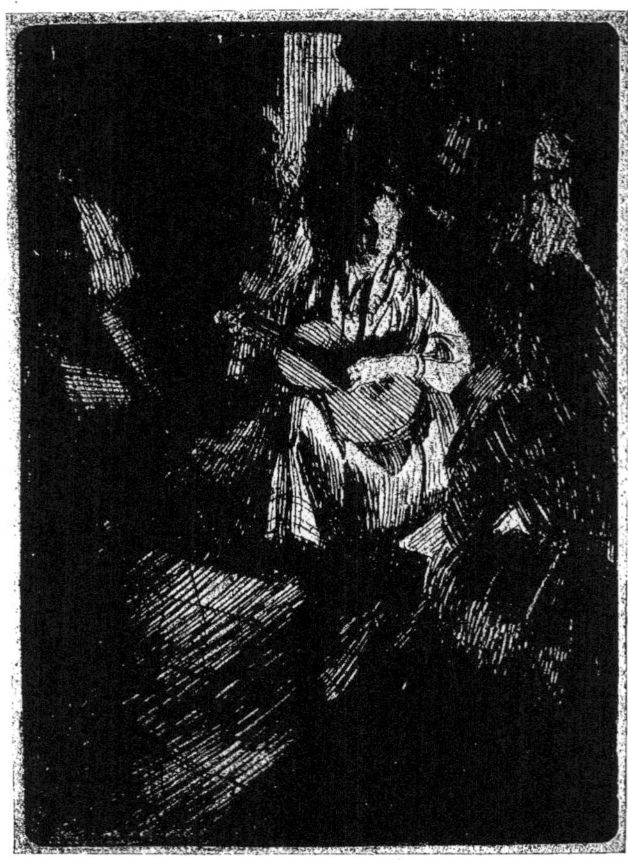

1906 — 1ᵉʳ état.

1ᵉʳ État. **Celui reproduit.** Très rare. Collection de M. R. Le Ghait.

2ᵉ — L'œil gauche de la femme jouant de la guitare, est mieux exprimé, et quelques nouvelles tailles sont ajoutées sur la joue. Rare. Musée de Göteborg.

3ᵉ — Quatorze tailles perpendiculaires sont ajoutées sur la partie éclairée de la robe de la femme jouant de la guitare, au-dessus des genoux.

VENTES : J. Gerbeau (1908), 3ᵉ état, 200 fr. ; Anonyme (16 décembre 1908), 1ᵉʳ état, 315 fr.

La peinture de *Musique en Famille*, appartient à M. Fred. Löwenadler, à Londres.

Le cuivre existe.

191. — DEMOISELLE D'HONNEUR

(L. 198 millim. H. 149)

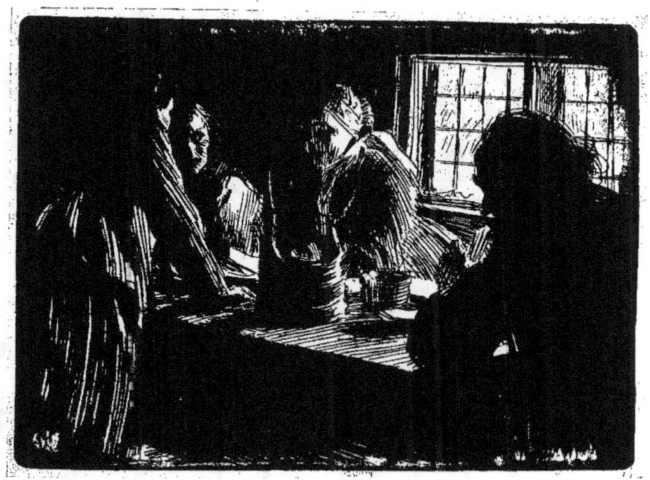

1906

Musée de Stockho m, Bibliothèque Nationale, M. et Mme A. Curtis, MM. Ch. Deering, O. Gerstenberg, Ch. Jacquin, Th. Lauriñ, G. Petitdidier, Ern. Thiel.

VENTES : Anonyme (24 avril 1908), 150 fr.; J. Gerbeau (1908), 145 fr.

La scène représente la *Demoiselle d'honneur*, racontant dans sa famille, comment s'est passée la célébration du mariage auquel elle assistait.

Le cuivre existe.

192. — DANSE A GOPSMOR

(H. 298 millim. L. 200)

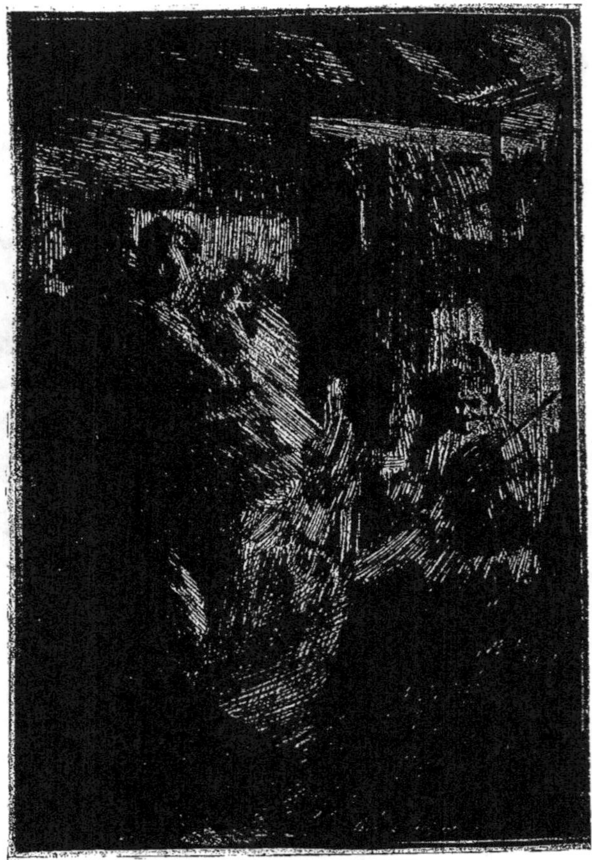

1906 — *1er état.*

1er État. **Celui reproduit.** Fort rare. Une épreuve chez Anders Zorn.

2e — Avec de nouveaux travaux sur le visage, l'habit et l'instrument du paysan jouant du violon. Bibliothèque Nationale, MM. Th. Laurin, Liljewalch, G. Teyssier.

La peinture de la *Danse à Gopsmor*, se trouve chez M. Liljewalch.

Le cuivre existe.

(H. 155 millim. L. 118)

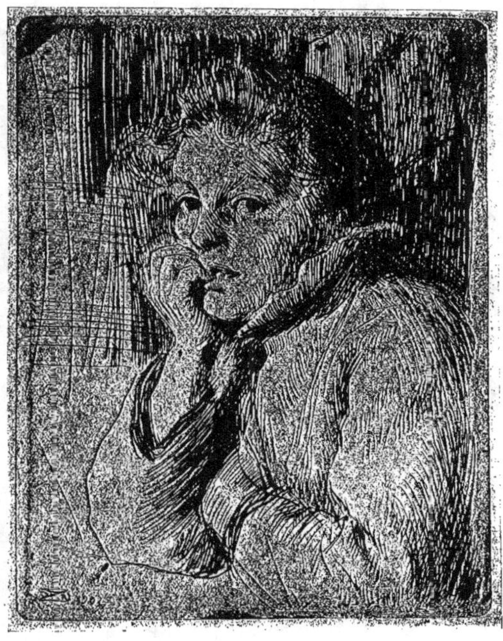

1906 — 2ᵉ état.

1ᵉʳ État. Avant divers travaux sur le visage, les cheveux et le vêtement de la paysanne. Très rare.

2ᵉ — Terminé. **L'état reproduit.**

VENTES : A. Ragault (1907), 2ᵉ état, 75 fr.; J. Gerbeau (1908), 2ᵉ état, 135 fr.

Le cuivre existe.

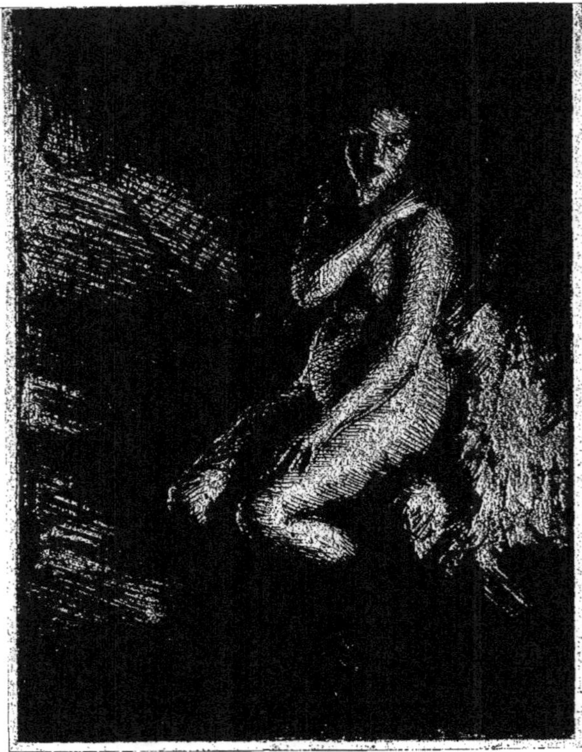

1906 — 2ᵉ état.

1ᵉʳ Etat. Avant un grand nombre de tailles obliques, sur le terrain et sur le lit, à gauche. Très rare.

2ᵉ — Terminé. L'état reproduit. Bibliothèque Nationale, MM. Ch. Deering, G. Petitdidier, G. Teyssier, etc.

Le cuivre existe.

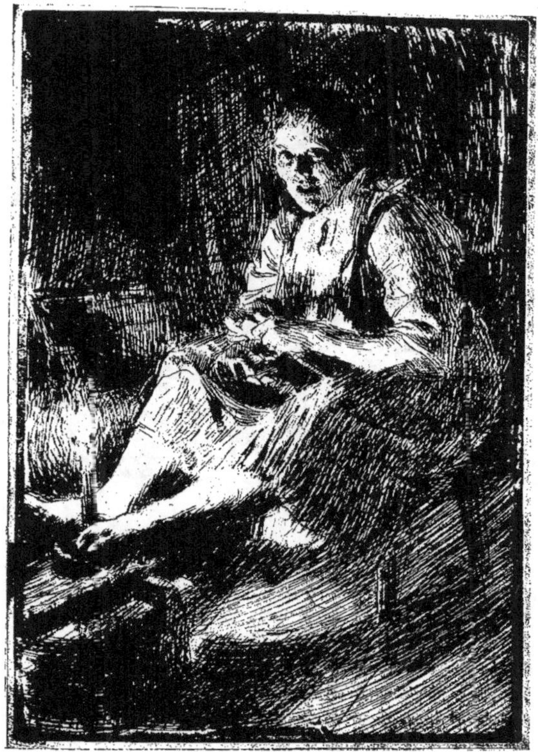

1906 — 1ᵉʳ état.

1ᵉʳ État. **Celui reproduit**. Fort rare. Une épreuve chez Anders Zorn.
2ᵉ   —   Avec l'addition de nouveaux travaux, notamment sur le terrain.

VENTES : J. Gerbeau (1908), 2ᵉ état, 190 fr. ; Anonyme (nov. 1908), 2ᵉ état, 210 fr.

Ida, est une paysanne de Mora, au caractère enjoué, à la fois modèle et servante de Zorn, qu'elle suit à Gopsmor lorsque le maître s'isole pour ses études en plein air, et où elle s'occupe des soins du ménage et de la nourriture, entre les heures de pose.

Le cuivre existe.

196. — HEMULÅ

(petite planche)

(H. 059 millim. L. 050)

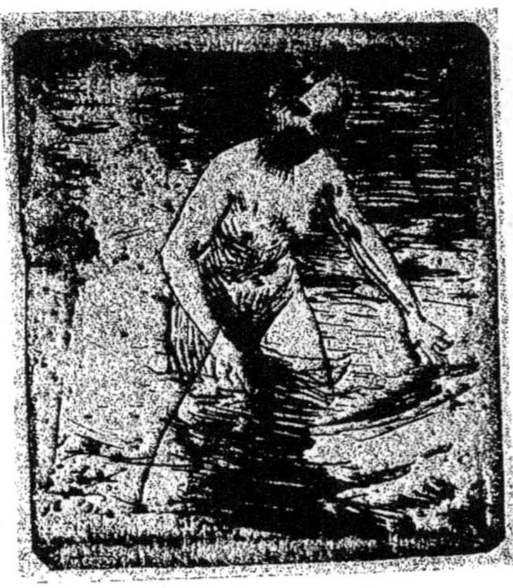

(1906)

Fort rare. Tiré à 6 ou 8 épreuves.
Bibliothèque Nationale, MM. Ch. Deering, Th. Laurin, Liljewalch.

———

Hemulå est le nom de la rivière qui passe au pied de la maison de Zorn, à Mora.

Cuivre détruit.

197. — HEMULÅ
(grande planche)

(H. 157 millim. L. 118)

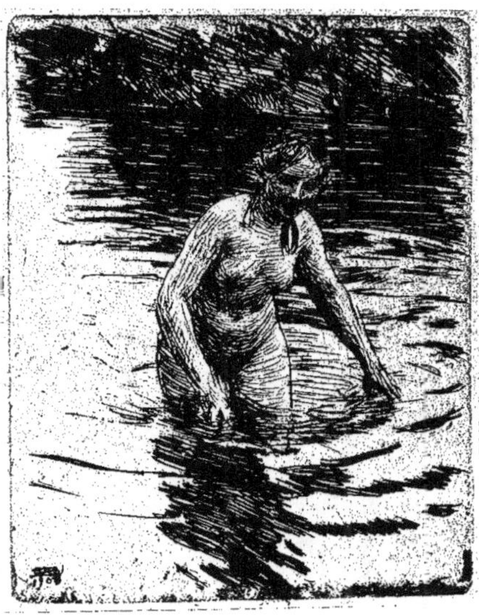

1906 — 1ᵉʳ état.

Très rare. Tiré à une quinzaine d'épreuves.

1ᵉʳ État. **Celui reproduit.** Bibliothèque Nationale, M. et Mᵐᵉ A. Curtis, M. G. Teyssier.

2ᵉ — Quelques courtes tailles horizontales, simulant de l'eau, sont ajoutées vers le haut à gauche, contre le bord de la planche. Collection de MM. Ch. Deering, G. Petitdidier, A. Strölin.

———

Des épreuves de cette planche dans les collections de MM. F. Boberg, A. Bourdeley, G. Haviland, Th. Laurin, Liljewach, Ern. Thiel.

Cuivre détruit.

198. — RACCOMMODAGE

(H. 198 millim. L. 148)

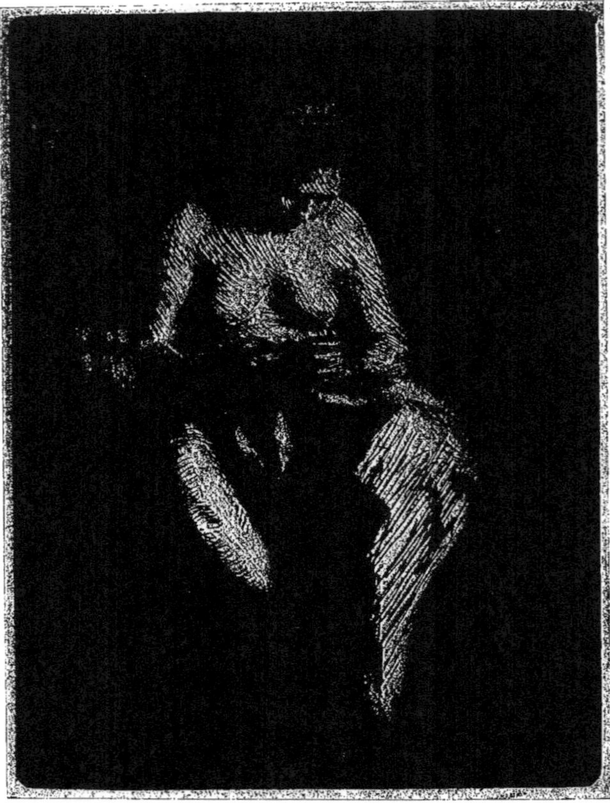

1906

Musée de Stockholm, Bibliothèque Nationale, M. et Mme A. Curtis, MM. Ch. Deering, Ch. Jacquin, Th. Laurin, G. Petitdidier, A. Strölin, G. Teyssier, etc.

———

VENTES : Anonyme (14 avril 1908), 100 fr. ; J. Gerbeau (1908), 110 fr.

Le cuivre existe.

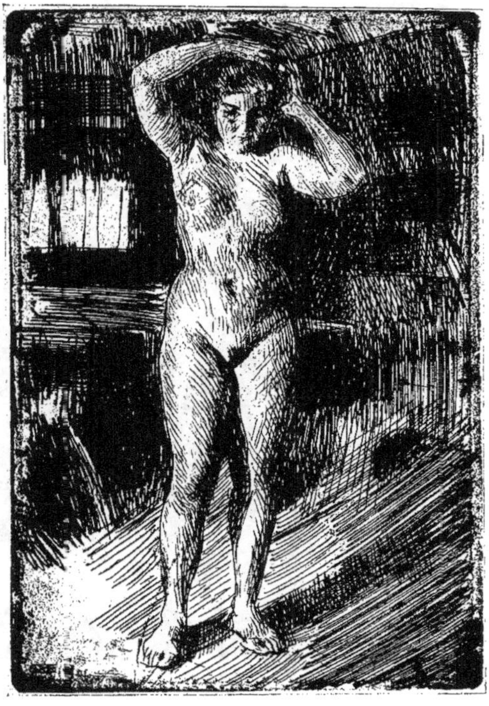

1906 — 1ᵉʳ état.

1ᵉʳ État. Non terminé. **Celui reproduit.** Très rare. Collection de MM. A. Strölin, G. Teyssier.

2ᵉ — Terminé; le terrain qui était blanc à gauche, dans le 1ᵉʳ état, est ombré dans celui-ci.

———

VENTES : A. Ragault (1907), 2ᵉ état, 100 fr.; J. Gerbeau (1908), 1ᵉʳ état, 110 fr., 2ᵉ état, 100 fr.

Le cuivre existe.

(H. 197 millim. L. 149)

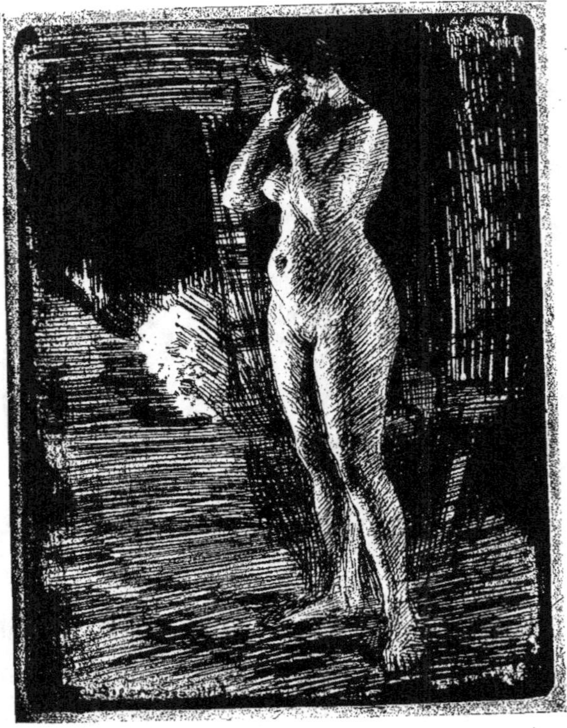

1906 — 2ᵉ état.

1ᵉʳ État. Le terrain est complètement blanc, sur une partie du premier plan ; on voit également un espace clair, derrière le pied gauche du modèle. Fort rare. Collection de M. G. Teyssier.

2ᵉ — Terminé. **L'état reproduit.** Très rare. Musées de Stockholm et de Göteborg, Bibliothèque Nationale, MM. A. Beurdeley, Campbell Dodgson, Th. Laurin, G. Petitdidier, E. Thiel.

———

Cette eau-forte exposée en 1907, chez M. Keppel, sous le titre : *The Novice*, n'a été tirée qu'à une quinzaine d'épreuves.

Cuivre détruit.

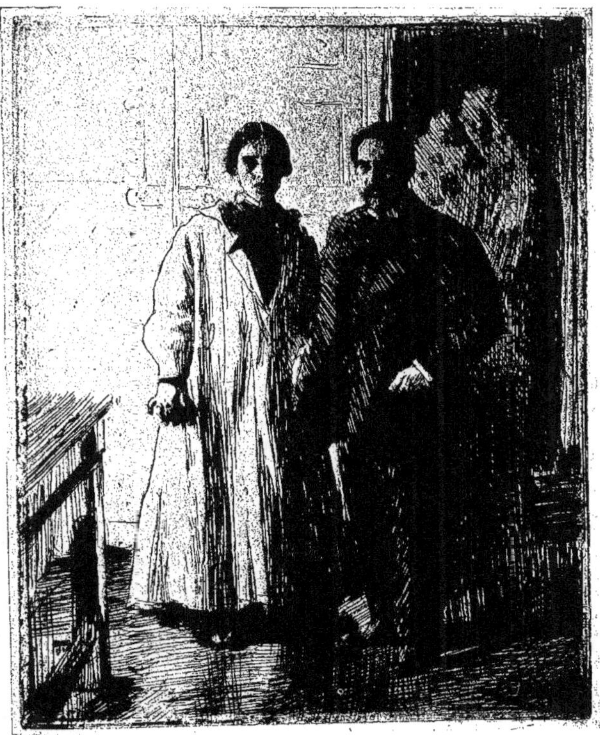

201. — M. et Mme ATHERTON CURTIS

(H. 238 millim. L. 180)

1900 — 2e état.

1er État. Le contour droit du visage de Mme Curtis, est exprimé au moyen de quelques menus traits. Tiré à 6 épreuves. Collection de M. et Mme A. Curtis, M. A. Strölin.

2° — Le contour droit du visage de Mme Curtis, est exprimé par un trait unique. L'état reproduit. Rare. Bibliothèque Nationale, M. et Mme A. Curtis, MM. le Dr Akerlund, Axel d'Edelstam, Loys Delteil, Liljewalch, G. Petitdidier, G. Rystedt père, A. Strölin, Percy Tamm, Ern. Thiel, Wijk. Tiré à 50 épreuves.

L'eau-forte de *M. et Mᵐᵉ A. Curtis*, a été exposée au *Salon de la Société Nationale* (année 1907).

M. et Mᵐᵉ Atherton Curtis, dont Zorn a gravé les portraits sur un même cuivre, sont de fervents amateurs d'art, ayant réuni depuis une quinzaine d'années, une merveilleuse collection d'estampes originales débutant aux dernières années du xvᵉ siècle, et englobant jusqu'aux œuvres des artistes modernes les plus réputés. Cette collection offre cette particularité, d'ailleurs très rare : chaque pièce qui la compose a été, en effet, agréée à la fois par les deux époux, dont les goûts sont absolument identiques.

M. Atherton Curtis est né à New-York, en 1863, où il résida jusqu'en 1903; depuis cette époque, cet amateur habite Paris.

Mᵐᵉ Louise Burleigh Curtis, sa femme, mariée en 1894, est née à Hampden, Maine (Etats-Unis), en 1869; artiste en même temps que femme de goût, Mᵐᵉ Curtis a été l'élève d'un de nos peintres les plus délicats, M. Luc Olivier-Merson.

On doit à M. Atherton Curtis, qui s'intéresse aussi tout particulièrement aux manifestations les plus diverses de l'art décoratif, quelques écrits, entr'autres : *Some Masters of Lithography*, et le *Catalogue of the Etched Work of Evert van Muyden* (New-York, F. Keppel, 1894).

M. Curtis a fait partie également de divers comités d'expositions, et il a pris une part active à celle de Zorn, organisée chez MM. Durand-Ruel (1906).

Enfin, nous ne saurions passer sous silence que M. et Mᵐᵉ Atherton Curtis s'occupent également de questions humanitaires.

Cuivre détruit.

(H. 212 millim. L. 156)

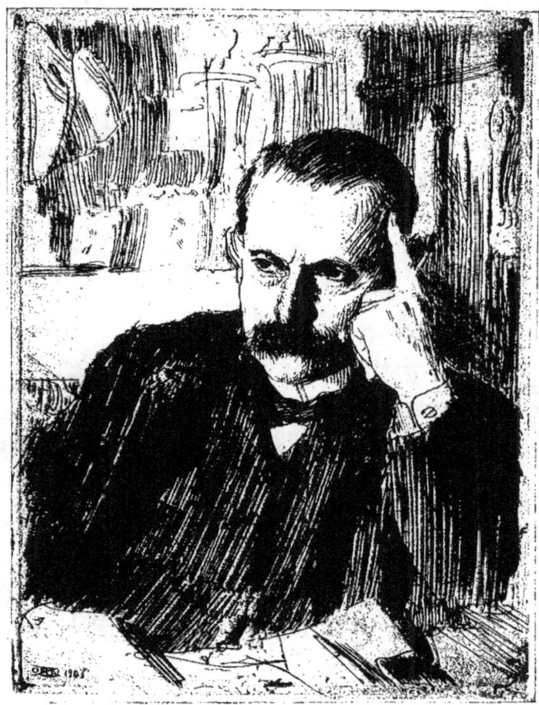

1906 — *1er état*

Rare. Tirage : 30 épreuves environ.

1er État. **Celui reproduit.** Très rare. Collection de M. et Mme A. Curtis, M. A. Strölin.

2e — Une dizaine de traits obliques, croisant les verticaux, sont ajoutés sur le vêtement, à la suite de l'ombre contournant le bras gauche du personnage; de plus, 2 ou 3 tailles ont été ajoutées dans la partie claire des cheveux.

Cette eau-forte a été exposée au **Salon de la Société Nationale** (année 1907).

M. Paul Henri Benjamin Balluaut d'Estournelles de Constant, diplomate et homme politique français, l'apôtre de la paix, est né à La Flèche, en 1852. Elu député à plusieurs reprises, M. d'Estournelles de Constant a représenté la France, avec M. Léon Bourgeois, au *Congrès de La Haye* (1899).

Cuivre détruit.

203. — AUGUSTE RODIN

(H. 212 millim. L. 154)

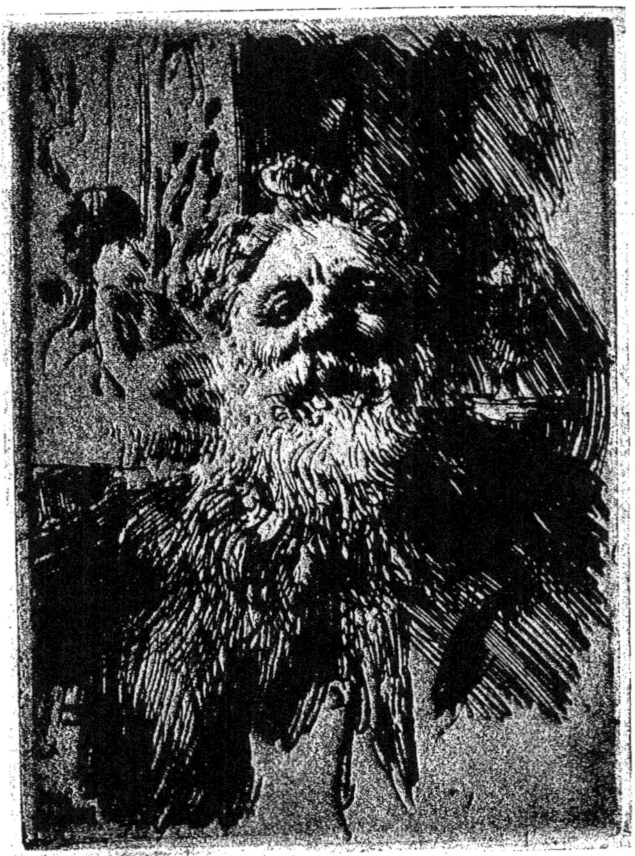

1906 — *1er état.*

1er État. Avant le nom de Rodin, en H. à D. Très rare. **L'état reproduit.** Collection de MM. Loys Delteil,
    G. Petitdidier, A. Strölin.

2e   —   Avec le nom de Rodin, en H. à D. Rare. Collection de M. et Mme A. Curtis, M. T. Möller.

3e   --   Le contour droit de la joue, est exprimé par une dizaine de points très légers.

———

Cette eau-forte a été exposée au *Salon de la Société Nationale* (année 1907).

———

Nous ne donnons, pas à cette place, de renseignements bibliographiques sur Aug. Rodin, l'œuvre
gravé du célèbre statuaire devant faire l'objet de l'un des prochains tomes du **Peintre-Graveur illustré**.

Le cuivre existe.

204. — MARCELIN BERTHELOT

(H. 212 millim. L. 157)

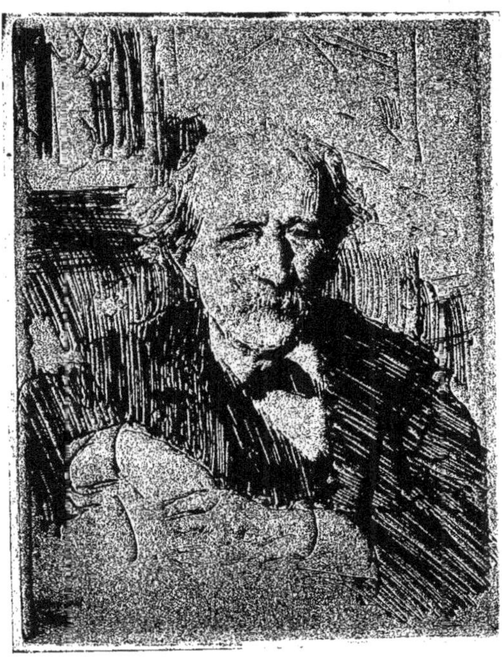

1906 — 1er état.

1er État. **Celui reproduit**. Très rare. Collection de MM. G. Petitdidier, A. Strölin.
2e — Le contour de la joue droite du personnage, est formé par une nouvelle taille.

VENTES : Anonyme (mai 1907), 155 fr. ; Anonyme (14 avril 1908), 100 fr.

Cette eau-forte a été exécutée en 20 minutes, Zorn n'ayant pu obtenir un laps de temps plus long, du grand savant alors très souffrant.

Berthelot (Pierre-Eugène-Marcelin), célèbre chimiste français, naquit à Paris en 1827, et mourut dans la même ville en 1908.

Fils d'un médecin, Marcelin Berthelot fut attaché, en 1851, comme préparateur des cours de chimie, au Collège de France, puis reçu docteur ès-sciences en 1854, et enfin nommé professeur à l'École supérieure de Pharmacie (1859), et au Collège de France (1865).

Ses remarquables études scientifiques, sur la reproduction artificielle d'un certain nombre d'espèces chimiques existant dans les êtres vivants, ainsi que ses découvertes, lui valurent outre une renommée universelle, d'être nommé membre de l'Académie de Médecine en 1863, membre de l'Académie des Sciences en 1873 et Secrétaire perpétuel de la même Académie, en 1889, fonctions qu'il conserva jusqu'à sa mort.

Précédemment, en 1878, Marcelin Berthelot avait été à la fois appelé au poste d'Inspecteur général de l'Enseignement supérieur, et nommé président de la commission des substances explosibles.

Sénateur amovible en 1881, Berthelot fit partie du Ministère Goblet (1886-1887), comme Ministre de l'Instruction Publique, et du Cabinet Léon Bourgeois, comme Ministre des Affaires Étrangères (1895-1896).

L'une des principales découvertes du savant Berthelot, est l'acide persulfurique ; auteur de nombreux ouvrages scientifiques, l'on cite surtout les suivants : *Chimie organique fondée sur la synthèse* (1860), *Leçons sur les méthodes générales de synthèse en chimie organique, Vérification de l'aéromètre Baumé* (1873), *La Synthèse chimique* (1875), *Les Origines de l'Alchimie* (1885).

Des funérailles nationales furent décernées à Marcelin Berthelot, dont la dépouille mortelle repose au Panthéon.

Le cuivre existe.

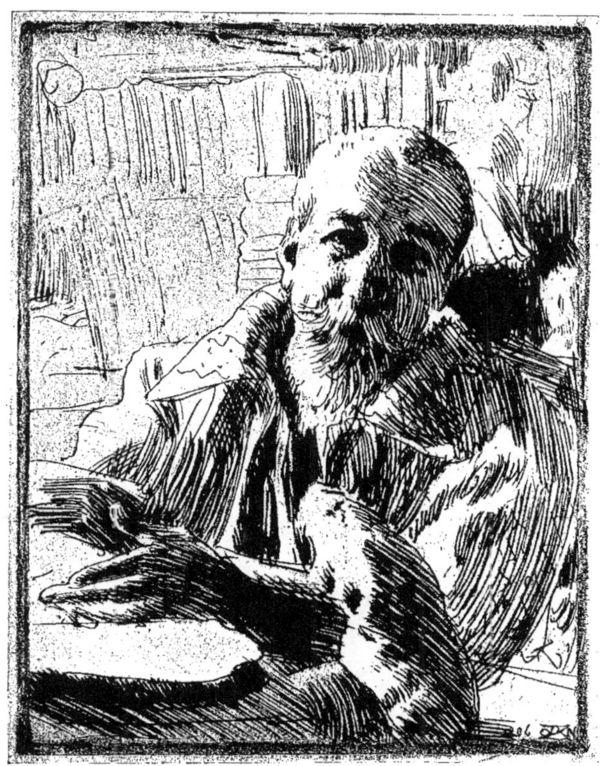

1906 — 2ᵉ état.

1ᵉʳ État. Avant les contre-tailles obliques, sous le collet, à gauche. Très rare. Musée de Stockholm,
    MM. Th. Laurin, G. Petitdidier.

2ᵉ   — Avec les contre-tailles obliques, sous le collet. **L'État reproduit.** Musée de Stockholm,
    MM. Loys Delteil, Dʳ Hernmark, V. Prouté, G. Teyssier, Dʳ D. Weber, etc.

———

Cette eau-forte a figuré au **Salon de la Société Nationale** (année 1907).

France (Anatole-François Thibaut, connu sous le nom d'Anatole), est né à Paris, en 1844.

Le délicieux écrivain débuta dans la littérature par les *Poèmes dorés* (1873) et les *Noces corinthiennes* (1876), ouvrages écrits en vers avec beaucoup de grâce, et qui laissaient présager un poète exceptionnellement doué. Mais Anatole France ne persista pas dans cette voie, et dans la suite c'est en prose qu'il écrivit ses ouvrages, que nous ne saurions tous citer ici, mais parmi lesquels nous indiquerons ceux les plus universellement connus et admirés :

Le Crime de Sylvestre Bonnard (1881), *Thaïs* (1890), la *Rôtisserie de la Reine Pédauque* (1893), *Le Lys rouge* (1894), *La Vie littéraire* (1889-1890), quatre volumes de critique, Histoire contemporaine : *L'Orme du Mail, le Mannequin d'osier, l'Anneau d'améthyste* (1897-1899); *Jeanne d'Arc* (1907).

Anatole France n'est pas à proprement parler un romancier : dans ses livres, France se raconte surtout lui-même, dépeignant les sensations de son âme, les délicatesses de son cœur, les caprices de son esprit; esprit souple, qui se caractérise par un scepticisme tendre et complexe, une ironie fine, bien prêt du dédain, mais sans fiel, une morale sans pédantisme.

Comme écrivain, Anatole France est un merveilleux artiste, dont le style est plein de trouvailles et de couleur.

Depuis 1896, Anatole France est membre de l'Académie Française.

Très épris d'art, l'auteur de *Thaïs* professe une grande admiration pour Prud'hon et Ingres, et il s'est entouré des plus belles productions de leur génie.

Le cuivre existe.

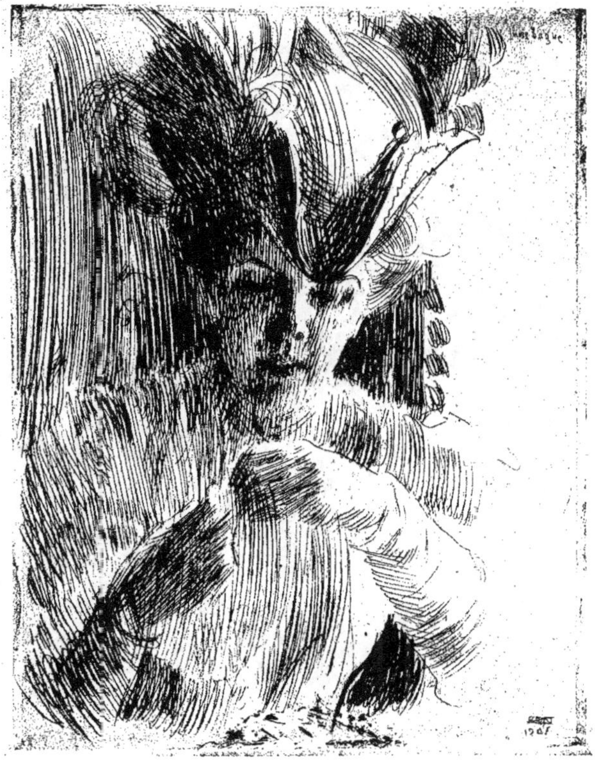

1906

1er État. **Celui reproduit**. Rare. Collection de MM. Ch. Deering, A. Strölin.

2e — Quelques nouveaux travaux ont été ajoutés sur la main tenant la bague.

Musées de Stockholm et de Göteborg, Cabinet des Estampes de Bruxelles, M. et Mme A. Curtis, MM. F. Boberg, Ch. Deering, Liljewalch, G. Petitdidier, Ern. Thiel, Dr D. Weber.

Le cuivre existe.

(H. 197 millim. L. 150)

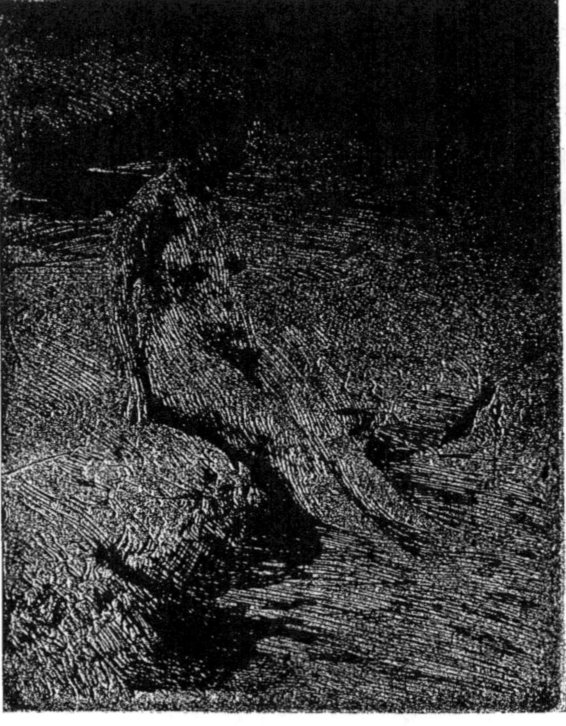

1906

Il a été tiré jusqu'à présent, 25 épreuves de cette planche, dont nous ne connaissons qu'un état.

Le cuivre existe.

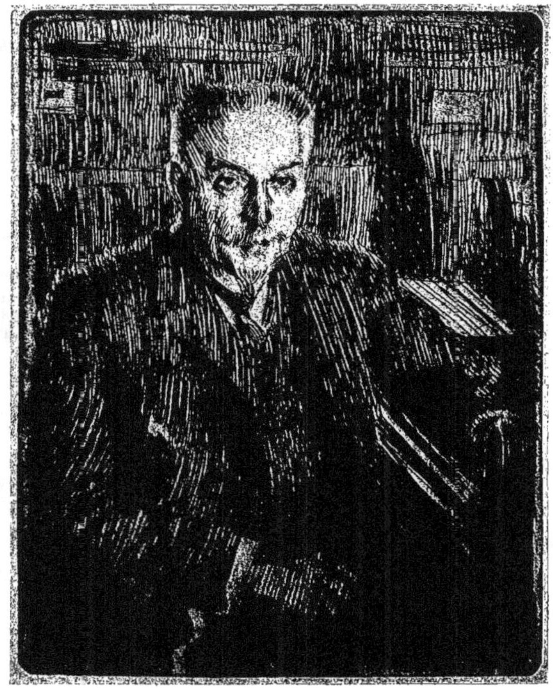

(1907).

Collection de MM. Alfred Beurdeley, Th. Laurin.

___

Le portrait peint qui a inspiré cette eau-forte, a été exposé au Salon de la *Société Nationale* (année 1907), et appartient à M. Beurdeley.

___

En tête de l'œuvre de Zorn, possédé par la *Bibliothèque Nationale*, on lit :

« L'œuvre gravé d'Anders Zorn a été libéralement offert au Cabinet des Estampes en 1906, par « M. Alfred Beurdeley (99 pièces inscrites sous le n° de don 576).

« M. Zorn a complété par un don de 40 pièces (inscrites sous le n° 577), la collection offerte au
« Cabinet des Estampes, par M. Beurdeley. »

C'est à l'issue de l'exposition d'ensemble de l'œuvre de Zorn, organisée dans les *Galeries Durand-Ruel*, à Paris (17 mai–16 juin 1906), que M. Alfred Beurdeley, président du Comité de l'exposition (1), fit ce don au *Cabinet des Estampes*, qui ne possédait alors aucune planche du maître suédois, et se trouve de ce fait aujourd'hui, après le Musée de Stockholm, le plus riche dépôt public ; depuis, une eau-forte connue à deux exemplaires seulement, a été offerte par M. et Mme A. Curtis.

M. Alfred Beurdeley est né à Paris, le 13 août 1847 ; fils d'un négociant en objets d'art et fabricant de bronzes, qui sut par son mérite et son labeur, créer une maison de premier ordre, M. A. Beurdeley succédait à son père, en 1875, mais en inversant sa manière d'agir : c'est-à-dire qu'il fut plus fabricant que négociant.

Exposant à l'*Exposition Universelle* de 1878, M. Alf. Beurdeley y obtenait une médaille d'or, tandis qu'il recevait la croix de la Légion d'Honneur pour sa participation à l'Exposition d'Amsterdam. Hors concours en 1889, M. A. Beurdeley fit partie de toutes les commissions de l'ébénisterie, comme d'ailleurs en 1900, où, en collaboration avec M. François Carnot, il organisa la *Centennale du Mobilier*.

A la suite d'un deuil (1894), M. A. Beurdeley renonça aux affaires. C'est alors qu'il s'adonna d'une manière suivie, aux diverses collections qu'il avait commencées, et dont l'une d'elles, composée de 4,000 dessins anciens concernant l'ornementation et l'architecture, forme maintenant la Bibliothèque du Musée public de St-Pétersbourg (Musée des Arts décoratifs Stieglitz).

A côté d'une admirable collection de dessins anciens et modernes, de tableaux, M. Alf. Beurdeley a réuni depuis une vingtaine d'années, plus de vingt mille estampes modernes, donnant en quelque sorte l'histoire de l'art de l'estampe au xixe siècle ; en effet, à côté des œuvres — généralement complets — des maîtres, M. A. Beurdeley n'a pas craint de placer des productions d'artistes secondaires, mais typiques, qui par leur présence, complètent ou expliquent les évolutions et les phases de la gravure au cours du dernier siècle.

Le cuivre existe.

(1) Le Comité de l'Exposition Zorn était ainsi composé : *Président :* M. A. Beurdeley ; *Secrétaires :* MM. Loys Delteil, Tyge Möller ; *Trésorier :* M. Alfred Strölin ; *Membre correspondant pour la Suède :* M. Thorsten Laurin ; *Membres :* MM. L. Benedite, H. Beraldi, Alb. Besnard, H. Bouchot, F. Bracquemond, J. Comte, A. Curtis, A. Dayot, G. Geffroy, J. Gerbeau, A. Hagborg, C. Larsson, A. Lepère, Henry Marcel, Roger Marx, P. Mathey, Roger Milès, A. Rouart, Ch. Saunier, Thiébault-Sisson.

209. — Dr FREDERIK MARTIN

(L. 179 millim. H. 119)

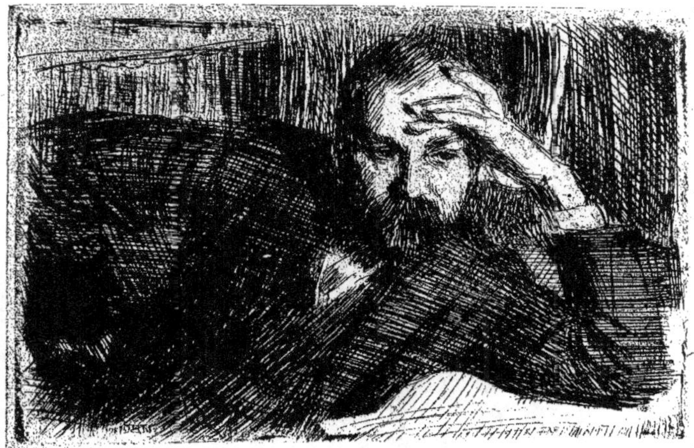

1897

Collection de MM. Ch. Deering, Th. Laurin.

Le Dr Martin, orientaliste, diplomate suédois, est un grand connaisseur d'art. Né à Stockholm en 1868, M. F. Martin a écrit divers livres sur l'art oriental, dont le plus important est son « *A History of Oriental Carpets* » (1908); il y a quelques années, il était drogman de légation à Constantinople.

Le cuivre existe.

210. — ÉTÉ

(H. 178 millim. L. 120)

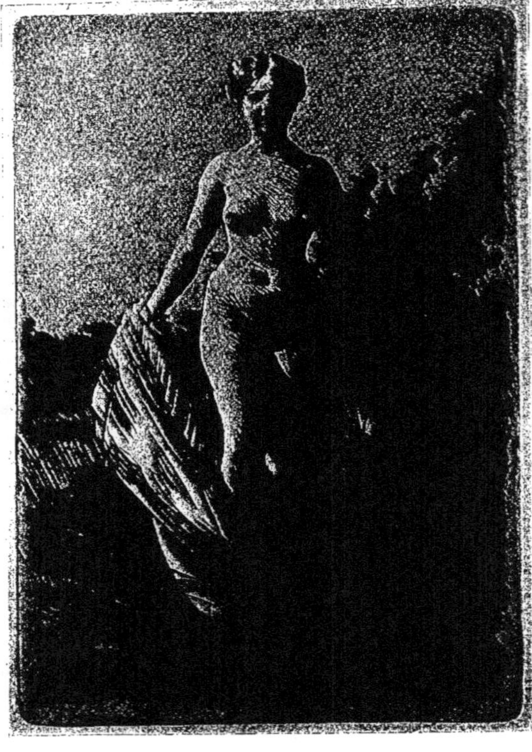

1907

Collection de M. et Mme A. Curtis, MM. H. G. Hjarne, F. Holmquist, Ossbahr, G. Petitdidier.

Le cuivre existe.

211. — CERCLES D'EAU

(1ʳᵉ planche)

(H. 150 millim. L. 130)

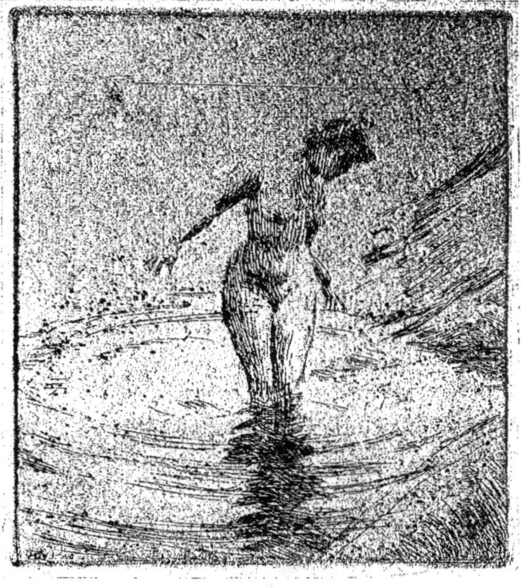

(1907)

Tiré à 20 épreuves.

Collection de MM. Ch. Deering, Th. Laurin, A. Strölin.

Le cuivre existe.

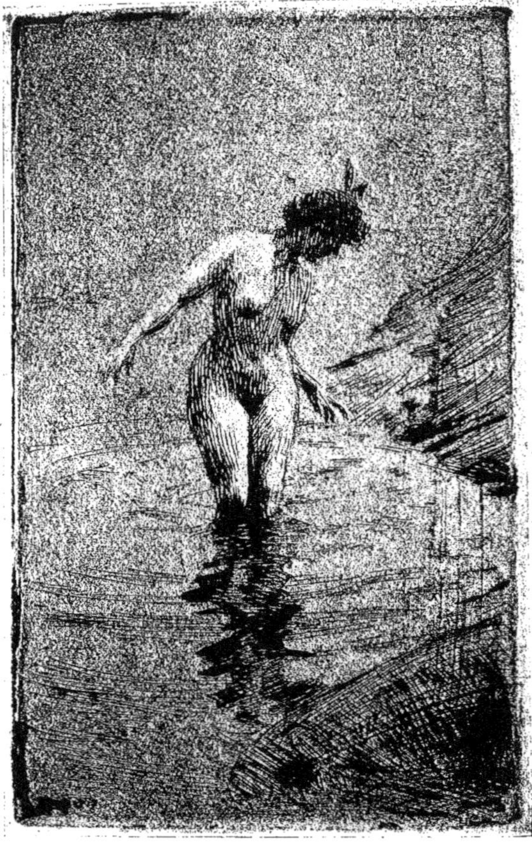

1907

Collection de M. et Mᵐᵉ A. Curtis, MM. le Dʳ G. Åkerlund, F. Boberg, Ch. Deering, Campbell Dodgson, F. Holmquist, Th. Laurin, Ossbahr, G. Petitdidier, A. Ragault, Dʳ D. Weber.

Le cuivre existe.

213. — EDO

(H. 179 millim. L. 120)

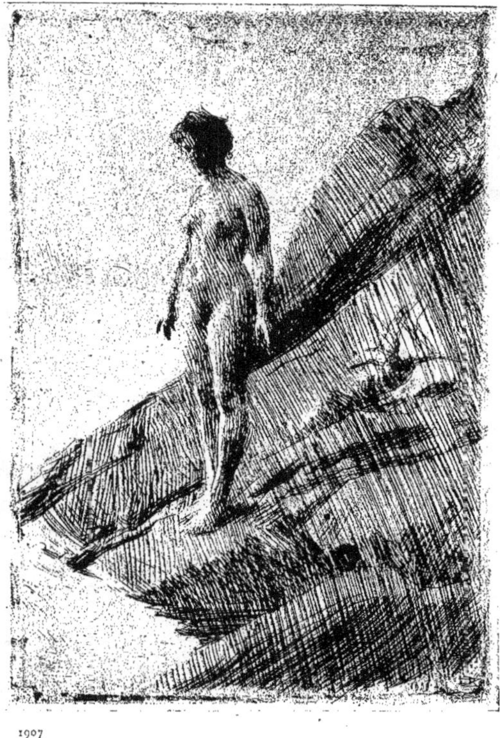

1907

Collection de S. A. R. le P[ce] Eugène, M. et Mme A. Curtis, MM. Anderson, F. Boberg, Ch. Deering, E. Fraenckel, F. Holmquist, Th. Laurin, G. Petitdidier, Dr D. Weber, etc.

———

Edo, est le nom de l'île suédoise ou a été gravée cette planche.

Le cuivre existe.

(H. 200 millim. L. 151)

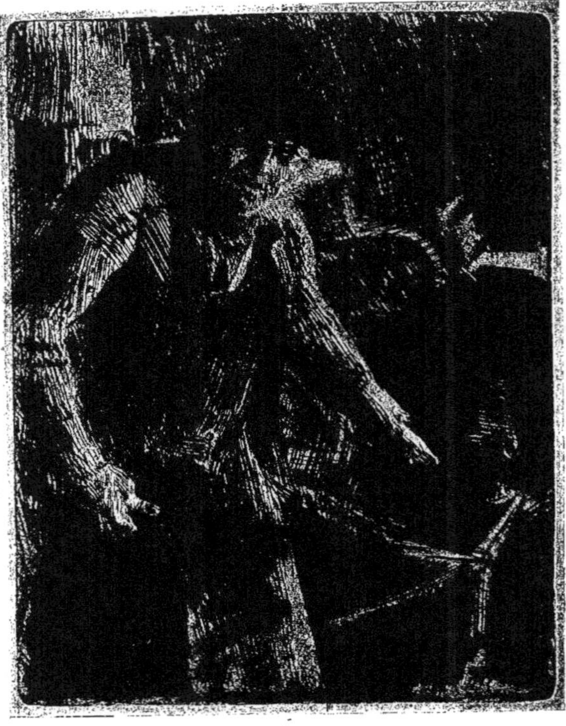

1907 — 1ᵉʳ *état.*

1ᵉʳ État. **Celui reproduit.** Très rare. Collection de MM. Ch. Deering, A. Strölin.

2ᵉ — La partie blanche du fond, au-dessus de l'épaule droite du personnage, est teintée par des tailles verticales. Collection de MM. F. Holmquist, Th. Laurin, G. Petitdidier.

Le cuivre existe.

215. — BOSL ANDERS, MÉCANICIEN DE MORA

(H. 170 millim. L. 125)

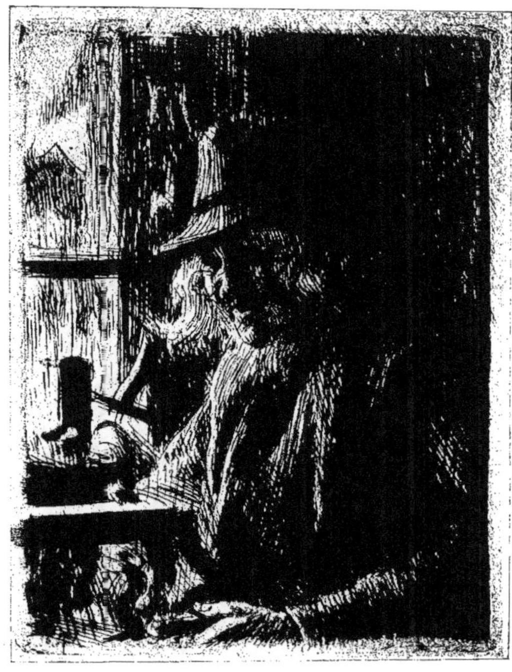

1907 — 2ᵉ état.

1ᵉʳ État. Avant quelques travaux sur diverses parties de la planche, notamment sur le vêtement du personnage, sur le mur près de la fenêtre, et dans la partie lumineuse de la croisée. Très rare. Collection de M. Th. Laurin.

2ᵉ — Terminé. **L'état reproduit.** Collection de MM. Ch. Doering, G. Petitdidier, A. Strölin, etc.

———

Des épreuves de *Bosl Anders* se trouvent dans les collections de MM. E. Fraenckel, C. M. Nisser, J. Nordling, M. L. Nyblon, Sederholm.

Le cuivre existe.

216. — Dr KNUT KJELBERG

(H. 175 millim. L. 118)

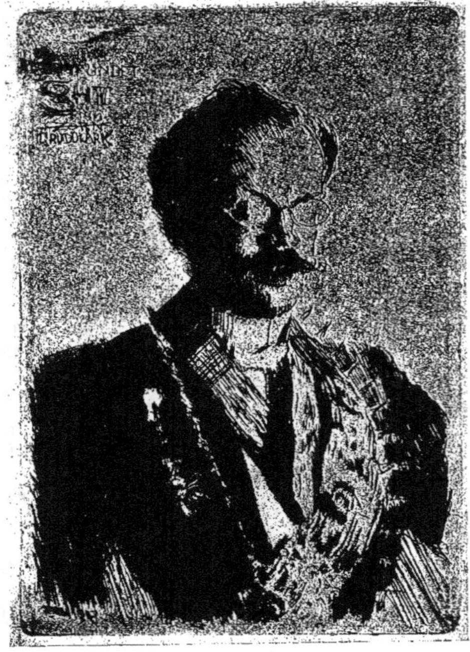

1908

Tiré à 50 épreuves.

Collection de M. Th. Laurin.

Le Dr Knut Kjelberg est né en 1867. Président d'une Société d'artistes et de savants, le Dr Kjelberg est, depuis quelques années, député au Parlement de Stockholm.

Cuivre détruit.

(H. 286 millim. L. 191)

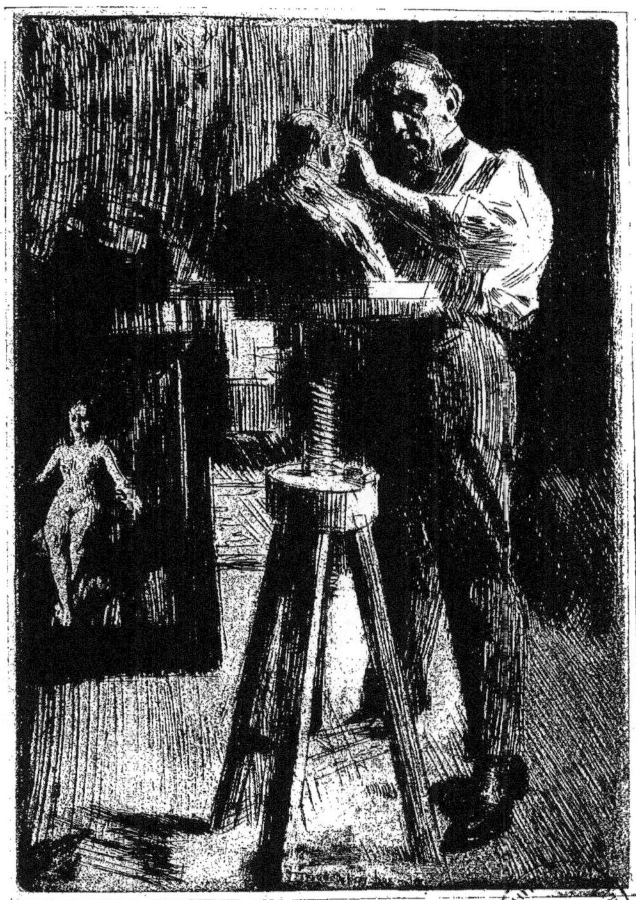

190

Collection de MM. Th. Laurin, Liljewalch.

Le Prince Paul Troubetskoÿ, sculpteur de talent, est né en 1866.
Il est représenté dans l'estampe ci-dessus, modelant le buste de l'artiste qui le grave.

Le cuivre existe.

IMPRIMERIE

FRAZIER-SOYE

153-155-157, Rue Montmartre

PARIS